# 中国海外园区
# 高质量发展研究

◇李泰霖 ／ 著

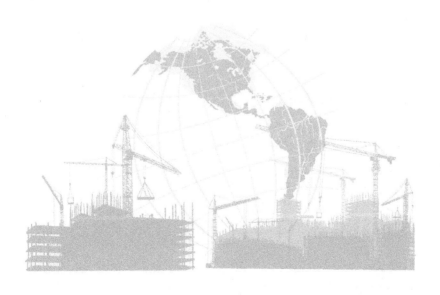

广西科学技术出版社

图书在版编目（CIP）数据

中国海外园区高质量发展研究 / 李泰霖著 . —南宁：广西科学技术出版社，2023.1（2023.8 重印）

ISBN 978-7-5551-1920-3

Ⅰ.①中…　Ⅱ.①李…　Ⅲ.①工业园区－经济发展－研究－中国　Ⅳ.① F424

中国国家版本图书馆 CIP 数据核字（2023）第 018970 号

# 中国海外园区高质量发展研究

李泰霖　著

策　　划：何杏华
责任编辑：陈诗英　陈剑平　　　　　助理编辑：秦慧聪
责任校对：夏晓雯　　　　　　　　　装帧设计：韦娇林
责任印制：韦文印

出 版 人：卢培钊
出　　版：广西科学技术出版社
社　　址：广西南宁市东葛路 66 号　　　邮政编码：530023
网　　址：http://www.gxkjs.com

印　　刷：北京虎彩文化传播有限公司

开　　本：787mm×1092mm　1/16
字　　数：273 千字　　　　　　　　印　　张：17
版　　次：2023 年 1 月第 1 版
印　　次：2023 年 8 月第 2 次印刷
书　　号：ISBN 978-7-5551-1920-3
定　　价：58.00 元

# 前　言

近年来，中国政府以"共商、共建、共享"为基本原则，以"开放、透明、包容"为合作理念，以追求"绿色、惠民、可持续"为发展目标的全球治理新理念，得到世界各国的广泛赞同和普遍运用，特别是人类命运共同体理念，更被视为"解决全球难题的治世良方"。作为承载构建人类命运共同体理念的具体实践，中国政府提出了"一带一路"倡议。其中，中国海外园区建设成为推进"一带一路"合作的核心，不仅能够帮助沿线国家积累经济发展经验，探索出与该国经济发展相适应、相匹配的制度与道路；而且有助于发挥东道国劳动力成本低廉、自然资源丰富和市场潜力巨大的优势，促进东道国经济增长，缩小与发达国家的发展鸿沟，确保共建"一带一路"的成果惠及民生，实现包容和均衡的发展。

对外投资是中国与世界各国经济深度融合、实现互利共赢的重要渠道。改革开放以来，中国的对外直接投资经历了由小到大、由弱到强的演变过程。1982—2000 年中国累计实现对外直接投资 278 亿美元，年均投资额仅 14.6 亿美元。2000 年中国实施"走出去"战略，对外直接投资进入快速发展期。2019 年中国对外直接投资已由 2002 年的 27 亿美元增长到 1369.08 亿

美元。2007—2019 年中国对外直接投资保持了年均 32% 的增长速度。中国对外投资规模快速增长带来的是中国企业海外投资数量的快速增长。据统计，2019 年中国有 2.75 万个境内投资者在国（境）外共设立对外直接投资企业 4.4 万家，分布在全球 188 个国家（地区）。中国经济高水平开放不仅表现为"走出去"企业数量的扩张，而且表现为"走出去"企业效益的提高。如何更好服务"走出去"企业，尽可能降低"走出去"企业的投资风险与运营成本，充分利用东道国资源禀赋，实现"走出去"企业利润最大化与东道国经济增长"双赢"，是中国经济高水平开放的应有之义。

当前，共建"一带一路"呈现由单一项目合作向一揽子项目合作延伸，企业由分散布局向园区集聚转变的趋势。鉴于海外园区在降低"走出去"企业到"一带一路"沿线国家投资风险和运营成本，助推中国更多企业"走出去"方面所发挥的显著作用，海外园区自然成为中国经济实现高水平开放的必然选择，在我国经济发展进入新发展格局阶段如何助推海外园区高质量发展具有不可忽视的实践意义。已有研究对海外园区的建设演进，海外园区所在东道国营商环境评价，海外园区高质量发展对东道国、母国、企业的影响机制与影响效应，驱动海外园区高质量发展的关键因素，新发展格局与海外园区高质量发展的对策与建议等问题，还需进一步深入分析。因此，契合现实及理论诉求，需要对我国海外园区高质量发展的问题进行更直接和集中的研究，形成系统的学术成果。

最大限度利用海外园区作为中国"走出去"企业平台的功能，充分发挥海外园区作为中国与"一带一路"沿线国家合作纽带的作用，是未来中国海外园区高质量发展的坚实基础。基于中国海外园区建设的现实，围绕如何推动中国海外园区实现高质量发展，本书分为九章展开叙述：第一章讨论理论基础与相关研究进展，探讨园区与海外园区的概念界定、"一带一路"

与"双循环"新发展格局对海外园区的影响，介绍国际投资理论、国际产业转移理论、经济特区理论等。第二章梳理中国海外园区建设的历程与特征，归纳中国海外园区建设的模式。第三章对中国海外园区所在东道国营商环境进行讨论。第四章至第七章对影响中国海外园区高质量发展的主体因素和关键驱动因素进行分析。海外园区建设的直接利益相关者包括东道国、母国及企业三大参与主体，中国海外园区建设会对东道国、中国以及中国"走出去"企业产生不同影响。另外，依据企业微观的资源基础观和宏观的制度理论，总结出中国"走出去"企业建设海外园区的关键成功因素并分析其作用机制。第八章分析各国海外园区建设的国际经验，从中探讨可供中国海外园区发展借鉴的经验与启示。第九章是"一带一路"倡议下中国海外园区高质量发展展望，从中国海外园区高质量发展的必要性、面临挑战、未来转向、支持体系等方面展开，提出中国海外园区高质量发展的对策建议。

针对中国海外园区发展的现有研究，本书有以下突破和创新：

一是对中国海外园区建设模式进行了类型化归纳，系统梳理了海外园区发展和建设的相关理论，重点考察了中国海外园区发展的演进历程，提炼出中国海外园区高质量发展的未来转向与支持体系，总结其他国家海外园区发展建设相关经验，为中国海外园区高质量发展提供借鉴。

二是尝试性地基于东道国、母国和企业三重视角探讨了海外园区高质量发展的影响机制与效应，即分别从东道国、中国和中国"走出去"企业的角度详细分析了中国海外园区的影响，较为全面地考察了中国海外园区的经济效应，为协调平衡不同利益相关者的关切、构建高效治理体系、高质量推动海外园区建设奠定了基础。

三是初步构建了中国海外园区高质量发展的规制体系，通过对发达国

家间（南南型）、发达国家与发展中国家间（南北型）、发展中国家与发展中国家间（北北型）海外园区建设案例的考察，全面总结海外园区建设的国际经验，特别是针对中国海外园区所在国家的环境、产业特征和园区发展模式，提出了构建更为合理高效的治理体系，为探寻中国海外园区高质量发展路径指明了方向。

由于本人自身研究能力与资源条件的限制，本书难免存在疏漏与不足，有待今后进一步深入研究，也希望广大读者及有识之士不吝赐教，予以批评指正，本人将不胜感激。

李泰霖

2022 年 12 月

# 目 录

**第一章　理论基础与相关研究进展**……………………………… 1

　　一、海外园区的界定 ………………………………………… 3

　　二、国际投资理论 …………………………………………… 9

　　三、国际产业转移理论 ……………………………………… 13

　　四、经济特区理论 …………………………………………… 17

　　五、中国海外园区建设研究概况 …………………………… 20

**第二章　中国海外园区建设的历程与特征**…………………… 31

　　一、中国海外园区建设历程 ………………………………… 33

　　二、中国海外园区建设流程 ………………………………… 36

　　三、中国海外园区地理分布 ………………………………… 60

　　四、中国海外园区建设类型 ………………………………… 64

　　五、中国海外园区建设效益 ………………………………… 74

**第三章　中国海外园区所在东道国营商环境**⋯⋯⋯⋯⋯⋯⋯**77**

　　一、总体营商环境 ⋯⋯⋯⋯⋯⋯⋯⋯⋯⋯⋯⋯⋯⋯　79

　　二、开办企业 ⋯⋯⋯⋯⋯⋯⋯⋯⋯⋯⋯⋯⋯⋯⋯⋯　81

　　三、办理建设许可证 ⋯⋯⋯⋯⋯⋯⋯⋯⋯⋯⋯⋯⋯　84

　　四、获得电力保障 ⋯⋯⋯⋯⋯⋯⋯⋯⋯⋯⋯⋯⋯⋯　87

　　五、产权登记 ⋯⋯⋯⋯⋯⋯⋯⋯⋯⋯⋯⋯⋯⋯⋯⋯　89

　　六、获得信贷 ⋯⋯⋯⋯⋯⋯⋯⋯⋯⋯⋯⋯⋯⋯⋯⋯　91

　　七、保护中小投资者 ⋯⋯⋯⋯⋯⋯⋯⋯⋯⋯⋯⋯⋯　93

　　八、税赋 ⋯⋯⋯⋯⋯⋯⋯⋯⋯⋯⋯⋯⋯⋯⋯⋯⋯⋯　94

　　九、贸易便利化 ⋯⋯⋯⋯⋯⋯⋯⋯⋯⋯⋯⋯⋯⋯⋯　97

　　十、执行合同 ⋯⋯⋯⋯⋯⋯⋯⋯⋯⋯⋯⋯⋯⋯⋯⋯　100

　　十一、解决破产 ⋯⋯⋯⋯⋯⋯⋯⋯⋯⋯⋯⋯⋯⋯⋯　103

　　十二、中国海外园区东道国环境评价 ⋯⋯⋯⋯⋯⋯　104

**第四章　中国海外园区建设的影响：东道国视角**⋯⋯⋯⋯⋯**107**

　　一、海外园区的发展与东道国影响机制 ⋯⋯⋯⋯⋯　113

　　二、理论机制分析 ⋯⋯⋯⋯⋯⋯⋯⋯⋯⋯⋯⋯⋯⋯　120

　　三、数据说明与计量模型构建 ⋯⋯⋯⋯⋯⋯⋯⋯⋯　122

第五章　中国海外园区建设的影响：母国视角…………… 137

一、影响机制 ……………………………………… 139

二、影响效应 ……………………………………… 151

三、区域比较 ……………………………………… 158

第六章　中国海外园区建设的影响：企业视角…………… 167

一、企业战略 ……………………………………… 169

二、参与分工 ……………………………………… 173

三、能力提升 ……………………………………… 174

四、社会责任 ……………………………………… 176

五、典型案例 ……………………………………… 180

第七章　中国海外园区建设关键驱动因素：制度视角和资源

视角 ……………………………………………… 183

一、资源基础观与制度理论 ……………………… 186

二、研究设计 ……………………………………… 189

三、中国企业海外园区建设机理分析 …………… 197

四、理论模型与结论思考 ………………………… 206

**第八章　海外园区建设的国际经验借鉴与启示**…………… **207**

　　一、新加坡 ……………………………………………… 209

　　二、日本 ………………………………………………… 214

　　三、美国 ………………………………………………… 219

　　四、德国 ………………………………………………… 222

**第九章　"一带一路"倡议下中国海外园区高质量发展展望** … **227**

　　一、中国海外园区高质量发展的必要性 ………………… 229

　　二、中国海外园区高质量发展面临的挑战 ……………… 232

　　三、中国海外园区高质量发展的未来转向 ……………… 240

　　四、中国海外园区高质量发展的支持体系 ……………… 242

　　五、中国海外园区高质量发展的期待 …………………… 245

**参考文献**………………………………………………………… **250**

# 第一章
# 理论基础与相关研究进展

## 一、海外园区的界定

### （一）园区与海外园区

从全球已有的实践看，特殊经济区（special economic zones，SEZ）是一个较为宽泛的概念，其包括自由贸易区（商业自由区）、出口加工区、综合性经济特区（多功能经济特区）、产业园区、工业园区、保税区、专业性园区。世界上第一个现代经济特区是成立于 1959 年的爱尔兰香农开发区。1959 年，爱尔兰为吸引外资，促进经济发展，成立了香农自由空港。香农是世界上最早以从事出口加工为主，以其免税优惠和低成本优势吸引外国投资的自由贸易区。特殊经济区成为各国促进贸易便利化、提升工业水平和推动经济转型升级的有力政策工具。特殊经济区不仅被高收入经济体长期采用，如新西兰、爱尔兰、日本和美国等国家园区出口规模在其本国均占有较大比重[1]，而且在经济脆弱性国家如津巴布韦、刚果共和国和科特迪瓦等，特殊经济区也成为克服经济脆弱性、实现经济起飞的重要方式。在新兴经济体，尤其是东亚的韩国、马来西亚和中国台湾等国家和地区更是得到了充分印证。特殊经济区成为这些新兴经济体吸引外国直接投资、创造就业机会、扩大出口、赚取外汇和推动工业进程的一种重要方式[2]，被视为东亚国家工业化的"催化剂"[3]，是后发展国家扩大开放、融入全球价值链的重要途径[4][5]。

因特殊经济区展示出显著功绩，20 世纪 70 年代起，全球范围内开始兴起特殊经济区建设的浪潮。据统计，1975 年全球范围内仅有 25 个国家和地区设有 79

---

[1] 李鲁、赵方：《中国园区经济的国际认知与新使命》，《改革》2017年第7期。

[2] 曾智华：《经济特区的全球经验：聚焦中国和非洲》，《国际经济评论》2016年第5期。

[3] 刘晨、葛顺奇：《中国境外合作区建设与东道国经济发展：非洲的实践》，《国际经济评论》2019年第3期。

[4] Jean-Pierre Singa Boyenge, "ILO Database on Export Processing Zones," *ILO Working Paper*, No.251, 2007.

[5] Douglas Zhihua Zeng, "Global Experiences with Special Economic Zones: Focus on China and Africa," *World Bank Policy Research Working Paper*, No.7240, 2015.

个特殊经济区，平均每个国家和地区 3 个；1997 年全球有 93 个国家和地区设有845 个特殊经济区，平均每个国家和地区 9 个；2015 年全球有超过 130 个国家和地区设有 4500 多个特殊经济区，平均每个国家和地区 35 个。[1] 可见，经过半个多世纪的持续发展，特殊经济区已在全球范围内扩散成一种普遍的历史现象和经济活动的重要组织形式。可以预见，未来较长时期内特殊经济区在全球范围尤其是发展中国家将继续快速扩散。

　　从表 1-1 中可以看出，尽管不同类型的特殊经济区名称各异，特征有别，但是在目标与功能发挥上却具有较大的重合性。各国设立特殊经济区的目标无外乎是在划定的区域范围内，通过实施特别政策与特殊管理，提供特殊优惠措施，吸引资本、技术和劳动力等生产要素在划定区域内集聚，并通过壮大产业、创造就业、制度创新和技术进步，在更广的范围内形成示范带动效应，实现经济的持续发展和改革的持续进步。综上所述，特殊经济区是一国划定特定范围，实施特殊经济政策和经济体制，拥有单一管理机构的区域总称。

表1-1　国际主要特殊经济区形式一览表[2]

| 名称 | 定义及主要特征 |
| --- | --- |
| 自由贸易区（商业自由区） | 划定疆界的特殊免税区域，提供贸易、转运、再出口等业务所需的仓储和物流配送等功能。以商业收益为主。 |
| 出口加工区 | 主要发展针对海外市场的出口加工业。一般分为两种：一种是综合性出口加工区，即在区内可以经营多种出口加工业；另一种是专业出口加工区，即在区内只准许经营某种特定的出口加工产品。 |
| 综合性经济特区（多功能经济特区） | 一般临近港口或交通便利地区，指规模较大的工业、服务业和各种城市功能兼备的经济特区。可以是整个城市或整个省份，如中国的深圳和海南。往往肩负经济改革的使命，并享受一些特殊的财政和税收优惠。 |
| 产业园区 | 在功能上与综合性经济特区有些类似，但规模要小一些。享受一些财政和税收优惠。 |

---

[1]　"Special Economic Zones: Not So Special, " *The Economists*, No.3（Apr.2015）.

[2]　FIAS, *Special Economic Zones: Performance, Lessons Learned, and Implications for Zone Development*（Washington D. C.：World Bank, 2008）；曾智华：《解读中国奇迹：经济特区和产业集群的成功和挑战》，中信出版社，2011年。

续表

| 名称 | 定义及主要特征 |
|---|---|
| 工业园区 | 一般以工业，尤其是制造业为主。但随着园区模式的演进和产城一体化要求的提高，这种园区也更多地向产业园区的模式靠近，因此有时这两个概念会混用。 |
| 保税区 | 指经国家批准并对在其内的特定企业的仓储、加工、转口贸易等活动实行海关保税制度的特定地区。外国商品存入或输入保税区内可以暂时不缴纳进口税，若再出口也不必缴纳出口税。在某种意义上，保税区有类似自由港或自由贸易区的作用。保税区和自由贸易区的最大区别在于：自由贸易区属于境内关外，不受海关的监管，但保税区属于境内关内，也就是货物一旦进入保税区，就要受到海关的监管。 |
| 专业性园区 | 包括科技园、石化区、物流园、空港区等。 |

鉴于中国在国（境）外设立的特殊经济区多以产业园区、工业园区和高新技术园区等形式存在，结合中国海外园区的实际运行情况，在本书中将海外园区界定为以企业为主体，以商业运作为基础，以促进互利共赢为目的，由中国政府或企业根据东道国市场、投资环境和引资政策等因素进行决策，在国（境）外合作建设或参与建设的基础设施较为完善、产业链较为完整、公共服务较为健全、管理模式较为高效、辐射带动能力较强的加工区、工业园、产业园区、高新技术园区、物流园区、自由港、合作园区等各类园区的统称。[1][2]

近年来，随着中国企业"走出去"步伐的加快，中国在国（境）外设立的园区数量呈快速增长趋势。截至2020年底，中国在国（境）外设立的规模不一、各种类型的海外园区数量已达182个，主要分布在亚洲、欧洲和非洲三大洲。其中，亚洲72个，欧洲59个，非洲45个，分别占39.56%、32.42%和24.73%，其他零星分布在南美洲、大洋洲和北美洲（见图1-1）[3]。在182个海外园区中，通过商务部考核认定的国家级海外园区有20个，主要分布在亚洲国家。[4]2013年

---

① 刘卫东、田锦尘、欧晓理：《"一带一路"战略研究》，商务印书馆，2017年。

② 郑蕾、刘志高：《中国对"一带一路"沿线直接投资空间格局》，《地理科学进展》2015年第5期。

③ 李祐梅、邬明权、牛铮、李旗：《1992—2018年中国境外产业园区信息数据集》，《中国科学数据》2019年第4期。

④ 中国境外经贸合作区网站：http://www.cocz.org/index.aspx。

以来，随着"一带一路"倡议的提出和不断深入，秉持"共商、共建、共享"的合作理念，共建"一带一路"朋友圈日益扩大，中国海外园区在"一带一路"沿线国家被接受、被认可的程度越来越高。海外园区已成为中国参与"一带一路"建设的重要形式，成为中国企业"走出去"的重要平台和国际产能合作的重要载体。

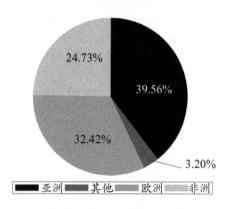

图1-1　2020年底中国海外园区分布情况

中国在国（境）外设立海外园区大致经历了萌芽、休眠、酝酿、加速和趋稳五个阶段（见图1-2）[①]。

萌芽阶段：1992年中国电气进出口有限公司作为实施主体在越南设立了中国第一个海外园区——越南铃中加工出口区。1993年中国农垦集团有限公司作为实施主体在赞比亚设立了中国第二个海外园区——赞比亚中垦非洲农业产业园。这两个海外园区的设立标志着中国现代经济的海外园区的正式起步。

休眠阶段：1994—2002年，中国的海外园区数量一直没有变化，意味着中国海外园区建设在较长时间内一直处于观望状态。

酝酿阶段：2003—2009年，中国在国（境）外设立海外园区的数量开始缓慢增加，从2003年的2个增加至2009年的10个。

加速阶段：2010—2016年，金融危机后世界经济逐步走出危机阴霾，中国在国（境）外设立海外园区的数量开始快速增加。其中，"一带一路"倡议提

---

① 李祐梅、邬明权、牛铮、李旗：《1992—2018年中国境外产业园区信息数据集》，《中国科学数据》2019年第4期。

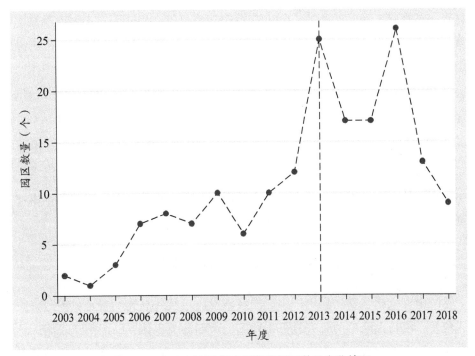

图1-2   2003—2018年中国海外园区数量变化情况

出的 2013 年中国海外园区数量就增加了 25 个，2016 年达到高峰，增加了 26 个，且在"一带一路"倡议提出前后，中国海外园区数量增长呈现出明显差别。2003—2012 年十年间中国海外园区数量增加了 66 个，而 2013—2018 年短短六年时间中国海外园区数量增加了 107 个。"一带一路"倡议提出后，中国的海外园区数量年均增速比"一带一路"倡议提出前的 2003—2012 年快了近 3 倍。

趋稳阶段：2016 年，中国海外园区年增数量在达到最高峰的 26 个后开始呈下降趋势，并逐步稳定在个位数。

总体而言，中国海外园区建设步伐与中国改革开放进程具有高度的一致性。20 世纪 90 年代初，中国将建立社会主义市场经济体制作为国家经济体制改革的目标。这一时期成立的越南铃中加工出口区（1992 年）和赞比亚中垦非洲农业产业园（1993 年），一定程度上是受中国特色社会主义市场经济体制改革目标的激励，作为中国海外园区的探路者。但是在随后的近十年时间里，中国对外部市场的认识仍处于观望阶段，更多是通过直接进出口与外部市场产生联系，对外直

接投资增长缓慢，且"走出去"企业规模也相对有限，由此形成了中国海外园区数量近十年的"蛰伏"。21 世纪初，中国提出"走出去"战略并成功加入世界贸易组织（WTO），在对 WTO 带来的开放预期和"走出去"政策驱动下，中国"走出去"企业的数量逐步增多，中国在国（境）外建立海外园区的数量也开始迅速增加。党的十八大以来，中国特色社会主义进入新时代，尤其是"一带一路"倡议的提出，以新一轮高水平开放推动中国经济高质量发展成为新时代的重要特征。这一时期中国海外园区快速增加，不仅是中国经济高水平开放的必然选择和中国经济高质量发展的内在需求，还是中国经验在其他国家的有益尝试，体现了中国参与构建人类命运共同体的责任与担当。

### （二）"双循环"新发展格局与海外园区高质量发展

党的十九大报告首次提出，中国的经济发展已经从高速发展阶段转向高质量发展阶段。实行高水平对外开放是构建国内大循环为主体、国内国际双循环相互促进的新发展格局的必由之路。对此，需要通过扩大对外开放的范围与领域，加深与世界的开放合作，提升国内大循环的效率与水平，增强国内国际双循环相互促进的程度。

建设海外园区是中国经济高质量发展的内在需求。中国经济高水平开放不仅表现为"走出去"企业数量的扩张，还表现为"走出去"企业效益的提高。如何更好服务"走出去"企业，尽可能降低"走出去"企业的投资风险与运营成本，充分利用东道国资源禀赋，实现"走出去"企业利润最大化与东道国经济增长"双赢"，是中国高水平开放的应有之义。

当前，共建"一带一路"呈现由单一项目合作向一揽子项目合作延伸，企业由分散布局向园区集聚转变的趋势。鉴于海外园区在降低"走出去"企业到"一带一路"沿线国家投资风险和运营成本，助推中国更多企业"走出去"方面所发挥的显著作用，在"双循环"新发展格局下，海外园区自然成为中国经济实现高水平开放的必然选择。"一带一路"沿线国家具有较为低廉的劳动力成本、丰富的自然资源和庞大的市场潜力。国际产能合作是推进"一带一路"建设的优先领域，推进国际产能合作，加快劳动密集型与装备制造业"走出去"是新条件下共

建 "一带一路" 的重要支撑，是推动中国经济高质量发展的有效途径。国际产能合作与产业转移内容丰富，形式多样，海外园区是首选。海外园区吸引劳动密集型产业向 "一带一路" 沿线国家转移，可以发挥 "一带一路" 沿线国家劳动成本低廉的优势，不仅为中国经济高质量发展开拓空间，还为 "一带一路" 沿线国家产业体系的完善与壮大提供机遇。海外园区成为中国与 "一带一路" 沿线国家产能合作的重要平台，有助于推动资源自由流动和市场贯通融合，也有助于发挥"一带一路" 沿线国家的产能优势。海外园区不仅为中国产业向更高技术含量和更高价值链攀升提供可能，还为国内企业提供了一个体验国家市场的环境和培养国际经营经验的机会，更为提升 "一带一路" 沿线国家的市场势能奠定了基础。

## 二、国际投资理论

根据海外园区的定义，无论采取何种融资模式、建设模式和运营模式，本质上中国海外园区依然是跨国投资的一种表现形式。因此，通过对既有国际投资理论的梳理，可以清楚了解国际投资理论的发展演变，有助于认清中国海外园区建设规律，指导中国海外园区的建设。第二次世界大战结束后，国际投资活动日渐活跃，成为国际经济活动的一种重要表现形式。为解释这一重要经济现象，理论界先后形成了一批颇具解释力的国际投资理论，包括内部化理论、边际产业扩张理论等。以下就内部化理论和边际产业扩张理论进行介绍，并对国际投资理论进行整体评述。

### （一）内部化理论

1976 年英国学者巴克利（Buckley）和卡森（Casson）针对跨国企业通过公司内部而非市场交易进行国际投资的现象，首次提出了内部化理论。[①] 该理论将对外直接投资视为跨国企业将国际贸易内部化的直接结果，从制度经济学交易成本的视角提出内部化理论予以解释。该理论认为，由于外部市场的不完全，如果

---

① Buckley P. J. & M. Casson, *The Future of the Multinational Enterprise* (New York: Holmes&Meier, 1976).

通过外部市场交易往往会面临较高的交易成本，如企业搜寻合适的交易对象、通过谈判达成交易以及监督和维持交易等均需付出一定的搜寻成本、谈判成本和监督成本等。同时，在生产具有较高资产专有性的情况下，企业还要防范外部市场交易"敲竹杠"等机会主义行为产生的风险。而且，在市场不完全的情形下，外部市场交易还易造成跨国企业的技术、工艺、诀窍等核心知识泄露，增加跨国企业维护自身技术优势和竞争优势的难度，难以保证厂商的利润最大化。

相反，在市场不完全导致市场"失灵"的情况下，跨国企业通过内部交易，建立内部市场，管理和协调企业内部的资源配置，能够避免外部市场不完全造成的各种不良影响，实现资源的最优配置和企业利润最大化的目标。企业对外投资实际上是用内部管理机制代替外部市场机制，扩大自身的一体化范围，从而降低交易成本、提高经营效率。内部化理论解释了大部分对外直接投资的动因，即由于垄断、价格歧视、信息不对称、政府干预等因素会造成市场失灵，为了减少这种影响，企业通常会选择投资海外。因此，该理论主要回答了为什么以及在怎样的情况下，到国外投资是一种比出口产品和转让许可证更为有利的经营方式。

## （二）边际产业扩张理论

日本进行国际投资以中小企业为主体，而这些中小企业与美国进行国际投资的大型跨国公司不同，它们并不具备雄厚的资金实力，并不拥有先进的生产技术，但却拥有东道国企业生产所需的实用技术。这些实用技术与东道国企业的技术差距小，易被东道国企业掌握运用，从而能够促进东道国产业形成比较优势。小岛清以日本企业对外投资为研究对象，提出边际产业扩张理论，解释日本企业对外投资活动。[①] 该理论认为，国际投资应将本国已经处于比较劣势的产业（边际产业）依次向东道国转移。尽管转出的产业对转出国而言属于比较劣势产业，但是对转入国而言则属于比较优势产业，这样投资国和东道国都能从国际投资中获得好处。对投资国而言，有利于为投资发展新兴产业腾挪空间；对东道国而言，则有利于促进相关产业的兴起和发展。

上述国际投资理论为研究中国海外园区建设提供了参考和借鉴，但也存在一

---

① 　小岛清：《对外贸易论》，南开大学出版社，1987年。

定的不足。首先，纵览现有国际投资理论，基本上都是基于20世纪60—80年代发达国家跨国企业的国际投资行为提出的，具有鲜明的时代背景特征。但是，进入21世纪，随着全球化的不断深入，越来越多的发展中国家跨国企业尝试"走出去"，到国（境）外投资建厂。无论是"走出去"的时代背景还是投资方式，都与20世纪有明显的不同。因此，在解释发展中国家对外投资时，现有的国际投资理论并不完全适用，还需结合新现象、新问题不断补充完善。其次，进入21世纪，不仅国际投资的背景和环境发生显著改变，而且国际分工模式也呈现巨大改变，新的分工形态不断涌现，导致国际投资模式出现了新的特征，譬如基于价值链增值的产品内分工，而非传统国际贸易理论提出的完整产品生产分工，产业布局和投资区位选择、投资方式都有明显不同，而这些新的特征并不能为现有国际投资理论完全解释。最后，有别于发达国家对外投资以具有一定垄断优势、规模较大、实力较强的跨国公司为主的方式，发展中国家对外投资的企业在所属行业往往并不具有垄断优势，企业规模也不大，实力也不如发达国家跨国公司雄厚，海外园区"抱团出海"成为其"走出去"的重要形式。因此，内部化理论并不适用于发展中国家海外园区的"走出去"模式。此外，与边际产业扩张理论转出的是比较劣势产业不同，海外园区产业中的中小企业在国（境）外投资的并不一定都是比较劣势产业。因此，基于单一跨国公司海外投资构建的理论无法解释海外园区"走出去"模式。

（三）既有国际投资理论对中国海外园区的适用性评述

既有国际投资理论为科学认识中国海外园区建设奠定了基础。在一定程度上，中国海外园区建设或多或少都能被既有理论给予一定的解释。譬如，对以大型企业或数家大型企业为主体建设的海外园区，这些企业一般规模较大，处于行业的领先地位，在行业中具有一定的垄断优势，相关理论适合解释这一类型的海外园区建设的动因。但对另外一些以中小企业为建设主体的海外园区，园区的中小企业一般规模不大，多以劳动密集型的纺织品或更迭速度较快的电子产品为主，边际产业扩张理论更适合解释这一类海外园区建设的动因。但在海外园区建设的区位选择上，内部化理论的解释力似乎更胜一筹。

　　既有国际投资理论不能完全解释中国海外园区建设。一是既有国际投资理论的构建是基于发达国家跨国企业的国际化实践得出的，解释的是发达国家企业的国际化与国际投资现象。作为企业赖以成长的环境，由于国情、国体的不同，发达国家与发展中国家企业的国际化和投资必然会有所差异。二是既有国际投资理论是基于 20 世纪 50—80 年代发达国家跨国企业的国际化和投资现象提出的，理论的形成具有深刻的时代背景，对当时的国际投资现象进行了强有力的解释。进入 21 世纪，国际投资的政治经济社会环境发生了巨大改变，贸易投资的自由化相对于 20 世纪 50—80 年代有了显著提升，同时新技术、新科技层出不穷，极大地影响了企业国际化和国际投资。三是既有国际投资理论的提出是基于企业微观视角的构建，而忽视了国际投资进程中政府的作用。诚然，企业是国际投资的主体，但作为转型经济体，我国在不断建设中国特色社会主义市场经济的过程中，政府在推动企业国际化方面扮演了重要角色。纵览中国的海外园区建设，无论是建设伊始的萌芽阶段，还是后期的趋稳阶段，始终离不开政府的强有力支持。国际投资理论需要充分考虑不同的时代背景，扩大理论构建范围，将发展中国家对外投资和企业国际化纳入其中，并囊括政府角色的不断完善。

　　因此，中国海外园区建设需要扎根中国实践在既有国际投资理论基础上进行理论创新。不同的时期，中国海外园区面临的国际经济环境和国内政策制度不同，海外园区建设的动因与模式存在一定的差异。譬如，与中国海外园区建设的萌芽阶段相比，在中国海外园区建设的趋稳阶段，我国的综合国力有了显著提升，对外开放程度与开放力度有了质的飞跃，中国企业的国际化意识明显增强，综合利用国际、国内两种市场资源的能力明显提高，国际竞争力大幅提升。因此，中国海外园区的解释需要在全面梳理 30 余年海外园区建设历程的基础上，结合不同的时代背景，区分不同环境进行动态阐释。

　　此外，中国海外园区建设不仅有大企业参与，还有为数众多的中小企业参与其中。既有国际投资理论多基于发达国家大企业的国际化行为展开，而忽视了对中小企业国际化行为的考虑。在实践中，企业规模的大小往往会导致企业行为模式的差异。异质性企业理论证实，在面对同样的环境时，大企业和小企业往往会有不同的行为。同时，在中国海外园区建设中，不仅有民营企业参与，还有一定数量的国有企业参与其中。即使面对同样的环境，国有企业与民营企业的激励也可能不一样，行为模式更是千差万别。因此，中国海外园区的解释需要在吸纳既有国际投资理论的基础上，结合中国企业实践，区分不同企业类型进行针对性阐释。

现代主流经济学理论大多来源于发达国家的典型事实和经验，以发达国家的产业、技术、制度等为前提和基础，与当前中国的经济体制和国情存在巨大差异。中国海外园区建设的 30 年也是中国经济不断转型的 30 年。现有西方经济学总结和提炼的海外园区建设规律和特征来自成熟经济体，未必适用于像中国这样正在变革的经济体。因此，对中国海外园区建设规律的把握必须扎根中国大地，立足中国国情，基于问题导向，探索能够解释中国海外园区建设的理论。

### 三、国际产业转移理论

国际产业转移是发生在国家之间的产业转移，由于各国技术和经济发展不平衡，国际资本为了追逐利润，就不断地从高成本国流向低成本国，由此带动其他资源的流动，形成产业转移。国际产业转移 20 世纪 50 年代就已出现，随着全球经济一体化进程的深入，国际产业转移也呈现出新的特点。国际产业转移是西方经济学的重要研究内容之一，西方经济学家对不同时期的国际产业转移现象从不同角度进行了探析，得出了不少具有代表性的国际产业转移理论。

#### （一）垄断优势理论

海默（Hymer）摒弃了新古典主义金融理论对资本流动的解释，开辟了以对外直接投资为对象的新研究领域。他首次将资产组合投资与直接投资区分开，提出了垄断优势理论（the Theory of Monopolistic Advantage），经其导师金德尔伯格（Kindleberger）的补充完善后成为当时西方经济学中跨国公司与对外直接投资研究领域最有影响力的理论。他通过对美国跨国企业对外直接投资的观察，发现美国对外投资的跨国企业往往具有较大的市场影响力，国际投资活动多集中于不完全竞争市场，垄断现象十分明显，继而提出了垄断优势理论予以解释。垄断优势理论认为，美国等西方发达国家的企业之所以能够进行跨国直接投资活动，是因

为这些跨国企业具备了东道国企业所不具备的某些特定的垄断优势。[1]通过对美国等西方跨国直接投资企业的观察和与东道国企业的比较，垄断优势理论认为美国等西方跨国直接投资企业垄断优势主要有以下六个方面：一是技术优势，即在生产技术、生产流程、生产工艺、生产诀窍和生产效率等方面具有优势。二是规模经济优势，即在企业规模、企业机构、企业组织形态等方面具有规模报酬递增的优势。三是资金和货币优势，即在资金筹集、资金融通、资金调拨回流等方面具有优势。四是组织管理能力优势，即在经营管理理念、人力资源管理与开发、企业战略、营销管理与人才储备等方面具有先进性、科学性。五是信息优势，即在信息甄别、信息收集、信息发布、信心共享以及信息保密等方面具有优势。六是产业链整合优势，即在原材料采购、核心零部件生产、产品流动、分销与渠道、产品追踪、售后服务等方面具有优势。美国等西方跨国企业在东道国直接投资时，这些东道国企业不具备的优势能够弥补其在东道国陌生环境下投资的劣势，并获得市场竞争力。

金德尔伯格（1969）指出，在商品和生产要素完全竞争的市场中，跨国直接投资企业要承受比东道国企业更高的生产和组织成本，这使得对外直接投资不可能存在。因此，金德尔伯格认为是市场结构的不完全使得跨国直接投资企业具备某些优势，继而促进了国际直接投资。他认为，可能导致对外直接投资的市场结构不完全的条件包括不完全竞争的商品市场，企业对某些专门技术的控制和垄断，外部规模经济和内部规模经济优势的存在以及政府干预，特别是限制贸易的政策使得企业更倾向于用投资替代贸易流动等。由于这些市场竞争的不完全，使得企业在享有某些垄断性优势而又不愿与国外企业分享这一优势时，就会采用对外直接投资的方式来扩大这一优势。因此，金德尔伯格认为垄断优势理论实际上是有关市场缺陷的理论。

（二）产品生命周期理论

R. Vernon 通过对跨国公司的对外投资活动进行分析，提出产品生命周期理

---

① Hymer S., *International Operations of National Firms: A Study of Direct Foreign Investment* (Cambridge, Mass: MIT Press, 1976).

论。[1] 他基于国与国之间的技术差距和技术进步贡献的不同，认为在产品的整个生命期间，生产所需要的要素是会发生变化的。新产品的生产可以划分为产品创新、产品成熟和产品标准化三个阶段。在产品周期的不同阶段，各种投入要素在成本中的相对重要性会随之发生变化。由于各国在投入要素上的相对优势不同，因此在产品生产的不同阶段会拥有比较优势。

在产品创新阶段，创新技术与能力是维系企业竞争优势的核心要素。由于发达国家创新企业掌握着产品生产的核心技术，因此在此阶段拥有生产该产品的垄断地位。此时，发达国家选择在国内生产产品，以贴近本国消费者，满足国内消费需求，防止技术扩散，维持其垄断地位。

在产品成熟阶段，此时存在技术溢出效应，技术诀窍已经扩散到国外，创新国家跨国企业的技术垄断优势开始丧失。由于生产技术已经定型，此阶段产品从技术密集型转变为资本密集型，其他发达国家也开始施行自主生产。由于其他发达国家企业不需要支付国际运费和交纳关税，也不需要在初始阶段花费大量科技研发费用，成本要低于从创新国家进口产品。为绕开贸易壁垒，抢占发达国家市场，创新国家开始向东道国投资并设立子公司进行生产。

在产品标准化阶段，不仅发达国家已经掌握产品的生产技术，一些发展中国家也开始掌握产品的生产技术，此阶段产品从资本密集型转为劳动密集型。由于发达国家劳动力成本高，在产品生产上不再具有比较优势，此时发达国家创新企业通过对外投资将产品生产基地转移至劳动力充裕、成本低的发展中国家。因此，产品生命周期理论认为，国际直接投资是实现产品生产地点转换的重要手段，国际直接投资在产品生产地点转换过程中应运而生，国际直接投资也成为跨国企业寻求利润最大化的策略选择。

### （三）国际生产折中理论

企业是国际生产和国际投资的主体，企业跨国投资在宏观层面上形成了国际产业转移，因此，企业对外直接投资理论构成了产业转移理论的微观基础。英国

---

[1]　Vernon R., "International investment and international trade in the product cycle," *Quarterly Journal of Economics* 80, No.2（1966）：190-207.

学者邓宁（J. H. Dunning）在吸收西方经济学中的各种投资理论、国际贸易理论以及产业区位理论的基础上提出了一个阐释国际生产活动的折中框架（eclectic paradigm），并致力把企业所有权优势（ownership-specific advantages）、区位优势（location specific advantages）及内部化优势（internalization advantages）融合其中，继而提出了国际生产折中理论（the eclectic theory of international Production）。[①]该理论认为，企业所有权优势、区位优势和内部化优势构成了跨国企业直接投资的动因。其中，所有权优势是指由某一国企业所有，而他国企业没有或无法拥有的一种特定优势，包括对有形或无形资产的占有、规模经济、生产管理上的优势等。因此，企业的所有权优势与海默的企业特定优势或垄断优势一脉相承。区位优势是指企业在所投资的东道国区位的有利因素，包括广阔的市场、低廉的劳动力成本、政府政策扶持和丰富的自然资源等。内部化优势主要受交易成本驱动，借鉴了巴克利和卡森等人的思想。

邓宁认为，当企业只具备所有权优势的时候，企业将采取技术转让的方式进行国际经营活动；当企业具备所有权和内部化两种优势的时候，企业将采取出口贸易或者技术转让的方式参与国际经营活动；当且仅当同时具备所有权、内部化和区位三种优势的时候，企业才会进行国际直接投资，通过对外直接投资方式参与国际经营活动（见表1-2）。

表1-2　国际生产折中理论与企业经营方式选择

| 经营方式 | 优势 | | |
|---|---|---|---|
| | 所有权优势 | 区位优势 | 内部化优势 |
| 对外直接投资 | 有 | 有 | 有 |
| 出口贸易 | 有 | 无 | 有 |
| 技术转让 | 有 | 无 | 无 |

---

① J. H. Dunning，"United Kingdom Transnational Manufacturing and Resource Based Industries and Trade Flows in Developing Countries"（Geneva，UNCTAD）.

## 四、经济特区理论

### （一）发展经济学对海外产业园区的解释

自第二次世界大战结束以来，发展中国家经济发展一直是经济学家关注的重要问题。如何促进发展中国家经济增长，实现赶超并最终迈入发达国家行列，一直是经济学家普遍追求的目标。基于发达国家发展经验，古典经济学认为发展中国家应该向已经成功迈入发达国家行列的国家学习，即推行自由放任的市场主义。该理论主张政府不对市场做任何干预，一切经济活动在市场规律作用下都会自然出清并实现稳步增长。然而，世界各国经济发展的实践表明，由西方发达国家得来的经验并不完全适用于发展中国家。相反，一些依靠政府支持和干预的发展中国家在第二次世界大战后经济实现了起飞，而一些严格依照古典经济主义理论的国家反而陷入了长期的低迷。由此，基于发展中国家经济现实的发展经济学开始被提出并在发展中国家推行。其中就包括刘易斯的二元结构模型（Lewis，1954）、罗森斯坦 - 罗丹的"大推进"理论（Rosenstein-Rodan，1961）、纳克斯的贫困恶性循环理论（Nurkse，1953）、赫尔希曼的不平衡增长理论（Hirschman，1958）、钱纳里的"两缺口"理论（Chenery、Strout，1966）等。古典自由经济理论的提出是基于发达国家具有完善的市场价格机制，而发展中国家固有的制度不完善制约了市场价格机制的调节作用，因此，发展经济学理论围绕发展中国家在不完善市场条件下如何实现经济赶超进行了充分的研究和论证。

第二次世界大战后，东亚地区经济实现了整体起飞并保持了持续几十年的快速增长，世界银行称之为"东亚奇迹"。首先是早期的日本迅速腾飞，崛起为世界第二大经济体，紧随其后的是新加坡、韩国、菲律宾、泰国、马来西亚和印度尼西亚等，再到中国、越南。在每一个历史时段，亚洲均出现了领头雁经济体，引领亚洲经济。为此，小岛清（Kojima）形象地将东亚这一发展模式称为"雁阵模型"[①]，即依据比较优势的动态变化，劳动密集型产业从日本依次转移到韩国、

---

[①] Kojima K., *Direct Foreign Investment：A Japanese Model Business Operations*（New York：Praeger，1978）.

新加坡、东盟各国和中国台湾、香港、东南沿海地区的东亚经济发展模式。在"雁阵模型"演进过程中，东亚经济体普遍实施了出口导向战略（export oriented strategy）。总结"东亚模式"成功经验，Perkins（1986）认为良好稳定的政治环境、劳动生产率的迅速提高、出口导向的外向型经济发展战略以及成功的土地改革政策和低水平的收入不均是"东亚模式"形成的关键。同样，在国际比较的基础上，世界银行认为"东亚模式"的成功主要包括稳定的宏观经济环境、高储蓄率和高投资率、高质量的人力资本、以利润为基础的官僚结构、收入差距低、出口激励、工业化的成功、外国直接投资以及相应的技术转移等。

改革开放至今，中国经济保持了年均9%以上且持续40余年的快速增长，成功从一个积贫积弱的落后国家跃升为世界第二大经济体，并被称为"中国奇迹"。在广大发展中国家尤其是中国经济发展成就的基础上，林毅夫（2012）提出了"新结构经济学"理论，强调"不同发展程度的国家内生地具有不同结构，主张发展中国家或地区应从其自身要素禀赋结构出发，发展其具有比较优势的产业，以及相应的基础设施和制度等结构，在'有效市场'和'有为政府'的共同作用下，推动经济结构的转型升级和经济社会的发展"[1]。然而，"新结构经济学"理论认为国际经济体系结构性问题导致了发展中国家无法依靠自身禀赋优势充分参与到国际供应链中并获得相应的回报。因此，依据"新结构经济学"理论，当前世界经济要实现平衡与可持续发展，就要从传统的发达国家和发展中国家形成的"中心 – 外围结构"向以发达国家为中心的循环和以新兴经济大国为中心的"双循环结构"模式转变，[2]并鼓励发展中国家的"南南合作"。

基于发展经济学的视角，中国为突破传统制度束缚，以建设经济园区的形式为改革开放探索新路，并成为推动地方制度创新和经济快速发展的有利方式。经过几十年的发展，中国国内经济园区大致经历了从劳动密集型、资本密集型到技术密集型的发展过程，目前已成为国家和地方创建复杂产业集群和供应链的创新

---

① 资料来源：北京大学新结构经济学院网站（https://www.nse.pku.edu.cn/）。

② Krugman P. R., "Increasing returns and economic geography，" *Journal of Political Economy Volume* 99，No.3（1991）：483–499.

中心。[①]正是基于国内经济园区建设的成功经验，海外园区成为中国企业参与全球化并推动东道国经济发展的有利途径。中国海外园区为发展中国家提供了长期的、稳定的引资平台，成为"南南合作"的新模式。从实践效果看，在充分利用东道国比较优势的基础上，中国海外园区积极与东道国当地政府合作，积极灵活地运用产业政策促进产业集聚，使海外园区成为带动区域经济发展新增长极，践行"构建人类命运共同体"新理念的典范，极大地促进了"一带一路"合作与建设。

（二）新地理经济学对海外产业园区的解释

新地理经济学产生以前，关于产业聚集的研究主要集中在古典区位经济理论的讨论中，而后者主要来源于19世纪以来资本主义国家产业聚集发展的实践经验总结。早期学者关于区位理论的研究主要集中于解释生产成本最优规划问题。20世纪30年代，克里斯特（1933）和勒施（1926）等学者将消费市场引入古典区位理论的分析框架中，综合考虑消费市场（城市）、原材料市场（资源）的分布情况对产业集聚的影响。以上学者均基于市场完全竞争和企业规模报酬不变的假设，同时认为要素和市场的天然地理分布决定了产业集聚。20世纪70年代以来，迪克西特和斯蒂格利茨（1977）将规模报酬递增和厂商垄断竞争引入区位理论中，推翻了前人关于初始要素禀赋造成产业集聚的观念，强调产业聚集是一个自组织和演化的过程。克鲁格曼（Krugman，1991）提出"区域核心外围"理论，认为随着运输成本的下降，初始分散的生产和人口开始聚集并形成工业核心区和农业边缘区，解释了城市化发展、大都市成长和周边乡村地区产业和人口消减等问题。[②]随后，藤田昌久（1999）和鲍德温（Baldwin，2003）从聚集演化过程、机制、国际贸易对内部经济地理和知识溢出的有限性、政府税收竞争以及福利问题等方面拓展了新地理经济学的研究范围。

从中国境外经贸合作区的发展实践来看，早期的园区选址或是靠近消费市场（海尔美国工业园），或是靠近原材料市场（俄罗斯乌苏里斯克经贸合作区、印尼

---

① 严兵、谢心荻、张禹：《境外经贸合作区贸易效应评估——基于东道国视角》，《中国工业经济》2021年第7期。

② Krugman P. R., *Geography and Trade*（Cambridge，Mass：MIT Press，1991）。

综合产业园青山工业园），或是靠近劳动力密集市场和出口便利地区（越南龙江工业园），属于成本驱动特征明显的园区发展模式，符合古典区位经济理论的一般规律。随着早期境外经贸合作区的成功发展，越来越多的中国企业乃至国际企业逐步入驻园区，园区的产业结构不断丰富和完善，形成园区内产业互补发展，逐步形成了规模经济和依靠自身发展的内生动力。在此基础上，园区发展逐渐摆脱了对天然的地理区位要素的依赖，逐步展现出自组织和演化的特征。近几年，部分东道国政府认识到园区模式对于拉动当地经济、推动产业转型升级的重要意义，对共同商建境外经贸合作区的兴趣有所提升。例如，2015 年在白俄罗斯首都明斯克市郊建设的中国－白俄罗斯工业园（简称"中白工业园"）成为首个两国政府共商建立的境外经贸合作区。中国境外经贸合作区现已发展成为一种新的国际经济合作模式，并在全球范围内获得越来越多的认可。

### 五、中国海外园区建设研究概况

中国海外园区建设至今已有 30 年，随着海外园区数量的增加，海外园区对东道国、母国和企业的影响日益扩大，海外园区建设也逐渐为人们所关注。

### （一）中国海外园区发展条件与优势相关研究

海外园区建设是中国在不断深化对外开放的进程中推进的，因此中国海外园区建设体现着浓厚的时代背景，是中国经济高质量发展的内在需求。由于海外园区是中国中小企业"走出去"的重要载体和形式，因此海外园区被认为是中小企业拓展海外市场，规避发展瓶颈与贸易壁垒，扩大经营范围的重要方式。[①] 在中观层面，企业为将产业链从国内延伸至海外，海外园区是一种延伸方式。[②] 日本之所以在印度建立工业城，海外园区可以建立内外联动的产业合作平台，形成产

---

① 洪联英、张云：《我国境外经贸合作区建设与企业"走出去"战略》，《国际经贸探索》2011年第27卷第3期。

② 董千里：《集成场视角：两业联动集成创新机制及网链绿色延伸》，《中国流通经济》2018年第32卷第1期。

业聚集。<sup>①</sup> 在宏观视角下，海外园区被认为是国家平衡国际收支、缓解国内产能过剩的重要途径，<sup>②</sup>是国家借以将富余产能在全球范围内重新分配进而促进旧产业得到新发展的一种方式。<sup>③</sup> 相关研究包括以下两个方面：

一是关于中国海外园区建设的发展条件研究。中国海外园区建设不仅是内在需求推动的结果，还是外在需求拉动的结果，即东道国的因素也是中国海外园区建设的动因。李丹、陈友庚研究发现，中国之所以到非洲国家设立海外园区，是因为重要目的之一是将海外园区作为对外援助的重要手段。<sup>④</sup> 海外园区成为除援建基础设施和民生扶持外的援助欠发达地区的新方式。<sup>⑤</sup> 东道国支持海外园区建设，因为海外园区不仅能带来大量就业岗位以缓解东道国的失业压力，而且海外园区建设中技术水平较高的企业可为东道国带来产业升级。<sup>⑥</sup> 东道国良好的区位优势、资源环境是吸引海外园区建设的重要因素，中哈边境合作区是由于东道国优越的地理位置和便利的交通环境有利于发展商贸物流类的产业园，中印青山产业园是由于东道国丰富的自然资源如矿产有利于发展资源加工型的产业园。<sup>⑦</sup> 随着"中国制造"逐渐成为中国在国际贸易活动中的名片，其他国家也越来越希望通过海外园区的合作来借鉴成功经验以及整改其国内的产业园区模式。除此之外，中国海外园区建设也离不开中国政府和所在省级政府的支持。在海外园区建设过程中，中国政府出台了一系列的鼓励政策，保障和支持了海外园区的快速发展。<sup>⑧</sup> 而且，在海外园区建设过程中，政府给予一系列相关的优惠政策，如税收

---

① 詹晓宁、李婧：《全球境外工业园区模式及中国新一代境外园区发展战略》，《国际经济评论》2021年第1期。

② 袁菊莲：《中老-万象赛色塔综合开发区建设现状与发展对策调查报告》，云南财经大学硕士学位论文，2014年.

③ 张寅：《中国境外经贸合作区发展现状研究》，《中国商论》2018年第22期。

④ 李丹、陈友庚：《对外援助与我国境外经贸合作区建设》，《开放导报》2015年第1期。

⑤ 詹晓宁、李婧：《全球境外工业园区模式及中国新一代境外园区发展战略》，《国际经济评论》2021年第1期。

⑥ 屈秋邑：《产业链视角下中国境外经贸合作区发展模式研究》，西南财经大学硕士学位论文，2019年。

⑦ 金辉：《境外经贸合作区发展的动力机制研究》，温州大学硕士学位论文，2019年。

⑧ 马学广、鹿宇：《尺度重组视角下我国海外园区空间治理体系重构研究》，《中国海洋大学学报》（社会科学版）2021年第5期。

优惠、审批程序的优化、融资的支持等。

二是关于中国海外园区的发展优势研究。中国拥有先进富余的产能和高性价比的装备设施，且作为"基建大国"在基础设施建设方面积累了丰富的经验。海外园区平台能充分发挥中国企业在成本和技术上的综合优势，开展国际产能与投资合作，在东道国充分实现本地化与国际化。因此，建设海外园区被认为是目前中国开展国际产能合作的最佳选择。这种最佳选择体现在海外园区建设能大幅降低"走出去"企业境外投资经营的风险和筹建成本。首先，有利于降低产能合作中园区内企业的经营成本。通过引资，海外园区作为载体助力国内企业"走出去"，国内具有一定比较优势且产能过剩的产业可以转移到有需求的国家。<sup>①</sup>其次，通过产能优势互补，可以推进企业的国际化发展，强化合作的深度和广度。余晓钟、刘利以国际能源产业园区为例，提出海外园区能够利用全球资源在某一地区的集聚产生平台效应，促进产业技术的传播，实现互联互通，且其作用和优势在未来的产能合作中还会得到进一步彰显与放大。<sup>②</sup>以泰国为例，孟广文、赵钏、周俊等提出海外园区作为中泰产能合作的平台，是深化中泰投资合作与推动企业国际化发展的良好载体，是推动当地经济发展的重要动力。<sup>③</sup>

### （二）"一带一路"倡议下中国海外园区建设相关研究

"一带一路"倡议于2013年提出，截至2022年7月底，中国已与140多个国家、30多个国际组织签署200多份"一带一路"合作文件。近年来，我国在众多"一带一路"沿线国家建设了海外园区。学界当前的研究主要集中在以下两个方面：

一是"一带一路"倡议对中国海外园区建设的影响研究。"一带一路"倡议下中国海外园区的建设是我国企业集群式"走出去"的现实需要，不仅可以降低我国对外投资的风险，还可以借助"一带一路"沿线发展中国家的丰富资源要素

---

① 沈铭辉、张中元：《中国境外经贸合作区："一带一路"上的产能合作平台》，《新视野》2016年第3期。
② 余晓钟、刘利：《"一带一路"倡议下国际能源产业园区合作模式构建——以中亚地区为例》，《经济问题探索》2020年第2期。
③ 孟广文、赵钏、周俊、王艳红、王淑芳、杜明明：《泰中罗勇工业园"园中园"模式与效益评价》，《地理科学》2020年第40卷第11期。

和巨大的市场规模，创建一批"海外经济飞地"。① "一带一路"倡议下中国海外园区的类型按投资方与建设方式的不同，可以分为中方"投资＋建设"、中外"合资＋共建"、中方投资＋外方建设、中外合资＋中方建设、中外合资＋外方建设五种类型。② "一带一路"国际物流通道的建立，可以促成产能合作基核的网链结构，为中国海外园区的建设提供境外两业联动的、产业联动的基础支撑。③ 茹蕾、姜晔、陈瑞剑以海外农业产业园区为例，指出"一带一路"倡议下，中国农业海外园区体现资本集聚效应明显、以民营企业为主、"一区多园"、社会效益良好等特点。④

　　二是中国海外园区建设对"一带一路"沿线国家的影响研究。随着中国海外园区规模的扩大和数量的增加，中国海外园区建设对"一带一路"沿线国家的影响也逐步受到国内学者关注。

　　从中国海外园区建设东道国的影响层面来看。鉴于中国海外园区在非洲国家快速推进的现状，刘晨、葛顺奇以非洲园区为例，探究了中国在非洲海外园区对非洲国家产生的影响。在宏观层面，中国在非洲的海外园区有效促进了所在国的基础设施投资，缓解就业压力，增加税收并提高政府收入。在中观层面，通过协调发展的产业链，提升中国与非洲国家之间的产业联系，形成产业集聚，并以此为渠道将"中国模式"带到非洲，改善东道国的政策质量，提高了政策的有效性。在微观层面，中国企业在海外园区合作办厂，为避免出现水土不服，需要融入当地，大量培训本土工人，进而提升本土工人熟练度，形成本土化管理模式。⑤ 因此，中国海外园区对当地的人才培养具有显著的促进作用，有利于提高非洲人民生活

---

① 王建华：《"一带一路"区域建设境外产业园区的战略思考》，《技术经济与管理研究》2018年第1期。

② 赵胜波、王兴平、胡雪峰：《"一带一路"沿线中国国际合作园区发展研究——现状、影响与趋势》，《城市规划》2018年第42卷第9期。

③ 董千里：《境外园区在"一带一路"产能合作中的新使命及实现机制》，《中国流通经济》2018年第32卷第10期。

④ 茹蕾、姜晔、陈瑞剑：《"一带一路"农业产业园区建设：趋势特点与可持续发展建议》，《世界农业》2019年第12期。

⑤ 刘晨、葛顺奇：《中国境外合作区建设与东道国经济发展：非洲的实践》，《国际经济评论》2019年第3期。

质量。① 除此之外，中国海外园区还有利于提高东道国的技术与管理水平。利用渐进性双重差分法，从海外园区提高贸易集聚平台这一视角出发，通过实证研究发现，中国海外园区主要集聚效应——产品和技术的创新集聚，上下游产业链协调发展的产业集聚，以及融资便利、金融稳定的信用集聚，能促进东道国的国际直接投资，提高"一带一路"沿线国家的商业自由指数；② 还能为东道国带来技术和管理上的创新，助力东道国经济发展和产业结构优化。③

从"一带一路"倡议下中国海外园区对双边贸易的影响层面来看。海外园区建设对促进中国与东道国的贸易投资究竟产生什么样的影响，并没有确切的答案。徐俊、李金叶认为海外园区既可以直接促进双边贸易合作，也可以在企业对外投资中通过投资间接促进双边贸易合作。④ 但李嘉楠、龙小宁、张相伟采用1992—2013年中国与216个国家的投资和贸易数据分析发现，海外园区建设的投资效益和贸易效应之间是一种替代关系，且对直接投资的提升幅度大于双边投资协定和自由贸易协定。海外园区建设对双边国家的投资影响则是较为一致的答案。⑤ 秦艳艳在控制内生性的基础上通过实证研究发现，中国海外园区发展建设的不断成熟发展，很大程度上促进了中国企业对东道国国家的对外直接投资水平。⑥ 李金叶、沈晓敏通过实证研究进一步发现，中国海外园区建设主要是在资源加工方面促进了中国对外直接投资。海外园区之所以能够促进中国对东道国的

① 卢进勇、裴秋蕊：《境外经贸合作区高质量发展问题研究》，《国际经济合作》2019年第4期。

② 李金叶、李春莹：《境外经贸合作区对"一带一路"沿线国家的经济效益研究》，《商业经济研究》2020年第2期。

③ 柏露露、赵胜波、王兴平、郑洁玲：《撒哈拉以南非洲城镇化与制造业发展关系研究》，《国际城市规划》2018年第33卷第5期。

④ 徐俊、李金叶：《"一带一路"沿线境外经贸合作区的贸易效应及其实现路径研究》，《新疆大学学报》（哲学·人文社会科学版）2020年第48卷第4期。

⑤ 李嘉楠、龙小宁、张相伟：《中国经贸合作新方式——境外经贸合作区》，《中国经济问题》2016年第6期。

⑥ 秦艳艳：《境外经贸合作区对中国对外直接投资的影响研究》，华中师范大学硕士学位论文，2020年。

投资，主要是因为海外园区建设可以帮助规避企业对外直接投资的东道国风险。[①]因为东道国经济有政治风险会在一定程度上阻碍企业对外直接投资。由于制度距离的存在，国家间的制度差异会反作用于对外投资，而海外园区的建设缩短了制度距离，降低了差异性，进而对中国企业对外投资具有一定的促进作用。[②]支宇鹏、陈乔指出海外园区建设可以优化东道国的制度质量，而完善东道国的制度质量又可以有效提升降低企业的对外投资风险。[③]

### （三）中国海外园区发展的国际环境相关研究

国际环境风险、战乱、治安、宗教冲突等隐患因素，潜在影响着我国海外园区和园内企业的可持续发展。

从宏观国际环境层面来看，后危机时代，"一带一路"倡议下构建中国海外园区是我国输出经济增长动力的重要方式。[④]在全球疫情环境下，我国要参与全球供应链治理，应发挥海外产业园区作用，提升国际产能合作能力和水平。[⑤]詹晓宁、李婧指出，过去十年国际投资停滞不前，全球价值链贸易下降，贸易增长降速，这些直接影响海外工业园区建设。[⑥]基于当前"逆全球化"及新冠肺炎疫情下的国际环境，要加强海外工业园区建设，推动"双循环"新发展格局建设，促进对外贸易的多元化、创新化发展。[⑦]

---

① 李金叶、沈晓敏：《境外园区对中国对外直接投资的影响研究——基于"一带一路"沿线国家面板数据的分析》，《华东经济管理》2019年第33卷第12期。

② 许培源、王倩：《"一带一路"视角下的境外经贸合作区：理论创新与实证检验》，《经济学家》2019年第7期。

③ 支宇鹏、陈乔：《境外产业园区、制度质量与中国对外直接投资》，《国际经贸探索》2019年第35卷第11期。

④ 王建华：《"一带一路"区域建设境外产业园区的战略思考》，《技术经济与管理研究》2018年第1期。

⑤ 余宗良、张璐：《全球疫情下推进国际产能合作的政策思考》，《开放导报》2020年第2期。

⑥ 詹晓宁、李婧：《全球境外工业园区模式及中国新一代境外园区发展战略》，《国际经济评论》2021年第1期。

⑦ 沈国兵：《疫情全球蔓延下推动国内国际双循环促进经贸发展的困境及纾解举措》，《重庆大学学报》（社会科学版）2021年第27卷第1期。

从微观国际环境层面来看，关于国际环境的研究还集中体现在各东道国环境对中国海外园区建设的影响上。丁悦指出当东道国为欠发达国家时，基础设施建设不完善会给园内企业高效生产甚至正常生产带来难题，宗教、文化冲突也会引发一些社会问题。[①] 以中国－赞比亚园区为例，王志芳、杨莹、林梦等指出园区存在东道国基础设施欠缺如电力不足、汇率不稳定、政策不稳定以及无序竞争等问题。[②] 事实上，中国与东道国双方制度和观念上存在差异，园区管理上难免会有分歧；法律法规上的不一致，造成无标准可依；缺乏语言沟通顺畅的专业性人才，影响双方的交流合作；等等，都会对中国海外园区建设产生影响。

### （四）海外园区高质量发展相关研究

高质量发展是全面建设社会主义现代化国家的首要任务，党的二十大报告指出，推进高水平对外开放是高质量发展的内在要求。中国海外园区高质量发展是我国高水平对外开放体系的重要组成部分，国内学界对中国海外园区高质量发展的研究也取得了众多成果。

一是影响海外园区高质量发展因素方面的研究。由于海外园区兼具政府公共服务和市场性的双重性，因此政府对海外园区性质的认定以及对海外园区建设的政策支持对于海外园区的发展至关重要。与此同时，在中国海外园区建设过程中，忽视合作国提高自主发展能力诉求的问题，可能容易导致产生贸易摩擦事件和保护主义（季美航、王旋，2019）。此外，中国海外园区建设存在产业布局分散、产业链体系不完善、难以形成产业集聚效益、企业间凝聚力不足、劳动力资源稀缺、海外融资困难等困扰园区内企业健康发展的难题。刘英奎、敦志刚（2017）指出，中国海外园区存在沟通机制不健全、土地开发不顺利、配套基础设施不完善、投资收益回收慢等问题。

---

① 丁悦：《我国境外经济贸易合作区高质量发展对策思考》，《青海社会科学》2019年第4期。

② 王志芳、杨莹、林梦、孔维升：《中国境外经贸合作区的发展与挑战——以赞比亚中国经济贸易合作区为例》，《国际经济合作》2018年第10期。

二是中国海外园区高质量发展中母国和东道国两国环境的影响研究。其中，东道国环境因素方面，由于东道国政治环境风险、战乱、治安、宗教冲突等隐患因素，潜在影响园区和园区内企业的可持续发展。丁悦（2019）指出，当东道国为欠发达国家时，基础设施建设不完善会给园区内企业高效生产甚至正常生产带来难题，宗教、文化冲突也会引发一些社会问题。以龙江工业园为例，孟广文、杜明明、赵钏等指出，东道国经济基础薄弱，我国与东道国之间的争端引起不满情绪，东道国劳动力质量不足、效率低，以及外汇管制等，在不同程度上影响了园区的贸易投资和可持续发展。[①]

### （五）中国海外园区发展途径与策略相关研究

鉴于政府在中国海外园区建设中所扮演的重要角色，因此中国海外园区建设的战略部署离不开政府的指导，离不开政府功能的发挥。李春项（2008）认为，政府在园区建设中的功能应由"主导建设"向"主体扶持"转变，企业应由"被动"向"主动"转变，以此让企业成为"走出去"的主导者，保证企业的灵活性。在政府的行为选择和定位中，张广荣（2008）提出政府应制定战略计划，加大对民营企业等非公有制中小企业的扶持；多途径加大中国海外园区宣传力度，加快现有境外产业园区的招商进程，鼓励民营企业积极响应政策、扩大自身对外投资，投身中国海外园区的全球规划之中。[②] 首先，政府应有针对性地打破一些进入壁垒和制度障碍，为企业创造良好的市场和制度条件（洪联英、张云，2010），同时加强园区建设的顶层设计，兼顾东道国发展需求与园区自身的发展特色等；[③] 其次，政府应为企业构建更全面、覆盖面更广的境外投资法律法规体系和风险管理

---

① 孟广文、杜明明、赵钏、王继光、于淙阳、马详雪、张宁月：《中国海外园区越南龙江工业园投资效益与启示》，《经济地理》2019年第39卷第6期。

② 尤宏兵、成楠、杨蕾：《境外产业园区建设特点与发展建议》，《国际经济合作》2017年第2期。

③ 李金叶、沈晓敏：《境外园区对中国对外直接投资的影响研究——基于"一带一路"沿线国家面板数据的分析》，《华东经济管理》2019年第33卷第12期。

机制；<sup>①</sup>最后，海外园区的发展与国家间的外交博弈密不可分，政府应保持与东道国政府的高密度协作，掌握谈判主动权，保障我国企业在东道国园区建设投资的合法权益。<sup>②</sup>

此外，企业作为中国海外园区建设的重要组成部分，推动中国海外园区的高质量有序发展，企业的行为选择需要与政府的组织制度相适应，二者实现多方面、多层次、多维度的有效配合。在企业的行为选择和定位中，首先，企业应做好项目的可行性分析，综合考虑成本和收益；其次，企业应从产业的角度，尊重经济规律，定位好园区的发展方向，科学制定发展规划；<sup>③</sup>最后，企业应重视合作区的本土化发展，熟悉东道国当地的法律、文化、人文环境，<sup>④</sup>提高开发效率，用好本土人才。

### （六）既有研究的主要贡献与不足

既有中国海外园区建设的研究为科学、全面、系统认识中国海外园区提供了一定的参考，但也存在局限。一是既有研究缺乏对中国海外园区建设历程的全面刻画和总结。中国海外园区建设至今已有30年，经历了不同的发展阶段，且在不同阶段具有不同的特点。只有对不同发展阶段有了清晰的刻画，才能准确认识不同阶段的特点，才能对中国海外园区建设的规律有准确把握。二是既有研究多停留在现象刻画阶段，对海外园区建设规律的研究多是表象的描述，缺乏深层次的理论分析。尽管也有一些采用案例的方式对中国海外园区建设展开的研究，但是缺乏规范的案例研究范式，导致研究的理论深度不够。三是既有研究对中国海外园区建设模式的研究较少，尚未有对中国海外园区建设模式全面总结的研究，缺乏对中国海外园区建设模式影响因素的科学识别，以及不同因素对海外园区建设模式影响机理的探析，进而导致对海外园区建设规律认识的不足。四是既有研

---

① 李思思：《中国境外经贸合作区发展历程与战略初探》，南京大学硕士学位论文，2014年。

② 董琪：《我国境外经贸合作区的建设与发展研究》，江苏大学硕士学位论文，2009年。

③ 沈正平、简晓彬、赵洁：《"一带一路"沿线中国境外合作产业园区建设模式研究》，《国际城市规划》2018年第33卷第2期。

④ 王梦倩：《中国境外经贸合作区建设的影响因素研究》，天津师范大学硕士学位论文，2018年。

究对中国海外园区建设经济效应的系统研究还较少，鲜有从企业、中国和东道国等利益相关视角展开专门系统的研究，进而无法对中国海外园区建设绩效进行有效评估。五是既有研究对海外园区建设国际经验的总结还十分零散，虽有一些对海外园区建设经验的零星总结和案例分析，但缺乏系统整合，一定程度上也导致对海外园区建设规律认识的不足。

# 第二章
# 中国海外园区建设的历程
# 与特征

## 一、中国海外园区建设历程

自 1992 年以中国电气进出口有限公司为实施主体在越南设立中国第一个海外园区——越南铃中加工出口区至今，中国海外园区建设已有 30 年的时间。这 30 年正是中国经济加速发展、改革进程日益加快、对外开放快速深化的 30 年。由于中国海外园区发展速度呈现出一定的差异，且具有鲜明的时代特征，因此中国海外园区建设大致可划分为萌芽、休眠、酝酿、加速和趋稳等五个阶段。

萌芽阶段（1992—1993 年）：这一阶段先后设立了中国第一个、第二个海外园区，即 1992 年设立的越南铃中加工出口区、1993 年设立的赞比亚中垦非洲农业产业园。尽管这两家海外园区的设立看似具有一定的偶然性，但若与彼时中国经济发展的背景相结合，会发现还是具有一定的必然性。

1992 年中国共产党第十四次全国代表大会召开，第一次明确提出了建立社会主义市场经济体制的目标模式，即把社会主义基本制度和市场经济结合起来，建立社会主义市场经济体制。作为我国取得举世瞩目发展成就的经济体制基础，建立社会主义市场经济体制是经过艰辛实践探索和深入理论研究创造出来的。以公有制为主体的现代企业制度是社会主义市场经济体制的基础，因此在以公有制为主体的基础上建立市场经济体制，重点在于让国有企业成为市场主体。1992 年中央颁布《全民所有制工业企业转换经营机制条例》，明确规定企业享有生产经营决策权、产品销售权、资产处置权等经营自主权。这一时期国有企业已逐步拥有了产品所有权，基本确立了市场主体地位。

以中国电气进出口有限公司和中国农垦集团有限公司为实施主体的两家国有企业率先到国（境）外建设合作园区，在一定程度上可以看作是对中国建设社会主义市场经济的实践呼应，在实现企业国有资产保值增值的同时，也为社会主义市场经济体制改革探路，加快了转换国有企业经营体制和调整内部治理结构的步伐。

休眠阶段（1994—2002 年）：自 1993 年我国设立赞比亚中垦非洲农业产业园之后的 8 年间，中国海外园区数量没有任何变化。究其背后原因在于，从宏观背景上看，我国社会主义市场经济建设起步不久，仍处于不断探索中。在这一时

期，中国最早设立的两家海外园区亦处于起步状态，虽有一定数量的民营企业和国有企业探索"走出去"的道路，[①]但需要克服的困难很多，因此园区建设的经济效应还不明显，示范带动作用亦不显著。以国有企业为实施主体的海外园区建设模式是否可行、是否值得推广、能否优化国有企业治理尚待观察。

1995—2000 年，位于胡志明市区东北部的越南铃中加工出口区一区采取滚动开发的方式，先后完成了园区内的动迁、基础设施和公用设施的建设。到2000 年底，园区内建设的厂房均出租完毕，共有来自中国台湾、中国香港等地区，以及日本、韩国等国家的 33 家企业入驻，投资总额达到 1.81 亿美元。2001 年园区出口额达到 2.55 亿美元。良好的经济效益让中越联营双方看到了越南铃中加工出口区的优势，于 2000 年 5 月在一区的基础上又开始了二区的开发工作。二区距离一区约 7 千米，占地 61.7 公顷，出口区和工业区各占 50%，总投资 8554万美元。

因此，尽管这一阶段我国海外园区的整体建设处于停滞状态，但中国企业"走出去"的步伐并未停滞。同时，国内持续深化的社会主义市场经济体制建设为后续海外园区建设积累力量。前期设立的两家海外园区，尤其是以制造业为主的越南铃中加工出口区建设成效显著，这为未来中国以海外园区形式开拓海外市场、充分利用国际资源提供了样板。

酝酿阶段（2003—2009 年）：2001 年中国正式加入 WTO 并成为其第 143 个成员，标志着中国的对外开放迈上了一个新的台阶。不仅大型国有企业，还有越来越多的中小民营企业也加入"走出去"队伍中。中国在国（境）外设立海外园区的数量开始缓慢增加，海外园区数量从 2003 年的 2 个增加至 2009 年的 10 个。在此期间，中国海外园区建设数量逐年增加，基本维持在个位数。如何更好服务这些"走出去"企业，更好发挥这些企业联系国内外的作用，成为中国政府积极谋划的重要内容。

2005 年底，为促进国内企业到海（境）外建设经贸合作区，商务部提出建立境外经贸合作区的对外投资合作举措，并相继出台多项配套政策措施。2006

---

① 如1998年福建华侨实业公司探索在古巴创办合资企业，2000年3月海尔集团在美国设立海外分厂等。

年6月，商务部又进一步制定了《境外中国经济贸易合作区的基本要求和申办程序》，对需要提供帮扶的"走出去"企业申报标准等作出了规定。因此，这一阶段的海外园区建设受中国加入WTO"未来红利"的影响，加上中央政府有计划、有步骤的政策支持，迅速地积累了建设经验，为未来中国海外园区多元化建设模式奠定了基础。

加速阶段（2010—2016年）：在此期间，中国在国（境）外设立经贸园区的数量开始快速增加。2013年，随着"一带一路"倡议的提出，中国在国（境）外设立了25个海外园区。2016年我国海外园区设立达到高峰，建设数量达到了26个。这一时期，中国海外园区建设年均数量基本保持在10个以上，建设速度较之以前有了明显加快，中国海外园区数量年均增速比"一带一路"倡议提出之前的2003—2012年快了近3倍。

这一阶段海外园区之所以加速发展，主要原因是中央政府的政策推动。设立海外园区是国内经济增长新旧动能转换，资源在全球范围内重新分配的一种重要体现。党的十八大以来，我国经济增长由过去的高速增长向中高速增长转换，进入产业转型升级的关键时期，自然而然地出现了一定程度的产能过剩现象。2013年中国政府结合国内国际经济形势，提出共建"一带一路"倡议。海外园区成为我国推动全面开放新格局、增强国际交流合作的重要载体。"一带一路"沿线国家迫切需要加大基础能源等投资，而中国海外园区的设立能缓解国内过剩产能，延续国内企业的竞争优势，为国内产业升级腾出空间，也能通过将富余产能在全世界范围内重新分配从而促进旧产业得到新发展。中国海外园区作为一种新的经济发展动能，能促进中国的境外市场开发和全球企业网络及价值链的建构。在海外园区建设的过程中，国家领导人对海外园区建设给予高度重视，海外园区成为党和国家领导人出访东道国时参观视察的重要场所，相关部门也出台了一系列配套的优惠政策，如税收优惠和简化审批程序等。同时，建设高水平海外园区也有助于我国产业转型升级的全球战略布局。前期我国海外园区经过20多年的建设，成效逐步显现，不仅成为中国企业"走出去"利用国际市场和国际资源的有效载体，而且对拉动东道国经济增长、吸纳就业和扩大贸易出口发挥了显著作用。因此，这一时期海外园区的快速发展可谓天时地利人和，无论是国际环境还是国内经济基础，都为海外园区建设提供了有利条件。

趋稳阶段（2017 年至今）：中国海外园区建设速度在 2017 年开始出现下滑，并在 2018 年稳定在个位数。由于在加速阶段国内不少企业在缺乏必要的市场调查、风险预判和前景分析的基础上盲目跟风，匆忙在国（境）外设立园区，导致部分海外园区建设并未取得预期效果，甚至出现半瘫痪状态。加之经济逆全球化，贸易单边主义、贸易保护主义的抬头，海外园区建设遇到的困难相对有所加大。因此，国家在前期快速推进的基础上，对存量的海外园区进行完善，逐步从量的快速推进向质的提升转变，即更强调园区建设的质量和效益，更关注园区与"一带一路"沿线国家的产业合作的密切度，更关注对东道国经济发展的溢出效应。譬如，2017 年中国在"一带一路"沿线国家海外园区新增 13 个，涉及 10 个国家，入园企业增加 2330 家，比 2016 年底增加 2 倍多，上缴东道国税费较上年翻了一番，达 11.4 亿美元。海外园区建设为加快当地产业发展、扩大就业机会、改善民生福祉做出了实实在在的贡献。总体上来说，这一时期我国设立海外园区相对更为慎重，呈现出根据国际国内经济环境和建设进度不断调整的动态过程。

### 二、中国海外园区建设流程

中国海外园区涉及两国政府，但多由主导企业牵头实施，"项目制"特征十分明显，因此中国海外园区建设可以按照工程项目实施的一般步骤进行解构。依照时间顺序，中国海外园区建设大致分为规划、融资、实施和运营四个阶段（见图 2-1）。其中，规划阶段主要是对海外园区建设的可行性进行分析论证，融资

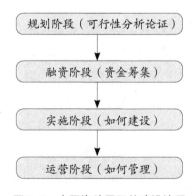

图2-1　中国海外园区的建设流程

阶段主要是资金筹集的问题，实施阶段主要是海外园区如何建设的问题，运营阶段主要是海外园区如何管理的问题。每一阶段海外园区建设的内容和特征都不一样。因此，通过对中国海外园区建设流程的解构，可以更为细致地了解中国海外园区在不同阶段的建设内容和特征，更为准确地把握中国海外园区的建设规律和注意事项，进而为"一带一路"倡议下高质量推动中国海外园区发展提供参考。

（一）规划阶段

海外园区作为中国企业"走出去"的重要平台，既有企业的参与，也离不开政府的支持，是双边国家经贸活动的重要事件。通常，中国海外园区是在东道国与中国双方政府共同推动下建立的。一方面，东道国政府出于经济发展的需要，对产业园区建设具有一定的经济需求；另一方面，中国政府基于两国的政治经贸关系，以及产业园区建设的成功经验，对深化"一带一路"合作具有强烈的愿望。因此，中国海外园区通常是在两国政府具有需求与供给愿望，以及对市场计划的研判基础上逐步推动建立起来的。由于中国海外园区涉及经费规模较大[①]，即使已有两国政府政治互信的背书，但落实到产业园区建设具体环节，仍需要依据项目建设做好详细周密的规划。其中，前期规划是必不可少的环节，具体规划内容包括对东道国市场的调查、园区的选址，以及对东道国的土地政策、土地所有权、使用权的审批程序、征地补偿政策、税收补贴和外资投资等政策的梳理，还有在此基础上，对海外园区的空间和产业进行规划，对海外产业园区建设的未来收益进行评估，等等。

在流程上，海外园区建设规划阶段的各环节彼此存在一定关联和逻辑顺序。首先，中国政府（包括省级政府）在与东道国政府的长期交往中，形成的政治互信和奠定的经贸基础是中国海外园区设立的前提。其次，东道国政府对发展经济等的需求构成中国海外园区设立的外在拉力，中国政府对扩大开放的支持政策构成海外园区设立的内在推力。再次，在双边国家的共同协商推动下，结合东道国

---

① 中国商务部国际贸易经济合作研究院与联合国开发计划署驻华代表处联合发布的《中国"一带一路"境外经贸合作区助力可持续发展报告》对42家受访园区的调查表明，有19家中国境外经贸合作区投资了1亿～5亿美元，3家投资了5亿～10亿美元，6家投资了10亿美元以上。

的区位优势和资源优势，以及中国经济特区建设的经验，需要进一步对在东道国设立海外园区的市场机会展开充分研究，并在此基础上，从东道国优先发展产业和资金实力的角度确立海外园区建设的牵头企业。海外园区牵头企业进一步对市场机会做更为详细的论证，并从成本－收益的角度对海外园区建设的赢利开展充分的可行性分析。最后，企业在具有赢利可行性论证的基础上，对在东道国设立海外园区的园区选址、土地政策、税收政策、劳动政策、投资政策、基础设施、未来收益等展开进一步的了解，并制定详细的规划方案（见图2-2）。

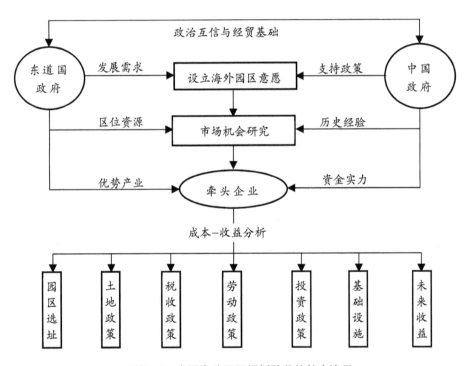

图2-2　中国海外园区规划阶段的基本流程

　　近年来，随着"一带一路"建设的深入推进，越来越多的地方政府和企业参与海外园区建设。其中，有些海外园区上马过于匆忙，缺乏充分必要的前期规划，未能充分研判可能出现的各种风险，对海外投资的经验不足，导致海外园区建设中问题频出，与预期目标出入较大。一些海外园区不得不多次调整规划，造成园区工期一拖再拖，甚至半路夭折。这不仅对牵头企业造成一定的经济损失，也对两国经贸合作和政治互信造成不利影响。因此，前期规划的详细周密与否对后续海外园区建设的顺利推进至关重要。

事实上，海外园区建设的前期规划是一个涉及面较广、内容较为专业的环节。在这一阶段，既要对园区地产项目较为熟悉，又要对园区产业发展需求较为熟悉，还对东道国的法律法规、文化习俗、政府行政等较为精通；既要符合企业自身的市场化发展需求，又要符合园区项目所在国的发展诉求。因此，相对国内产业园区建设，中国海外园区建设往往更为复杂。纵览中国海外园区建设，前期规划不仅需要牵头企业人员的参与，还需要聘请并组建专业团队进行科学规划，对可能出现的问题进行全面系统的论证，并提出解决方案。随着中国海外园区建设的不断推进，越来越多的专业团队开始加入其中。从目前中国海外园区的牵头企业来看，主要有三类：第一类是以基础设施开发建设为主的开发商（企业和地产公司），第二类是既参与园区前期开发又参与后期运营管理的"开发商＋运营商"，第三类是纯生产企业主导下的园区开放与运营商。[①]

（二）融资阶段

与国内产业园区建设一样，中国海外园区建设具有占地面积广、初始投资成本高、投资回报期长等特点。根据前瞻产业研究院的资料，截至 2017 年底，中国 20 个国家级海外园区累计投资 241.9 亿美元，平均每个海外园区资金投入达到 12 亿美元以上。譬如，泰中罗勇工业园区三期总体规划面积达到 12 平方千米。尽管海外园区建设的牵头企业往往具有雄厚的资金实力，但面对持续庞大的资金投入，单凭牵头企业自有资金往往难以满足整个海外园区持续建设的需求。因此，一旦海外园区建设项目得以确定，前期规划方案得以制定，便进入海外园区建设的融资阶段。

好的融资能高效满足中国海外园区持续建设的资金需求，是保障海外园区达到预期目标的关键。加之中国海外园区有一半以上是在非洲等发展中国家，这些国家往往金融发展程度较低，融资渠道有限。中国海外园区建设过程中普遍存在融资渠道单一、融资难、融资贵等问题，融资成为海外园区建设和运营中面临的

---

① 郝旭、刘健、陈宇倩、王海霞：《"一带一路"背景下海外产业园区开发运营模式》，《水运工程》2016 年第 1 期。

最大挑战。中国商务部国际贸易经济合作研究院与联合国开发计划署驻华代表处联合发布的《中国"一带一路"境外经贸合作区助力可持续发展报告》显示，仅39%的受访园区表示从银行获得了金融支持，61%的受访园区表示没有获得任何类型的金融支持。由此可见融资在中国海外园区建设中的重要性。

尽管双边政府在中国海外园区建设中发挥了不可替代的作用，但总体上看，中国海外园区从开发建设之初就显示出更强的商业性特点。因此，中国海外园区建设的融资模式选择上亦应更多考虑市场化模式，走市场化融资道路。

### 1. 融资类型

纵览中国海外园区建设初期的融资模式，大致可以分为三种类型：

一是海外直接投资，指企业凭借自身的信息优势和资金优势直接在东道国投资建设海外园区。海外直接投资是最为传统的融资模式，是早期发达国家向发展中国家跨国投资较为常见的形式。海外直接投资不仅要求企业具有较强的资金实力，还要求企业对东道国的投资环境（包括自然人文环境、政治经济环境、法律制度环境等）十分了解，并且具备准确的风险预判能力和较高的风险承担能力。但实际上，投资前深入调查了解东道国投资环境的成本颇高，加之海外市场本身存在较大的不确定性，且海外园区建设具有周期长、资金投入大、资金收益期长等特点，企业仅凭自身资金直接在国（境）外投资建设海外园区的情况比较少见。

二是资本市场融资，指企业通过发行债券、发行信托产品、资产证券化、资产股份化、国内证券市场、产权交易市场、上市公司并购等方式募集资金。这种融资模式对金融产品的种类要求较高，还需要有较好运行效率的资本市场加以支持。由于中国在投建海外园区时，有近50%的海外园区集中在非洲、亚洲等发展中国家，这些国家普遍存在金融体制不健全、资本市场融资经验缺乏、资本市场发育不完善等问题，因此资本市场融资很少成为中国海外园区建设解决融资问题的首选模式。

三是项目融资，指企业以项目本身的资产和未来收益作为抵押来筹集资金。项目融资较为适合建设周期长、前期投入大的项目，并已在重大工程建设中得到普遍实施。因此，鉴于中国海外园区建设本身所具有的建设周期长、前期投入大、投资收益时间长等项目属性，项目融资成为中国海外园区建设较为常见的融资模式。

在融资过程中，经东道国政府许可，海外园区建设牵头企业以海外园区项目为依托，成立园区项目公司，积极吸纳各类外部资金（包括金融机构、其他企业、基金、社会资本等）投入海外园区建设中。与此同时，园区项目公司还与中资相关承建企业签署承建合同，委托进行园区项目建设。待海外园区建设完毕并可以投入运营时，园区项目公司组建运营管理公司，开展园区招商引资，吸引企业入园，收取租金和管理费，并开展园区后续建设，不断完善园区功能。总体上看，项目融资较好地满足了中国海外园区建设的资金需求，一方面，可以保障投资企业获得政府的政策支持，取得长久、稳定的投资收益；另一方面，海外园区可以在本身获得充足资金保障的前提下，确保高质量、高效率完成园区建设。因此，项目融资能够契合中国海外园区建设需求，逐步为中国海外园区建设企业所青睐，其基本流程如图 2-3 所示。①

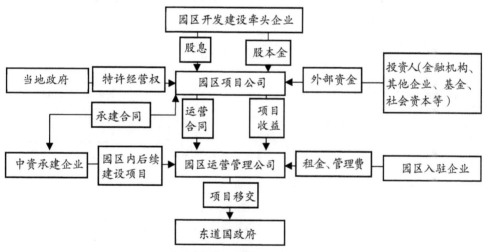

图2-3　中国海外园区融资阶段的基本流程

常见的项目融资方式包括公私合作（Public-Private-Partnership，PPP）模式，建设、经营、转让（Build-Operate-Transfer，BOT）模式和移交、经营、移交（Transfer-Operate-Transfer，TOT）模式。

---

① 郝旭、刘健、陈宇倩、王海霞：《"一带一路"背景下海外产业园区开发运营模式》，《水运工程》2016年第S1期。

### 2. PPP 融资

PPP 亦被称为政府和社会资本合作，指在公共服务领域，政府采取竞争性方式选择具有投资、运营管理能力的社会资本，双方按照平等协商原则订立合同，由社会资本提供公共服务，政府依据公共服务绩效评价结果向社会资本支付对价。PPP 有广义和狭义之分。广义的 PPP 指政府部门和私人企业为了提供公共服务而建立的各种合作关系。狭义的 PPP 通常指由社会资本承担基础设施的设计、建设和维护工作，政府部门负责对基础设施和公共服务的价格、质量进行监管，从而实现利益最大化。通常，PPP 融资操作流程即基本结构如图 2-4 所示。

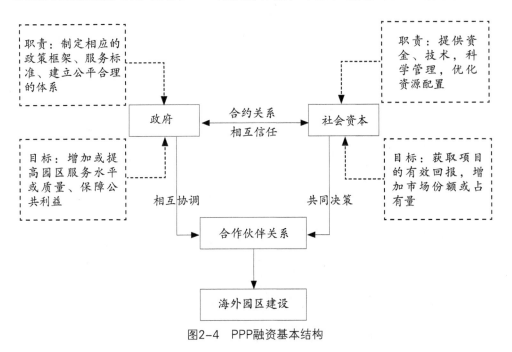

图2-4　PPP融资基本结构

PPP 融资有伙伴关系、利益共享和风险分担三个重要特征，三者相互关联，决定了 PPP 融资相较于其他融资模式而言更具有独特优势。

首先，伙伴关系强调政府和社会资本要建立法律意义上的契约关系，遵从法治环境下的契约精神。近年来，随着中国特色社会主义市场经济建设的不断完善，整个社会重合同、守信用的契约精神越来越浓厚。因此，中国海外园区从最初以国有企业作为牵头企业为主逐步向以民营企业作为牵头企业转变。越来越多的民营企业作为牵头企业加入中国海外园区建设中，随之而来的是规模越来越大的社会资本参与中国海外园区建设中。在中国 182 个海外园区中，由国有企业牵头的有 64 个，而由民营企业牵头的有 111 个。

其次，在伙伴关系的前提下，利益共享特征要求政府和社会资本之间确定共享项目利润的分配机制，避免发生项目违约问题，从而造成无法获得投资收益。海外园区建设成功，政府、牵头企业和投入其中的社会资本都将是受益者；反之，海外园区建设失败，则双方都将是利益受损者。因此，无论是政府还是牵头企业，都有激励将海外园区建设好、经营好。海外园区的成功建设有利于中国深化与东道国的经贸合作，推动中国企业"走出去"，实现更高质量的开放。对参与其中的社会资本而言，则有利于提高资本的回报。

最后，风险共担特征旨在尽可能地让每一种风险都由最善于应对该风险的一方承担，不存在任何一方只享受收益不承担风险的情况，以此实现项目整体风险最小化。在 PPP 融资模式下，一旦中国海外园区在东道国遭遇投资风险，尤其是因东道国政治、政策等变动带来的风险，政府可以通过与东道国政府沟通协调，降低海外园区建设的风险。社会资本则可以发挥企业对市场环境变动能敏锐感应的优势，及时反馈投资信息，提前做好风险预判和防范，让风险带来的损失尽量最小化。

### 3. BOT 融资

BOT 是指政府部门为了实现某个基础设施建设的目标，通过招投标的方式吸纳社会资本，与之签订特许权协议，再由签约后的社会资本负责该项目的建设、运营与维护等。待项目建成后，社会资本获得政府的允许，可在特许经营期间通过使用者收费或出售产品等方式收回其在项目投融资、建设、运营以及维护上花费的成本，并获取相应的利润。特许经营期满，社会资本再将项目的经营权和所有权转让给政府。BOT 融资操作流程即基本结构如图 2-5 所示。

图2-5　BOT融资基本结构

由于 BOT 融资是由中标公司以公司名义申请贷款筹得项目的建设资金，政府不参与出资，只需等待特许经营期满后即可收回该项目的所有权，因此能够有效缓解政府的财政压力，降低政府的投资风险。尽管 BOT 融资建设的收益可能较大，但是由于海外园区建设初期的风险某种程度上完全由社会资本独自承担，因此除非海外园区建设的赢利概率较高、风险较小，牵头企业资金实力较为雄厚，否则 BOT 融资模式在海外园区建设中的使用概率并不大。此外，由于中国海外园区所在东道国以发展中国家为主，这些国家本身资金较为稀缺，通过 BOT 很难从东道国获得融资。同样，即便中国经过几十年的快速发展，积累了较为丰富的资本，但由于国内投资者对海外园区建设项目缺乏足够了解，对海外园区建设风险缺乏深入调研，对海外园区建设未来收益缺乏精确评估，因此相比具有政府信誉背书的 PPP 融资，BOT 融资在风险共担方面的劣势明显，通过 BOT 融资建设企业往往很难获得海外园区建设所需的融资。

鉴于 BOT 融资在中国海外园区建设中存在的劣势，在 BOT 融资基础上，BOO 融资被衍生出来。BOO 是指中标企业与东道国政府签订产业园区建设协议，约定海外园区项目建设完成后可以持续经营，而无须像 BOT 融资还需在特许经营期满后进行园区移交。相对 BOT 融资，BOO 融资有助于鼓励中资企业参与海外园区的后期运营，吸引国内产业入驻，对贷款银行来说风险也相对较小（郝旭等，2016）。

### 4. TOT 融资

TOT 是指政府部门或国有企业将建设好的项目一定期限的产权或经营权有偿转让给投资人，由其进行运营管理，投资人在约定的期限内通过经营收回全部投资并得到合理的回报，双方合约期满之后，投资人再将该项目交还政府部门或国有企业。TOT 融资操作流程即基本结构如图 2-6 所示。

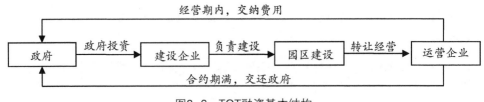

图2-6　TOT融资基本结构

相比其他融资模式，TOT 融资具有三个方面的优势。

一是使项目经营者避免承担项目建设阶段的风险。经营者接手项目时，该项目已步入正常运转阶段，项目收益有所保证。TOT 融资能够使项目经营者风险最小化，省去了前期园区建设的投资风险和建设过程，能更专注于园区运营本身，专业化程度更高，有利于吸引专业运营管理公司加入，提高园区运营管理的质量和效率。

二是通过 TOT 融资，项目经营者的利益更能得到保障。参与园区经营的企业由于利益驱动，势必会将风险控制在其所能承受的范围内，会对园区经营的风险、成本和收益进行全面评估，会对园区运营可能存在的问题进行有针对性的解决，提高园区管理的效能，尤其是招商引资、吸引入园企业、提高园区服务质量等方面。同时，其本身的安全性和营利性更能得到保障。

三是 TOT 融资时经营主体一般只有一个，合约期内的风险和利益皆由一方承担，相比存在两个以上利益主体的融资方式，TOT 融资企业内部决策效率更高，有利于园区在运营过程中结合实际情况尽快作出反应，有效应对出现的具体情况。

总体来说，以项目融资方式募得海外园区前期建设资金具有诸多好处，尤其是在风险共担、利益共享方面。但是项目融资也意味着较高的融资成本、较长的组织周期，因此企业在选择项目融资前要对项目的合法性、可行性、前景性以及营利性进行充分的分析，使之能够达到项目融资的申请条件，确保项目如期进行。另外，项目融资的资金来源广泛，包括股本资金、准股本资金和债务资金，考虑到园区建设需要稳定安全可靠的资金，因此在选择资金来源时，尽可能争取开发性、政策性金融机构的资金，同时利用好"一带一路"倡议下的多种区域性金融合作机构和基金的贷款。应当将开发性强、有国家资质的金融机构作为首选，构筑多元化的融资渠道。

（三）实施阶段

在海外园区确定融资模式后，即进入园区的实施阶段。这一阶段按照中国海外园区建设参与的主体大致可分为政府主导、国企（国有企业）主导、民企（民营企业）主导和政企共建四类。

### 1. 政府主导

在中国海外园区建设初期，由于中国在国（境）外建设海外园区是从零起步，存在经验不足和对国（境）外市场环境了解不够、不确定性因素多、投资风险较大等问题，因此企业往往不愿意作为主体参与海外园区的建设。这时，为确保海外园区建设能够顺利推行，往往需要政府在其中发挥主导作用。此外，中国企业首次在东道国设立海外园区时，由于对东道国环境不熟悉，也多由双边政府积极推动。政府在海外园区建设的规划阶段发挥了主导性作用。

由于我国和发达国家相比在发展水平及制度上都有很大差异，海外园区的建设对我国来说是从零开始的探索，并且园区建设所在东道国的营商环境、政策各不相同，在这种情况下，为了保证园区的顺利发展，海外园区的建设率先通过政府主导进行建设。政府主导型海外园区是指由国家或地方层面的政府提出和推动的园区建设，两国政府都作为建设主体，共同商议并签署合作文件。这种园区通常都是两国商讨确定大框架，再由政府进行直接管理。例如我国在埃及建设的中埃·泰达苏伊士经贸合作区（简称"中埃泰达合作区"），开始是由埃及政府向中国政府提交申请，希望中方可以在埃及国内投资建设，带动埃及经济的发展。我国经过多方面分析考虑，决定将这个海外园区交由天津泰达投资控股有限公司（简称"天津泰达"）建设。这背后不仅是开拓海外市场，还有着促进两国之间贸易合作、加快中国产业融入全球价值链的重要意义。

还有一个较为特殊的例子是位于柬埔寨西哈努克省波雷诺县的中柬西港特区。该特区是多主体耦合建设的合作建设经济特区，不仅由中国政府和柬埔寨政府主导并且给予政策支持，还有无锡市政府积极推动并与红豆集团参与投资建设。由于其多主体化，该特区建设完毕后得到了两国政府的高度关注，尤其是柬埔寨政府，制定了一系列优惠政策。并且两国政府间互相签订协定保障特区的发展。

由政府出面主导海外园区的建设和发展，优势在于更易发挥政府带动效应。一方面，有利于园区争取更多政策优惠和财政资金，在土地征用、项目审批等方面提高办事效率；另一方面，能够在更大程度上消除不确定风险，有利于园区建成后的招商引资，并且在这其中，政府主导的园区由于其政治导向性，加强了双边联系，深化了与东道国的合作与交流，但由于政府主导的特殊性，存在着不以营利为目的的政策性海外园区，可能会对园区的正常发展产生阻碍作用。

### 2. 国企主导

在海外园区建设模式不断探索的过程中，国家参与扶持的国有企业拥有雄厚的实力，在陌生的营商环境中也能较好生存，于是在海外园区建设发展的过程中率先进行了国有企业主导建设的探索。例如在北非阿尔及利亚建设的中国江铃经济贸易合作区，就是由江西省煤炭集团公司（由中鼎国际建设集团有限责任公司全权代表）和江铃汽车集团有限公司两家大型国有企业携手推进的成果。在国际工程承包及海外资源投资方面，中鼎国际建设集团有限责任公司有着长足的经验，在阿尔及利亚也有着较为悠久的创业历史，承揽了多项大型工程建设且效果良好，在当地树立了优秀的企业品牌，深受阿尔及利亚政府和人民的信任。江铃汽车集团有限公司则在 2001 年就进入了阿尔及利亚市场，以其产品的优越性能和服务的细致周到获得了阿尔及利亚消费者的青睐，江铃汽车在阿尔及利亚销售势头良好。中国江铃经济贸易合作区正是结合了两大国有企业在阿尔及利亚的优势，才能够从一开始就站稳脚跟，不仅受到中国驻阿尔及利亚使馆经商参处的好评，也带动了国内相关企业在更高层次上"走出去"对阿尔及利亚投资。

国企主导类型的海外园区作为我国首次出现的企业主导型海外园区，一方面拥有雄厚的资金、较高的管理水平和企业素养，在风险应对和经营管理方面更为成熟；另一方面其背后有政府扶持，更能发挥政府的带动效应，为园区争取更多政策优惠和资金。在此基础上，还能实现我国企业出海发展、嵌入全球价值链的优势。但由于企业的国有性质，不一定以利益为导向进行发展，企业内员工的积极性可能不及民营企业；并且国有企业的发展模式较为固定，在国（境）外市场的扩宽上，可能会依旧按照原来在国内的方式进行发展和经营，不能较好地结合东道国的基本国情。

### 3. 民企主导

在对海外园区建设的不断探索过程中，我国的经济实力也在逐步增强，国内陆陆续续出现了自身实力较强的民营企业。在经济全球化的大背景下，民营企业的数量与规模不断增长的同时，部分民营企业也将目光放在了如何拓宽海外市场上，于是在国企主导园区的基础上发展出了民企主导园区。民营企业主导是我国的民营大中小企业主导投资建设海外园区的新实践，相比政府主导进行建设的海

外园区，它更多的是出于市场选择的考虑，而不是受我国政府的推动或东道国优惠政策的吸引。就目前发展的现状来看，我国"一带一路"政策下的海外园区大多是由一个或者多个民营企业与当地企业共同建设而成。例如华坚鞋业集团公司于 2012 年在埃塞俄比亚投资建设的华坚国际轻工业城，项目计划总投资 20 亿美元，占地总面积 137.8 公顷，建筑面积 150 万平方米，目标是成为埃塞轻工业发展的新焦点，预计每年可创汇 20 亿美元，提供 3 万～ 5 万个就业岗位。[①]

还有一个较为特殊的例子是泰中罗勇工业园。泰中罗勇工业园采用了特殊的"园中园"模式，将原有的安美德城工业园改造成泰中罗勇工业园，在原有园区基础上进一步发展生产，避免了招商不力、投资难以收回的风险，同时减少了前期基础设施投资，能够尽快形成生产能力。

泰中罗勇工业园是由我国的华立集团股份有限公司（简称"华立集团"）和泰国安美德集团合资开发的产业园区，其中华立集团持股 70%，安美德集团持股 30%，是我国在东南亚投资建设规模最大的海外产业园区，基础设施相对完备。其位于东部经济走廊腹地，得天独厚的经济区位优势吸引了大量的中国企业赴泰国投资。安美德集团作为泰国最大的工业地产商，本身就从事工业园开发，在华立集团投资前已经建成 2 个工业园，有着相当丰富的本土产业园建设经验。泰中罗勇工业园是中国海外园区"园中园"建设的一个成功案例，同时也为之后的民营企业主导建设海外园区提供了经验和方法。

民营企业主导开发不仅有着资金相对来说较为自由、市场化程度相对较高的优势，还可以根据企业自身的发展需要和企业优势，结合东道国的资源禀赋、市场需求，为海外园区建设探索成功新模式。相比前两种主体，民企主导园区更多的是需求导向，有利于实现企业转型。同时，民营企业在参与海外园区建设的过程中也容易出现"水土不服"的现象，例如东道国政府参与程度较低、积极性不强，东道国政府出于对本土企业的保护抵制园区的开发等，这些在一定程度上阻碍园区的建设和开发进度。

---

① 《埃塞俄比亚华坚埃塞俄比亚轻工业城》，中华全国工商业联合会，2019-09-27，http：//www.acfic.org.cn/zzjg_327/nsjg/llb/llbgzhdzt/2019zhinan/2019zhinan_3/201909/t20190927_141997.html.

#### 4. 政企共建

由于单边主导的建设主体在建设过程中或多或少存在一定的问题，经过长期以来的不断探索，找到了两者建设中的平衡点，将企业主导与政府主导进行了良好的结合，研究出了政企共建模式。政企共建是目前我国较为常见的一类海外园区建设模式，在结合政府推动所具有的母国政策导向、东道国出台相关优惠政策时，同时发挥个体企业的市场选择作用，在两者共同影响下对海外园区进行建设。如位于越南的龙江工业园是由中方企业投资、越方政府共同参与建设的海外园区，不仅有着稳定的资金来源，越方政府也非常欢迎中方企业投资建厂；不仅出台一系列减税降费、让利让行等政策，还尽可能满足企业的需求，主动推进越方企业融入中方投资建设的园区，在一定程度上降低了文化隔阂，促进了园区经济的发展。

另一个较为特殊的例子是以巴基斯坦海尔－鲁巴工业园为首的青岛海外园区。青岛市人民政府通过打造"青建+"模式来保障海外投资企业的生命力并且进一步提高我国产品的市场份额，"中国制造"向着"中国创造"迈进的同时，也在进一步扩大"中国制造"的产值和市场。所谓"青建+"，是指青岛市人民政府对管辖范围内的中外合资企业、中方独资建设和中方投资收购的三种企业类型进行联合，将对外投资建设的企业聚合起来，命名为"青建+"联盟，通过"青建+"联盟推进我国企业在国（境）外投资建设。将我国的企业集中起来，形成合力，政府出台相关政策并且积极与大企业进行交流沟通，鼓励大企业牵头，推动中小企业"走出去"，令我国企业在国（境）外投资建设时"抱团取暖"，提高了我国海外投资企业尤其是中小企业的生存能力。当前我国经济存在潜在下行的可能性，激发市场活力尤其是激发我国中小企业的活力成为保障我国经济平稳前进的重要因素，如何促进中小企业的良好顺畅发展成为当务之急，青岛市人民政府所打造的"青建+"模式无疑做出了榜样，可供借鉴学习。

政企共建的产业园区不仅拥有适宜优惠的政策保障其发展的优点，企业还会出于对利益和市场的考虑进行有计划、有目的的建设。企业投资的动机不再像前几种那样比较单一化，而是在东道国和母国的优惠政策刺激与利益的追求共同驱动下进行建设发展。但由于这种模式需要政府与企业直接进行交涉沟通，经过商榷最后达成统一，因此园区的建设周期相比其他类型要更长。

　　总览我国海外园区的实施过程，上述四种类型的参与主体均有体现。其中，民企主导和国企主导类型最为普遍。从主导类型的演变看，中国海外园区实施主导经历了从政府主导到国企主导，再到民企主导和政企共建的方向演变。这一演变过程体现的是中国海外园区建设从政府推动向市场推动的转变，是一个不断追求灵活务实建设的过程。

　　中国海外园区建设初期，在建设前景不明朗、缺乏建设经验的情形下，政府主导有利于打开海外园区建设的局面，有利于为中国海外园区建设探路，成功的海外园区建设可打消企业参与海外园区建设的顾虑，增强建设的信心并积累经验。而且，中国政府对海外园区建设的推力和东道国政府对海外园区需求的拉力是构成中国海外园区建设初期的两股重要力量。因此，在中国海外园区建设初期，政府主导有其必然性。

　　随着中国海外园区建设的推进，经验积累的日益丰富，在实施阶段，政府逐步让位于国有企业。一方面，国有企业主导能够确保政府对海外园区建设的控制，确保海外园区的建设围绕政府经济发展需求开展，确保政府的目标得以实现；另一方面，国有企业主导还能确保从政府获得财政资金支持。同时，国有企业往往具有一定的资金实力，能在海外园区建设过程中提供有效的资金保障。

　　中国对外开放的过程是市场化不断提高的过程，也是越来越多民营企业参与经济建设的过程。随着民营企业规模的壮大，资金实力的增强，海外园区建设中不断有民营企业参与其中，并作为牵头企业主导海外园区的建设。同时，由民营企业参与主导能够避免国际社会对中国"一带一路"倡议的过度解读，减少海外园区建设中的政治因素，为海外园区建设营造良好的国际环境，有利于海外园区建设的顺利推进。

　　未来，市场化导向将是中国海外园区建设的基本方向。但是，由于东道国特殊制度环境等原因，仅靠企业自身力量推动海外园区发展往往进度缓慢。政企共建是中国海外园区建设中逐步探索出来的除政府主导和企业主导外的第三条路径。相比单纯的政府主导或企业主导，政企合作体现的是中国海外园区建设的务实灵活的态度。政企共建既能充分发挥政府在两国政策支持方面的协调作用，又能发挥企业以市场为导向的灵活高效的优势。

　　海外园区实施阶段的四种参与主体各有优劣，并不能绝对判断得出由哪种参与主体主导更好的结论。某种意义上，每种参与主体的主导都是在特定阶段、特定背景下内生形成的。中国海外园区实施阶段本身是一个较为具体的过程，要频繁与东道国政府打交道，同时还要对东道国市场环境较为熟悉并能适应不断变化的东道国市场环境，因此由哪种参与主体主导完全取决于海外园区建设的实际需求。

（四）运营阶段

海外园区建成后便进入运营阶段。运营阶段的核心任务是日常管理事务的顺利开展以及招商引资，吸引更多企业入园，使得海外园区的设备得以充分利用，园区能够获得持续的收入来源并赢利。因此，海外园区运营阶段需要结合东道国的具体环境确立与之相适应的运营模式。总结我国海外园区现有运营模式，大致可以分为产城融合型、"两国双园"型、政策优势型、"园中园"型四类。

### 1. 产城融合型

产城融合是指通过将产业与城市融合，以城市的产业空间聚集化作用作为基础，再通过产业对城市进行更新和发展配套服务建设，来提升城市的发展水平，以此达到产业与城市的良好联动与共同发展。将产业园区的建设与城市化建设融合起来，产业发展和城市功能互相协调，研究开创新型园区建设模式。其中最有代表性的就是中埃泰达合作区与柬埔寨西港特区。

中埃泰达合作区临近因苏哈纳港，30千米外就是重要的海运通道苏伊士运河，拥有较高的战略价值。最初在1994年埃及政府向中国政府提出申请，表明埃及政府希望中国政府能够帮助建设经济开发特区，并且将特区中的一部分交由中国开发。1998年国务院批准天津泰达负责中埃泰达合作区的开发工作，其成为两国政府提升政治外交往来所诞生的产物。

虽然中埃泰达合作区拥有得天独厚的地理优势，但由于其处在沙漠环境下，不仅缺乏良好的基础设施建设，交通设施也较落后，而且远离城市，因此投入资金建厂的外企数量并不多。考虑到这种现实情况，天津泰达在制定开发计划时就打算采用产城融合的方式，即大力完善相关生活配套基础设施，包括提高生活质量的宜居设施如休闲公园等并以此吸引周边居民。基础设施建设是招商引资的第

一步，建设起畅通的物流运输交通网，能够为顺利输送货物保驾护航。而建设的配套生活设施还可以提升工人生活质量，吸引城市居民涌入，也为入驻企业打造一个宜居环境。由于东道国发展程度较低，土地资源不能充分利用，天津泰达进行了多次考察分析，认为中埃泰达合作区最有潜力赢利的产品是土地资源，但是由于土地资源的先天条件差，想要吸引企业入驻就要打造一个多功能城市区。

虽然中埃泰达合作区的建设初期规划是以工业区域为主导产业，但是通过对东道国基本情况的考察发现，最具赢利潜力的产业应当是民用以及商业区消费的第三产业。出于对中埃泰达合作区的恶劣自然环境的考虑，如果只是寻求园区的发展必将受到重重阻力，应当结合海外的廉价劳动力优势，将产业园区向城市化转型，基础设施和配套设施建设都要向城市看齐，只有这样中埃泰达合作区才能得到良好发展。事实证明了天津泰达的选择策略是正确的，虽然园区前期建设投入资金巨大且赢利方式单一，只能靠基本的出租土地与双方政府的财政补贴维持，但随着园区设施的逐步完善，不仅建成一定规模的工业厂房，还打造了较为系统的商业消费区、生活配套服务与物流贸易体系，从此走上了稳步前进的发展轨道。

柬埔寨西港特区位于柬埔寨西哈努克省波雷诺县。西港特区在建设初期，由无锡市光明集团、华泰投资置业和益多投资发展集团共同经营。由于三家企业规模较小，"抱团取暖"的方式只能在一定程度上减少园区建设难度，对建设资金的硬性要求使得三家企业开发困难较大。鉴于西港特区在中柬经贸合作中具有重要的战略意义，江苏省人民政府将特区的开发权交给资金实力较为雄厚的红豆集团。红豆集团是江苏省重点民营企业，有着雄厚的经济实力。红豆集团主营纺织业，而纺织业在国（境）外有着巨大的需求，建设西港特区的预期经济效益比较可观。目前，西港特区已成为柬埔寨入驻企业数量最多、规模最大的海外园区，超过了日本主导开发的金边经济特区。

由于特殊的地理环境，西港特区的选址周边大多是沼泽地带，基础设施建设的难度较高，考虑到柬埔寨的现实国情与长期可持续发展，红豆集团选择了依靠高质量社区配套服务、加快产业园区城市化的进程来吸引人员。随着园区建设的不断推进，西港特区内部的生活配套设施不断完善，打造成了一个完整的社会服务体系。红豆集团也通过高效率的管理进行良好的经营，不断扩大园区建设规模，吸引企业入驻。在此基础上，西港特区逐渐产生了赢利。通过对社会服务网络的建设，将园区发展与城市化进行良好结合，不仅吸引了企业入驻，还提升了园区人员的生活质量与园区企业的生产效率，实现了市场化转型。

以中埃泰达合作区和柬埔寨西港特区为例的产城融合型的海外园区，两者都是由于恶劣的自然环境、基础设施建设和相应的园区配套设施建设阻力较大而采取了将产业园区和城市融合的方式。产业园区以城市化模式为产业园区排除先天禀赋较差的劣势，保证了产业园区的自给自足，并且产业园区城市化转型建设相对成熟后，可以为东道国带来巨大的经济与政治效益。自古以来经济的发展都是依靠人口流动，城市化建设的程度高低直接关系到能否吸引大量的人口进入，不仅可为东道国解决大量的就业问题，还对我国产业园区建设升级和海外市场的拓展起到一定的促进作用。当然，产城融合的劣势也是明显的，主要表现在起步阶段。在园区进行投资设厂前需先投入大量的资金用于各种关键基础设施与城市化改造，巨额的前期投资资金使得企业投资风险进一步加大，容易降低中国企业投资的积极性。因此，在规划建设园区时，投资方要进行全方面多层次的考察，并且进行风险评估，充分了解东道国国情以及综合考虑自身投资实力和回报，尽最大可能降低投资风险。

### 2. "两国双园"型

"两国双园"是近年来我国海外园区建设探索过程中的一种创新模式。与一个国家单方面在其他国家投资建园不同，"两国双园"是两个已经建立良好关系的主权国家分别在对方境内建立海外园区，强调的是两国间的优势互补、联合发展、合作共赢，更有利于两国建立长久有效、稳定密切的合作关系，具有多方面的优势。中马"两国双园"是由中国和马来西亚两国政府合作推动建设的全球首对姐妹园区，目前已成为中国先进产能"走出去"和马来西亚及东盟传统优势产业"走进来"的良好平台，也成为推动"一带一路"建设的标志工程。

中马"两国双园"指于2012年4月和2013年2月先后开园建设的中马钦州产业园区和马中关丹产业园（见表2-1）。两园合作的初衷是通过国家间的互相投资，达到促进国际产能合作、发展国际贸易的目的。中马钦州产业园区作为中国和马来西亚两国政府合作的首个产业园区，以国际产能合作为重点，采用以资本为导向的园区开发模式，致力打造"中马合作旗舰项目和中国－东盟合作示范区"。马中关丹产业园是中国在马来西亚建设的首个国家级产业园区,享有极具竞争力和吸引力的优惠政策,安全的投资环境和战略性的地理位置使之获得两国政府的鼎力支持,成为"一带一路"建设的重点项目。

表2-1    中马"两国双园"基本情况

| 园区名称 | 中马钦州产业园区 | 马中关丹产业园 |
|---|---|---|
| 地点 | 中国广西壮族自治区钦州市。 | 马来西亚彭亨州关丹市。 |
| 启动时间 | 2012年正式批准设立,4月1日开园。 | 2013年2月正式批准成立,"两国双园"模式正式确立。 |
| 规划面积 | 启动区7.87平方千米,远期规划面积55平方千米。 | 总规划面积约9.71平方千米。 |
| 建设主体 | 广西中马钦州产业园区开发有限公司,中方持股51%,马方持股49%。 | 马中关丹产业园有限公司,马方持股51%,中方持股49%。 |
| 建设阶段 | 基本建成启动区"七通一平一绿",部分项目已投产,具备产业项目"即到即入园"的条件。 | 一期工程内部(6平方千米)"三通一平"建设于2017年底完工,二期用地基础设施建设于2017年内开工。 |
| 累计投入基建资金 | 2013—2015年中央财政每年拨款8亿元作为建设补助资金,2016—2018年每年分别补助8亿元、7亿元、5亿元;2012—2015年,广西每年统筹安排支持园区建设发展配套和补助资金不少于2亿元。 | 园区一期工程由马来西亚政府投资24亿元人民币。 |
| 产业导向 | 装配制造、电子信息、食品加工、材料及新材料、生物技术和现代服务业。 | 传统优势产业有钢铁铝材深加工、棕榈油加工、石化、汽车装配、橡胶、清真食品加工,战略性新兴产业有信息通信、电器电子、环保产业、现代服务业。 |
| 引驻项目 | 总投资20亿元。有中马国际科技园、职业教育实训基地、智慧物联产业园、北斗产业园、中国-东盟教育装配产业园、国际医疗服务聚集区、中国-东盟信息港湾跨境数据中心、创意设计园、燕窝加工贸易基地、国家燕窝及营养保健食品检测重点实验室(钦州)、苏桂科技产业园、海峡两岸产业合作区钦州产业园等。 | 截至2016年底,累计入园项目总投资额超过200亿元人民币。其中,年产350万吨联合(大马)钢铁项目总投资约14亿美元,广西投资集团铝型材加工项目总投资约10亿元人民币,广西仲礼瓷业项目总投资约5亿元人民币。 |

中马钦州产业园区和马中关丹产业园在区位、政策和市场方面都具有无可比拟的显著优势。

在区位方面。二者所在区位交通便利，都拥有良好且完善的港口，中马钦州产业园区位于广西钦州市南部，濒临北部湾，处于中国 – 东盟自由贸易区、泛北部湾经济合作区的重要连接点；马中关丹产业园位于马来西亚彭亨州首府关丹市，关丹港面向南海，直接通航钦州深水港和其他中国南部地区港口。

在政策优势方面。中马钦州产业园区享受国家级经济技术开发区政策、少数民族地区优惠政策、国家新一轮西部大开发优惠政策、广西北部湾经济区开放开发优惠政策等，吸引了众多企业入驻，极大地促进了园区的发展。马来西亚政府给予马中关丹产业园的优惠政策包括投资商专属的优惠土地价格、企业所得税的减免、园区内符合条件的高级技术员工 15% 的特别税率的豁免、每年 2 亿元马币的基础设施扶助基金以及最高 2 亿马币的基础设施建设补助。

在市场优势方面。"两国双园"将中国和马来西亚的市场联系起来，在将中国企业产品推向马来西亚市场的同时，也促进了马来西亚企业入驻中国市场，实现"走出去"和"引进来"双向互动。中马钦州产业园区直接面向东盟 6 亿人口的大市场，其重点发展的生物医药、棕榈产品提取材料、智能电子仪器等高技术产品能够填补东盟市场的空白。而在马中关丹产业园内的联合钢铁集团在生产力和技术创新方面远远超过马来西亚本地钢铁厂，联合钢铁项目建成后，成为东盟首家采用全流程工艺生产 H 型钢的钢铁厂，能够满足东盟内部和国际市场对钢材不断增长的需求。

位于青岛胶州的欧亚经贸合作产业园同样也是"两国双园"型建设的典型案例。作为青岛市人民政府牵头，借助上海合作组织青岛峰会的成果，该园区的远景发展目的是打造为上海合作组织地方经贸合作示范区，以该园区作为基础，建设完整的青岛海外园区体系。该园区的特点是在母国和东道国都建设产业园区，由境内先行建设产业园区吸引企业入驻作为点，进一步在东道国建设产业园区带面，以此境内境外园区双向互动，从而逐渐打造面向全球的国际产业合作网络。由于青岛市发展程度较高，并且作为我国重要的沿海开放城市，青岛市人民政府积极出台了一系列政策扶持园区建设，如"青建+"建设模式和"上合+"规划模式。通过将青岛市大中小企业进行联合，打造"青建+"联盟，以此为基础借上海合作组织青岛峰会的契机建设"上合+"模式，目的是联合外国企业，以上海合作组织成员国为主要合作对象，先行在本土建设境内先导区，以此吸引外资进行投资，当形成一定的集聚效应和规模效应后，并行发展园区"引进来"和"走出去"，再积极发展境外产业园区，形成"境内境外双向联动，发展全球国际贸易合作网络"的局面。

多层次、要素禀赋优越和覆盖面广是"两国双园"型最为突出的特点。在我国境内发展产业园区，由于我国企业的管理者熟悉我国国情，在管理方式和制度上更为有效，并且在我国投资企业有着相当优越的要素禀赋，相比直接在东道国投资建设海外园区，有着风险性低、发展速度快的优势。当境内产业园区建设更为成熟以后，资金、物流、人才引进等各个方面都拥有相当完善的后勤保障。同时境内境外产业园区能够双向互动交流，通过逆向技术溢出效应可以为我国境内产业园区带来更先进的生产方式，达到境内境外联动发展。但因为是要在本国建设境内先导区，对东道国迫切融入全球价值链体系的要求无法直接满足，东道国很有可能不会出台相应的优惠政策甚至不支持本土企业迁移，加大了东道国企业投资的难度，且境内境外双园区的建设发展难度较大，投资周期长，所以常常需要一定的贸易组织牵头，通过多方政府共同签署协议进行建设和发展。然而这又会导致海外园区拥有相对固定的贸易伙伴国，如青岛海外园区主要贸易对象是上海合作组织成员国，存在一定的局限性，对海外市场的拓展相对有限，辐射圈扩散到全世界需要的时间更长，有可能会产生资源的浪费或者产业园区之间的内耗。

总而言之，由于"两国双园"是以产权型区域合作模式为基础，以政府支持、资金运作为原则，结合双方的产业优势和市场优势进行建设的，所以能够在一定程度上平衡区域合作框架下各参与方的利益，从而调动各方在园区建设方面的积极性，并回避了次区域合作模式本身固有的边界冲突矛盾，对我国在海外园区建设中可能面临的问题具有启示意义。但是这种模式也存在一定的弊端，如存在两国利益需求不一致、双园建设耗资多且周期长等问题。

### 3. 政策优势型

由江苏其元集团主导开发的埃塞俄比亚东方工业园在运营初期面临重重困难。江苏其元集团主营产业钢管加工与销售，并无海外园区的开发经验，加之此前埃塞俄比亚没有设立过工业园区和经济特区，对于相关园区建设缺乏经验。因此，虽然埃塞俄比亚有着强烈的招商意愿和庞大的海外市场，但是埃塞俄比亚政府仅仅批准了东方工业园的建设，没有出台相应的优惠政策，且行政审批流程较为粗糙，出租土地给入驻企业既没有行政公文也没有政府审批文件，投资建设基础设施的行政审批周期也很长，使得东方工业园区招商特别困难。

面对招商困难的情况，江苏其元集团吸取了失败的经验，不断地派出企业代表与埃塞俄比亚政府进行交流与协商，并且每年邀请埃塞俄比亚政府官员来我国的经济特区进行考察，使其认识到海外园区不仅能够促进本国经济发展，还能提升国家工业化进程、解决就业问题等，具有重要的经济价值。在这种潜移默化的影响下，埃塞俄比亚政府出台了一系列面向海外园区的优惠政策以促进海外园区的发展，东方工业园作为该国的首个外资产业园区，有了政策支持，在建设初期才有了一定的利润。当园区发展走上正轨之后，中国的其他企业也因为优惠的政策不断地入驻园区，在这种情况下，东方产业园逐渐脱离了对政府的依赖，实现了高额的赢利。

越南的龙江工业园是中国在越南设立的第一个最大的独资海外园区，位于越南前江省新福县，是由我国三大公司合资建设的综合性工业园。由于双方政府都对园区建设十分重视，在中方政府鼓励企业"走出去"的基础上，越方政府也提供了一系列优惠政策如土地租金减免、部分进口税减免以及产品出口免税等。在越方政府的支持下，龙江工业园的企业得到了较好的保护。

虽然越方政府已经最大程度地保护了我国海外园区的发展，但是由于越南的制度环境与我国不同，这不仅体现在经济发展的程度上，还表现在对环境污染的零容忍上。越方在优惠的条件之上加了一个要求：不污染环境的企业才可入园。许多中方企业并未充分了解东道国基本国情和制度环境，依旧按照中国标准进行生产作业，导致出现多重问题，严重阻碍了我国企业在园区的正常发展和经营。园区管理者也及时发现了这个问题，便将自身赢利的一部分作为对越南当地发展和建设的资金支持，为当地修水管、桥梁及道路，积极改善双方关系，逐步获得了当地民众的支持。

由于东道国政府积极出台支持海外园区发展的优惠政策，以政策制度为海外园区的发展提供了保障，因此海外园区在起步发展阶段能够较为通畅和顺利，尤其是在我国企业对东道国进行投资建设海外园区时，对东道国的传统文化、发展水平和发展阶段都认识不足的情况下，在政策的加持下园区发展更加迅速有效，少走了很多弯路。但各个园区建设的东道国发展水平和对经济发展的认识参差不齐，如埃塞俄比亚东方工业园。埃塞俄比亚从未有过工业园区和经济特区，政府人员没有认识到经济特区对本国经济发展的作用和意义，再加上政策制度环境相对较差，行政审批流程烦琐且粗糙，不仅没有促进园区的发展建设，还存在一定程度的阻碍。直到埃塞俄比亚政府官员到我国学习考察后才认识到产业园区对本国经济发展的积极作用。政府对企业发展的保障是一柄双刃剑，若是顺应当地政府的发展策略则能得到良好的发展，但若是挑战当地政府的底线，则会导致相当严重的后果。龙江工业园也为我们提供了一个现实的例子。由于越南注重环境保护，招标条件也是要求不污染环境的企业才能入园，若还依照中国本土的污染排放物处理标准难免会与越南政府产生矛盾。获得政策的支持往往需要我国企业在对东道国进行投资设厂时，充分考察东道国的制度环境现状及要求，避免在投资时由于考虑不周而违反东道国秩序。

### 4. "园中园"型

"园中园"型是在东道国原有园区基础上进行拓展，划分片区归为中国企业片区，联合东道国企业共同发展的一种模式，这也是中国在开发海外园区过程中不断探索得到的一种行之有效的建设模式。

中国企业在国（境）外投资设厂，由于东道国发展水平和我国相比有些差距，无论是在制度建设还是在行政审批流程方面都略显粗糙，加之国家或地区政局动荡、语言障碍、文化差异，以及当地民众对我国投资建设产业园区对其国家带来的收益认识模糊不清从而产生阻碍。从土地租赁、基础设施与基本配套服务建设，到招商引资、吸引中国企业来产业园区投资等各个环节都会遇到制度与技术困难，使得园区和企业投资与回报周期长，投资风险加大，进而抑制企业投资，进入"越没有投资，发展程度越低，从而更加没有投资"的恶性循环。泰中罗勇工业园是在中国企业租赁东道国基础设施较完善的工业园区基础上，通过与东道国地产开发企业合作，采取"园中园"的开发模式，有着相当完备的基础设施和公共服务社区配套建设，能够较快地吸引中国企业投资，建设与运营的工业园区还可以使园区管理者与企业方便处理当地事务，减少与当地政府间沟通的障碍，缩短投资与运营周期，减少资本占用，提高园区管理与投资效率。

泰中罗勇工业园位于泰国罗勇地区，是由华立集团与安美德集团合作开发的工业园区（中方华立集团控股 70%，泰方安美德集团控股 30%）。为减少中国企业在泰国的投资风险，加强中泰企业间交流与互助，华立集团在安美德集团建设的工业园的基础上建立了新的泰中罗勇工业园，形成了中国企业在泰国的投资氛围和集聚效应。泰中罗勇工业园因其得天独厚的地理优势，是高效推进"一带一路"政策的良好载体，也是中国与东盟产能合作的重要平台。安美德集团原先就是主要从事工业园区建设，有建设经验，泰中罗勇工业园以安美德集团的工业园作为基础进行开发，采取了"园中园"的建设模式，这一模式改变了招商不力、投资难以收回的窘境，对华立集团而言，减少了前期基础设施投资，能够尽快形成生产能力。

相比其他的建设模式，"园中园"型的便捷性对投资企业而言能够创造更为良好的投资环境。海外园区的建设不仅能带动东道国的经济发展，同时也能促进我国企业形成集聚效应从而进一步开拓海外市场。"园中园"型园区本身就拥有相对完善的基础设施等硬件建设，可以有更多时间与精力放在完善营商环境、建设服务企业投资的软件上。作为"园中园"型园区成功的典例，泰中罗勇工业园将重心放在了提升服务质量上，在服务方面对投资企业进行有效引导，为其设置畅通的营商环境。该园区不仅为入驻企业提供了量身定制经营模式的业务，并且为了提升竞争力，还设立了中英泰三语交流所，减少了语言障碍。而对我国来说，为了吸引我国的中小企业入驻，园区在 2008 年设立了"中资企业创业孵化区"，给企业提供了可以作为初期入驻试验的厂房与区域，降低了企业投资的风险。

"园中园"型作为园区建设模式中独特的一种模式，有着其他模式不可比拟的优势，包括前期投资建设顺利、设施完备投资风险低和较快收回成本。由于新园区的建设是在现有园区的基础上，设施建设比较齐全，企业在投资后可以直接在原有厂房上进行改造或者翻新，节省大笔资金的同时，也能够更快地融入东道国的环境，提高企业的生存能力。相比从荒地直接开发建设的产业园区，原有厂房的环境基础设施建设更为完备，不论是物流运输还是供水供电，都不用花费大量人力、物力进行建设，在现有优越条件下能够比其他园区更快产生效益，这十分吸引我国企业进行投资。同时，原有园区已经发展了一段时间，在东道国国内

甚至是海外市场都有一定的市场份额，一定程度上可以忽略对产品销售市场的顾虑。企业前期投入较少就可以很快得到收益，园区管理者也可以通过收取园区入驻企业租金进行赢利，对双方来说都是一个双赢的局面。

总体上，从园区项目前期策划到后期运营一体化的顶层设计，在功能设计、空间布局、产业体系构建、投融资、招商、运营管理等多个环节上衔接不够。基于前期开发建设，逐步向后期园区运营管理领域拓展是产业园区业务发展的必然趋势。从中国海外园区发展来看，未来更为关键的是如何把现有海外园区运营好，提高运营质量。对已经投产运营的海外园区，要准确把握园区运营存在的问题，选择适应自身发展需求的运营模式尤为重要。从我国海外园区运营的四种模式可以看出，每种模式都有其优缺点，都是我国海外园区在发展过程中结合东道国环境和自身发展需求形成的，从某种意义上来说，都是在既定约束条件下为解决园区建设存在问题内生形成的。因此，在海外园区运营阶段，要善于整合利用各种优势资源，形成具有自身特色的优势。

此外，要加强协作联动，尤其是做好东道国政府、母国政府和园区企业三方之间的联系与协作，打造多方联动平台。东道国政府、母国政府和园区企业所扮演的每个角色都是构成海外园区的关键部分，三者相互影响，相互依存。其中，双边政府加强对政府保障机制的建设，园区企业与双边政府进行联系与沟通；母国政府与园区企业进一步推动"走出去"战略的实施，"走出去"战略对东道国政府也是种启发，可以学习"中国模式"来促进自身经济的发展；东道国政府和园区企业则是搭建信息共享平台，带动东道国当地企业的发展，同时母国企业也应当积极融入其中，为平台的搭建贡献一份力量。

### 三、中国海外园区地理分布

从区域分布看，中国海外园区主要集中分布在亚洲的东南亚、南亚，北非及东欧等地区，总体上呈现出"大分散—小集中"的空间布局特征。如表 2-2 所示，我国海外园区在亚洲、非洲、北美洲、大洋洲、南美洲、欧洲等六大洲 52 个国家均有布局，分布地区较广，国家较多，但中国海外园区的布局具有较大差异。其中，设立最多海外园区的亚洲有 73 个，其次是欧洲有 59 个，再次是非洲有45个。中国在亚洲20个国家、欧洲12个国家、非洲16个国家设立了海外园区。具体到国家，中国在俄罗斯设立海外园区达44个，在印度尼西亚和埃及均为10个，在柬埔寨有9个。这些国家多位于"一带一路"沿线，因此中国海外园区在"一带一路"沿线国家呈遍地开花之势。

表2-2　中国海外园区所分布国家情况

| 大洲 | 国家 | 数量（个） | 大洲 | 国家 | 数量（个） | 大洲 | 国家 | 数量（个） |
|---|---|---|---|---|---|---|---|---|
| 南美洲 | 委内瑞拉 | 1 | 北美洲 | 墨西哥 | 1 | 亚洲 | 缅甸 | 2 |
| 非洲 | 阿尔及利亚 | 2 | 大洋洲 | 斐济 | 1 | | 沙特阿拉伯 | 2 |
| | 埃及 | 10 | 欧洲 | 白俄罗斯 | 1 | | 斯里兰卡 | 1 |
| | 埃塞俄比亚 | 1 | | 比利时 | 1 | | 塔吉克斯坦 | 4 |
| | 吉布提 | 2 | | 波兰 | 1 | | 泰国 | 3 |
| | 津巴布韦 | 2 | | 德国 | 2 | | 文莱 | 1 |
| | 肯尼亚 | 1 | | 俄罗斯 | 44 | | 乌兹别克斯坦 | 2 |
| | 毛里求斯 | 1 | | 法国 | 1 | | 印度 | 5 |
| | 毛里塔尼亚 | 3 | | 芬兰 | 1 | | 印度尼西亚 | 10 |
| | 莫桑比克 | 1 | | 罗马尼亚 | 1 | | 越南 | 6 |
| | 南非 | 5 | | 塞尔维亚 | 2 | | 阿联酋 | 4 |
| | 尼日利亚 | 2 | | 乌克兰 | 1 | | 阿曼 | 3 |
| | 塞拉利昂 | 1 | | 匈牙利 | 3 | | 巴基斯坦 | 4 |
| | 苏丹 | 3 | | 意大利 | 1 | | 格鲁吉亚 | 2 |
| | 坦桑尼亚 | 4 | 亚洲 | 柬埔寨 | 9 | | 哈萨克斯坦 | 5 |
| | 乌干达 | 6 | | 老挝 | 5 | | 韩国 | 1 |
| | 赞比亚 | 1 | | 马来西亚 | 3 | | 吉尔吉斯斯坦 | 1 |

进一步具体从中国已有"一带一路"沿线国家海外园区所在城市的空间区位、城市化率、与有关国际重要交通设施的相邻距离进行梳理，可以发现，在已建的81个产业园区中，从园区所在城市的级别来看，有25个园区设立于所在国家的首都，35个园区设立于所在国家首都之外的主要城市，21个园区设立于所在国家的一般城市。从园区与国际港口的关系来看，有57个园区设立于沿海国家（即

有海岸线的国家，海域包括黑海、里海等内陆海），其中有 34 个园区临近国际港口。从园区与国际机场、铁路站场的关系来看，所在城市设有国际机场的园区有 47 个，临近铁路站场的园区有 17 个。总体来看，沿线合作园区趋向于在发展基础相对较好、交通条件相对便捷的地区设立；在城市选择上，趋向于选择在所在国家的首都或主要城市设立；在交通区位上，趋向于在临近国际港口、国际机场、铁路站场等重要交通枢纽或节点设立。

中国海外园区在城市选择上之所以趋向于所在国家的首都或主要城市，首先，主要是因为国家首都往往是该国的经济文化中心，是该国资源最为密集、企业最为集中的地区，工业基础和产业配套也相对较好。在首都等大城市设立海外园区有利于充分利用大城市资源集聚的优势，有利于为园区企业提供要素准备，有利于吸纳企业入园，取得立竿见影的建设效果。其次，首都等大城市往往也是该国的政治中心，受关注度更高，可以通过政治资源获得更多政策、资金等方面的支持。最后，在中国企业"走出去"的同时，彼此间不仅会分享投资信息，而且习惯集中扎堆，抱团取暖，规避风险。建立在首都等大城市的中国海外园区多为制造业海外园区，如白俄罗斯明斯克中白工业园和印度（浦那）中国三一重工印度产业园，就建立在工业基础和产业配套良好的城市区域；而巴基斯坦（旁遮普）中国成衣工业区和孟加拉达卡服装和家电产业园区，也是依托劳动力资源丰富的区域建立。

部分中国海外园区选址在临海的国际港口，或是临近机场铁路站场，主要是因为这些海外园区以商贸物流园区为主，或是入驻园区的企业生产的产品位于全球价值链的某一环节，要么需要从其他国家进口再加工，要么生产的产品需要再销往其他地区，因此物流运输成本是这一类型海外园区选址的重要考量因素。中国海外园区临近的国际港口、机场和铁路站场多位于重要的国际交通干线，便于园区内企业进出口货物，能有效降低企业物流成本，降低产品成本，提高企业综合竞争力。如商贸物流海外园区有波兰（罗兹）中欧国际物流产业合作园、白俄罗斯明斯克商贸物流园和哈萨克斯坦（阿拉木图）中国商贸物流园等，都是建立在临近国际港口、机场或铁路站场附近。

部分海外园区选址在东道国一般县市，主要是因为东道国一般县市往往在自然资源等方面具有得天独厚的优势，如有适宜发展农业生产的天气、土地和水资源等，或是有适宜其他生产加工的矿产、森林等。因此，选址于此的中国海外园区多以农业产业园区或重工业园区为主，园区建设看重的正是这些县市丰富的自然资源，如巴基斯坦瓜达尔能源化工园区和中哈阿克套能源资源深加工园区，就建立在口岸和能矿资源富集区；而农业产业合作区如华信中俄现代农业产业合作区，就是依托自然条件和农业基础优越的区域建立的。

　　从国家发展类型看，中国海外园区建设以发展中国家为主，发达国家占比非常低。而且，从收入水平看，绝大多数发展中国家的收入水平都低于中国（见图2-7）。这意味着，中国海外园区所在东道国的基础设施条件、制度环境、劳动力素质可能都比中国要低；而发展水平低于中国，也意味着这些国家相对而言具有巨大的发展潜力和更多的发展机会。近年来，随着中国经济快速发展，一些产能过剩产业通过向海外转移，不仅能有效缓解国内产能过剩问题，还能有效满足东道国基础设施建设等需求，最终实现"双赢"。同时，随着中国近年来劳动生产率不断上升，劳动力成本不断上涨，在劳动密集型等产业失去比较优势，而收入水平比中国低的广大发展中国家劳动力资源丰富，成本更低，因此中国通过设

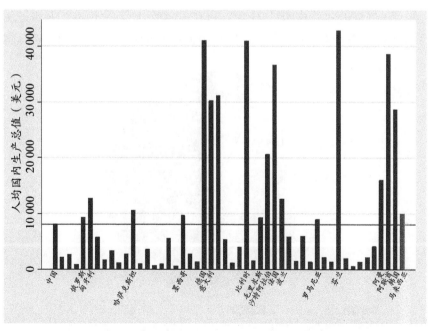

图2-7　中国海外园区设立国家的收入水平情况

立海外园区的形式在这些国家进行投资，既能帮助国内劳动密集产业整体"走出去"，有利于国内产业升级，也能吸纳东道国劳动力就业，增加外汇收入。相反，收入水平比中国高的发展中国家和发达国家，劳动力成本往往较高，在劳动密集型产业发展上不具有优势。但这些发达国家科学技术较为发达，中国在此类国家的海外园区往往以高新技术产业园区为主。例如，由首创置业股份有限公司作为设施主体的中法经济贸易合作区位于法国中央大区安德尔省省会夏斗湖市，主要招商行业包括医药制造业，计算机、通信和其他电子设备制造业，教育等，是典型的名副其实的高新技术园区。

### 四、中国海外园区建设类型

根据中国海外园区主要经营产业和较为清晰的园区运营模式，可以将中国182 个海外园区划分为农业产业园区、物流合作园区、轻工业产业园区、重工业产业园区、高新技术产业园区和综合产业园区等六大类。其中，农业产业园区有53 个，占比 29.12%；物流合作园区 11 个，占比 6.04%；轻工业产业园区 31 个，占比 17.03%；重工业产业园区 21 个，占比 11.54%；高新技术产业园区 13 个，占比 7.14%；综合产业园区 53 个，占比 29.12%（见图 2-8）。具体地看，每种类

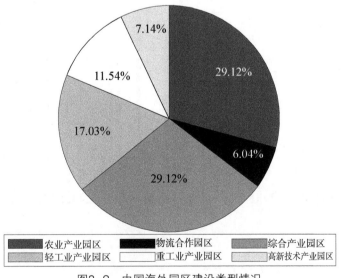

图2-8　中国海外园区建设类型情况

型的产业园区都充分利用了园区所在地丰富的资源和区位优势，与当地经济发展有机结合并呈现出不同的建设特点。

## （一）农业产业园区

我国海外农业产业园区建设集中出现在 2012 年。自 2012 年以来，我国农业对外开放区域愈加广泛、开放主体结构不断优化、开放的领域不断拓宽，但我国农业也面临市场主体竞争力不强、对外投资产业链整合程度不高、政策支持体系有待完善、农业公共服务有待健全等一系列问题，亟待统筹推动逐步解决。在这一背景下，中国政府围绕农业双向开放，在做好境内农业对外开放合作的同时，积极推动境外农业合作，为农企走出去搭建境外平台，逐步形成我国农业对外开放合作的战略支点。在境外建设农业产业园区成为我国推动农业企业抱团走出去的重要形式。在相关国家政策支持下，以培育具有国际竞争力的跨国农业企业集团为目标，聚焦服务农业对外投资贸易为核心，在境外搭建农业走出去公共平台，有利于构建开放型农业对外投资合作的新载体和新样板，培育一批具有国际竞争力的粮商与跨国农业企业集团，带动国内企业抱团走出去，提升农业境外投资效率和风险应对能力。

2016 年农业部为贯彻落实《国务院办公厅关于促进农业对外合作的若干意见》精神，加快实施"一带一路"倡议和农业"走出去"战略，印发了《农业对外合作"两区"建设方案》，对中国海外农业产业园区的建设任务做了具体明确的规定。建设任务包括以下五个方面：一是打造境外农业产业集群，即支持境外同区域的产业链关联企业建设各有特色的产业园区。二是打造境外农业投资带动平台，即引导企业提升示范区服务水平。三是打造境外政策试验田和模式创新基地，即创设一套针对性扶持政策。四是打造中国农业对外投资合作标志工程，即加强对示范区的考核和监督。五是打造重点国别境外农业合作大本营，即在"一带一路"农业合作和农业走出去的支点国家，强化示范区的辐射作用、联络作用和组织水平，提升对所在国示范区内外企业的串联作用，强化执行国家战略行动的带动能力，以及应对突发事件的组织协调能力。

1993 年，以中国农垦集团有限公司为实施主体在赞比亚设立我国第一家海

外农业产业园区——赞比亚中垦非洲农业产业园。在此之后的较长时间里，我国海外农业园区建设基本处于停滞状态。直至 2004 年后，我国海外农业产业园区才逐渐步入快车道（见图 2-9），在 2013 年也就是"一带一路"倡议提出之年达到顶点。其中，中国在俄罗斯设立海外农业产业园区最多，达到 26 个，以木材加工产业园区为主，境内投资企业以我国毗邻俄罗斯的相关省份如黑龙江、吉林等的企业为主。例如，以黑龙江兴邦国际资源投资股份有限公司为实施主体建设的俄罗斯阿玛扎尔林浆一体化项目（园区）和俄罗斯北极星林业经贸合作区，以嘉荫县华泰经济贸易有限公司为实施主体建设的俄罗斯华泰林业木材加工园区等。

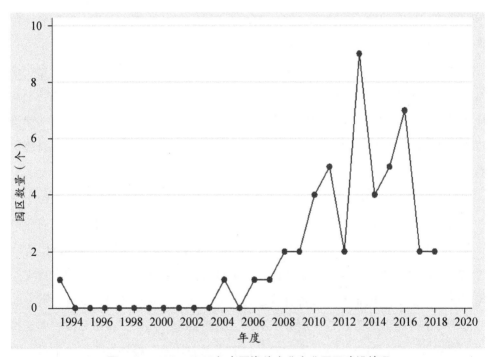

图2-9  1993—2018年中国海外农业产业园区建设情况

（二）轻工业产业园区

轻工业产业园区又称加工制造型园区，多属于市场导向型园区，以第二产业中的制造业为主，包括纺织类、食品类、家用电器类等。这类园区的创设目的在于吸引中国企业到东道国投资建厂，转移国内过剩产能，规避贸易摩擦和扩大出口创汇。例如，2003 年在塞拉利昂设立塞拉利昂国基工贸园区、2005 年在尼日利亚设立尼日利亚卡拉巴汇鸿开发区、2006 年在巴基斯坦设立巴基斯坦海尔 – 鲁巴经济区、2009 年在罗马尼亚设立罗马尼亚麦道工业园区、2012 年在俄罗斯设立俄罗斯利佩茨克州"东方工业"生产创新型产业园、2013 年在南非设立海信南非开普敦亚特兰蒂斯工业园区等。

随着中国劳动力成本逐步上涨，传统的劳动密集型产业如纺织类、食品类、家用电器类产品在国内生产的优势越来越小。与此同时，在 2008 年金融危机后，经济逆全球化趋势明显，各国为保护本国市场，普遍采取了提高关税水平和非关税壁垒等措施。中国相关产品出口的阻力越来越大，部分产品还出现产能相对过剩。为此，金融危机后，国家将加快产业转型升级、化解产能过剩作为政府工作重点任务。特别是 2013 年"一带一路"倡议提出后，国内政府和企业都将直接到国（境）外投资并在国（境）外销售作为规避贸易保护主义、开拓海外市场的有效方式。

自 2003 年以河南国基实业集团有限公司为实施主体在非洲塞拉利昂设立我国第一家海外轻工业产业园区——塞拉利昂国基工贸园区至今，中国设立的海外轻工业园区达 30 多个，且呈逐年增长态势（见图 2-10）。其中，2008 年后新增的海外轻工业园区数量为 24 个，而 2008 年之前仅为 8 个。再从实施企业看，其中国有企业 12 个，民营企业 19 个，且主要集中在亚洲和非洲，如埃塞俄比亚有 7 个，柬埔寨有 5 个，尼日利亚、乌兹别克斯坦、越南均为 2 个。这些国家均为发展中国家，劳动力资源较为丰富，劳动成本较低。中国在这些国家设立海外园区有利于国内劳动密集型的中小企业"走出去"，如埃塞俄比利亚的华坚埃塞俄比亚轻工业城即以生产鞋类纺织品的中小企业为主。该产业园区之所以选择埃塞俄比亚，主要看重的是非洲巨大的人口红利，尽管其劳动生产率低于国内，但其工人平均工资每个月只需 300～400 元，远低于国内工资水平。据《非洲之声》估计，2040 年非洲劳动力总数将达 11 亿人，城市人口比例将达 50%；2050 年非洲将有 20 亿名消费者，其中新兴中产阶级人数超过 6000 万人，成为全球最大市场。低廉的劳动成本和庞大的市场潜力，让华坚埃塞俄比亚轻工业城成为展示从"中国制造"到"非洲制造"的样板。预计正式建成后，园区将会成为埃塞轻

工业发展的新焦点，每年可创汇 20 亿美元，提供 3 万～ 5 万个就业岗位，成为带动中国轻工业企业走出去在非洲集群发展的示范园区。

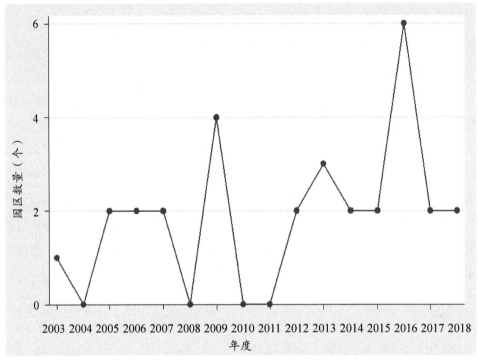

图2-10    2003—2018年中国海外轻工业产业园区建设情况

### （三）重工业产业园区

重工业产业园区主要为能源资源加工区，多集中在资源和能源丰富地区。如 2016 年以中阿万方投资管理有限公司为实施主体设立的中国 – 阿曼（杜古姆）产业园，招商产业以石油加工、炼焦和核燃料加工业、化学原料和化学制品制造业、橡胶和塑料制品业、汽车制造业、建筑装饰及其他建筑业等为主。近年来，我国装备制造业持续快速发展，产业规模、技术水平和国际竞争力大幅提升，在世界上具有重要地位。设立海外重工业产业园区成为我国参与国际产能和装备制造合作的重要手段。与此同时，全球产业结构加速调整，基础设施建设方兴未艾，发展中国家大力推进工业化、城镇化进程，为推进国际产能和装备制造合作提供了重要机遇。为抓住有利时机，实现我国经济提质增效升级，2015年我国下发了《国务院关于推进国际产能和装备制造合作的指导意见》，明确提出了"对与我国装备和产能契合度高、合作愿望强烈、合作条件和基础好的发展中国家作为重点国别，并积极开拓发达国家市场，以点带面，逐步扩展。将钢铁、有色、建材、铁路、电力、化工、轻纺、汽车、通信、工程机械、航空航天、船舶和海洋工程等作为重点行业，分类实施，有序推进"的总体任务要求。

自2007年以宁波中策动力机电集团为实施主体在非洲尼日利亚设立我国第一家海外重工业产业园区——尼日利亚宁波工业园区，至2018年中国设立的海外重工业产业园区已达20多个（见图2-11）。尤其是在2013年"一带一路"倡议提出后不久，装备制造业和产能合作成为中国推动与"一带一路"沿线国家合作的重要内容，2014年我国一举新建5个海外重工业产业园区。2013年后建立的海外重工业产业园区数量达到13个。从海外重工业产业园区分布地区看，主要分布在亚洲，其次是非洲。其中，亚洲12个，占57.1%；非洲5个，占23.8%。具体看，东南亚的印度尼西亚和南亚的印度分别为3个，中亚的哈萨克

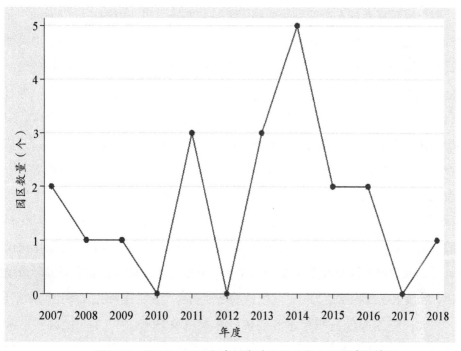

图2-11 2007—2018年中国海外重工业产业园区建设情况

斯坦和南非的赞比亚分别为 2 个，这些国家主要分布在"一带一路"沿线。此外，民营企业依然是我国重工业海外产业园区建设的主力军，其中有 6 个由国有企业投资建设，15 个由民营企业投资建设。

（四）高新技术产业园区

高新技术产业园区主要是以高新技术为基础，以境外技术研发为主导，一方面为中国科创企业提供技术优势的平台，架设进入东道国市场的桥梁，充分发挥东道国技术优势，与东道国高新技术企业展开合作，优势互补，共同技术攻关，实现共赢；另一方面协助东道国企业开拓中国市场，发展科技合作伙伴。这类园区所在国多为教育科学技术领先的发达国家，园区选址在东道国经济学科技中心。例如，以联投欧洲科技投资有限公司为实施主体设立的中国－比利时科技园坐落于新鲁汶大学科技园内，毗邻欧洲顶尖高等学府天主教鲁汶大学。园区聚焦生命科学、信息通信和智能制造产业领域，致力搭建中欧高技术行业双向绿色通道，为双方在技术转移、战略投资、行业合作及市场准入等方面提供平台及支持。

根据国际高新技术产业发展的国际经验与态势，当前中国正处于推进产业结构调整、加快经济发展方式转变的重要战略机遇期。高新技术产业逐步进入加速推进与全面转型的重要阶段，国际化成为必然趋势。需要立足我国高新技术产业国际化发展的实际，以科技为先导，以市场为依托，积极发挥双边多边国际对话平台在高新技术产业"走出去"中的带动和促进作用，加大政策支持力度，积极引导高新技术企业有效利用和优化配置国内外有利资源，发挥自身优势，开拓国际市场，全面提升我国高新技术产业国际化水平及竞争力。在这一背景下，中国政府也开始在国家战略层面对高新技术产业的国际化提供支持，如 2011 年印发《关于促进战略性新兴产业国际化发展的指导意见》，为高新技术产业国际化提供了政策支持。因此，中国海外高新技术产业园区也正是在此背景下才加快建设步伐，逐步成为中国高新技术企业开拓和利用国际市场、提升企业适应国际市场的能力、增强企业国际竞争力、不断拓展战略性新兴产业的国际化发展空间的平台。

因此，中国海外高新技术产业园区建设主要是从 2007 年开始起步，截至 2018 年在国（境）外建成或正在建设的高新技术产业园区共有 13 个（见图 2-12）。

总体上看，中国海外高新技术产业园区建设速度保持在年均 1 个左右。2011 年出台《关于促进战略性新兴产业国际化发展的指导意见》后，2012 年新增 3 个，2013 年、2014 年和 2016 年各新增 2 个，说明中国海外高新技术产业园区建设保持较为谨慎稳定的态度。园区实施主体以民营企业为主，但在法国设立的中法经济贸易合作区则是以外资企业——中法经济贸易合作区有限公司为实施主体。

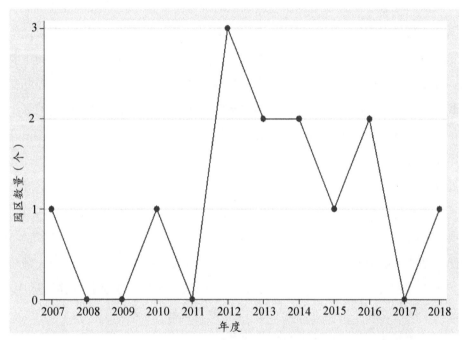

图2-12　2007—2018年中国海外高新技术产业园区建设情况

从国家类别看，主要为欧洲和亚洲的国家。其中，在欧洲，俄罗斯有 5 个，比利时、法国各有 1 个；在亚洲，韩国、泰国、印度、越南各有 1 个。相对其他类型园区，高新技术产业园区的地理分布更为集中。从收入水平看，除比利时、法国和韩国等外，其他国家的收入水平均在中国之下。这些说明中国在国（境）外与发达国家展开科技合作的同时，也通过海外园区这一平台积极与发展中国家开展科技合作，推广中国成熟的科学技术，让中国技术更多惠及其他发展中国家。如以武汉光谷北斗控股集团有限公司为实施主体在泰国设立的中国－东盟北斗科技城，即与东盟国家在地理信息、航天遥感等方面开展合作，通过建立示范效应，将中国北斗技术在更多东盟国家推广应用。

### （五）物流合作园区

物流合作园区以提供商贸物流等服务为主导，利用东道国良好的区位优势和物流条件，集传统贸易、跨境电商、市场拓展、商品展示、批发零售、运输、仓储、集散、配送、多式联运、供应链加工装配等于一体，在开拓东道国市场，为中国企业与各国企业间建成商品物流和贸易平台，推动我国产品进入东道国等方面发挥了积极作用，成为中国与东道国商品贸易的重要窗口和文化交流的重要阵地。因此，这类园区所在国家往往具有明显的区位优势，多位于重要的国际交通干线上，具有独特的区位优势、完善的基础设施和开放的商贸政策等。例如，以山东帝豪国际投资有限公司为实施主体在匈牙利和德国设立的中欧商贸物流合作园区（布达佩斯中国商品交易展示中心）就位于匈牙利首都布达佩斯市。匈牙利地处欧洲中部，东邻罗马尼亚和乌克兰，南接斯洛文尼亚、克罗地亚和塞尔维亚，西邻奥地利，北接斯洛伐克，是"一带一路"重要节点国家。匈牙利境内有三条主要泛欧公路交通走廊和多瑙河经过，物流、交通运输等基础设施体系高度发达，公路、铁路、航空和河运网络完善，布达佩斯周边已建成物流圈，欧亚大陆桥的结点扎霍妮在匈牙利与乌克兰边境，是铁路窄轨与宽轨系统货物交换装运中心。匈牙利全国各交通要道附近已建立了 11 个物流区和 13 个物流中心，与东欧、西欧联系方便畅通，产品可快速交付欧洲各地。

目前，中国在国（境）外建立的物流合作园区共 11 个，主要分布在欧洲和亚洲。其中，欧洲有 9 个，亚洲有 2 个。欧洲之所以数量多，主要是随着"一带一路"倡议的实施，中欧班列、海铁联运、航空货运、陆海空等立体式物流网络日益成熟，中国与欧洲诸国的合作日益紧密，中欧双向贸易额不断扩大，为推动中国在欧洲建立海外物流合作园区提供了现实基础。从具体数量看，在俄罗斯有 3 个，在德国、匈牙利各有 2 个，在波兰、塞尔维亚各有 1 个。从地理位置看，在这些国家建立的物流合作园区都是位于中欧班列的重要节点城市。从实施企业看，全部由民营企业投资建设，说明在中国海外物流合作园区建设中市场化因素是最为重要的推动力量。

（六）综合产业园区

综合产业园区涵盖两种或两种以上类型，是集多功能、多产业于一体的园区。如以前江投资管理有限责任公司为实施主体于 2008 年在越南设立的越南龙江工业园即为典型的综合产业园区。园区企业产业包括电子、电气类产品、机械、木制品、轻工业、建材、食品、生物制药业、农林产品加工、橡胶、包装、化妆品、纸业、新材料、人造纤维等，是涵盖轻工业和高新技术的综合产业园区。

目前，综合产业园区是我国在国（境）外设立数量最多的园区，截至 2018 年底达到 53 个，大多是在"一带一路"倡议即将提出和实施的背景下建立的（见图 2-13）。其中，2017 年启动建设的海外园区数量达到 9 个，2016 年为 8 个，2015 年为 7 个，2013 年为 6 个。从地理分布看，主要分布在亚洲、非洲和欧洲。其中，亚洲有 29 个，非洲有 14 个，欧洲有 8 个，北美洲有 2 个。因此，综合产业园区依然以发展中国家为主，东道国的人均收入水平和经济发展普遍低于中国。尽管相对单一类型的产业园区，综合类产业园区提供的基础设施、政策配套等可能不具针对性，但是由于这些东道国经济水平普遍低于中国，企业数量和相

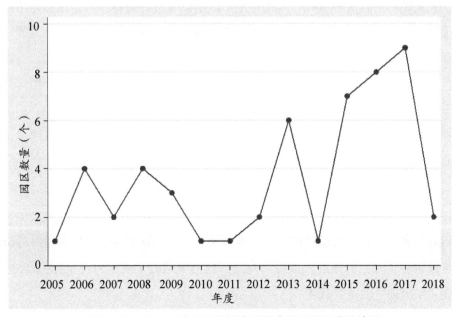

图2-13　2005—2018年中国海外综合产业园区建设情况

关配套产业发展滞后，因此综合产业园区更容易吸引企业入园。同时，多种类型产业入园，可以在有限园区范围内形成产业互补，更有利于提高园区设施的适用率，提高园区经营效益，及早发挥示范效应。

## 五、中国海外园区建设效益

中国海外园区建设效益主要涉及东道国、中国及企业，这三大参与主体在海外园区建设中扮演了不同角色，海外园区的建设会对彼此间产生不同影响。因此，可以从东道国、中国及企业三个不同的角度分析中国海外园区的建设效益情况。

### （一）东道国角度

中国海外园区自 1992 年开始建设以来，不仅大大增加了东道国的投资和就业，还通过贸易往来大幅度提升了东道国政府的税收收入。此外，中国海外园区的建设使得东道国入园企业形成较为完整的产业链，根据各国的资源禀赋等优势形成各具特色的工业化模式，从而促进东道国的经济发展。

直接经济贡献是中国海外园区对东道国建设效益的短期影响，主要是增加了东道国投资和就业、提升东道国政府的税收收入。促使东道国形成较为完整的产业链是中国海外园区对东道国建设效益的中期影响，主要通过关联和溢出效应，提升东道国企业的技术水平。形成各具特色的东道国工业发展模式是中国海外园区对东道国建设效益的长期影响，在中期发展较为完整产业链的基础上，中国海外园区的建设可以成为东道国经济改革的试验区，不断探索出符合东道国经济发展的独特的工业发展模式。

### （二）中国角度

近年来，虽然全球经济在逆全球化背景下的发展日趋艰难，但中国海外园区的建设取得了很大的进展，使得海外园区成为中国的"软实力"，也是帮助中国企业"走出去"的重要载体。

从历史发展来看，中国海外园区是中国经济增长经验在全球的布道者。海外园区的建设过程表现为拉动投资、土地升值以及城市发展的过程，也就是集群效应的体现。具体说，海外园区在建设过程中实现土地第一次升值是在一片荒地上进行基础设施建设，如道路和房屋建设；土地第二次升值是出于寻求海外市场，大批优势企业入驻；土地第三次升值是当入驻海外园区的企业足够多时，渐渐形成一座基础设施完备的经济圈，如相应的商品房、商场、酒店、学校等城市生活必备的建筑开始聚集。从以上分析可以看出，海外园区良好的建设和运营是形成中国经济发展模式的样板，是展现中国经济飞速发展的成果，更是提升中国"软实力"的重要手段。

从现实发展来看，海外园区的建设是中国推进"一带一路"建设的重要抓手。在国际经济形势不确定性的情况下，海外园区是包括中国企业在内的各国企业的"航母"，特别是在比较复杂的环境下，各国企业在影响机制作用下资源聚集，利用大量优惠政策和制度集中实现"抱团出海"，不仅满足了拓展海外市场的需求，还大大拉动了东道国的经济发展，同时也解决了东道国就业难的问题。

从未来发展来看，海外园区的建设和发展促进了中国经济的高质量发展。"高质量发展"这一目标在 2018 年的全国"两会"上首次提出，因此中国经济开始由原本的高速发展向高质量发展转型。目前，不仅中国政府与东道国政府会对海外园区的投资进行把控，各国的企业也会通过严格分析比较其投资的回报率和考察海外环境的利弊，进而谨慎投资。因此，相比国内因审批和把控不严而造成的园区质量参差不齐，海外园区质量较高。所以，海外园区的高质量发展可以帮助国内园区转型，从而助力国内经济走上高质量发展之路。

（三）企业角度

中国海外园区的投资是一种以产业集群形式的对外直接投资，中国企业通过"抱团取暖"的方式来抵御国际经济不确定性风险。同时，中国以海外园区为载体，通过配套相关服务如技术、模式、投资等，使得中国企业能够集中、有序、理性地"走出去"。此外，与"一带一路"沿线国家合作建设的海外园区，不仅可以加快相关国家的经济发展，还可以推动东道国的工业模式建设，从而促进国际产能合作及双边关系的发展。

# 第三章
# 中国海外园区所在东道国营商环境

中国在国（境）外设立的 180 多个园区多集中于"一带一路"沿线国家，主要分布在亚洲、非洲和欧洲。由于东道国的投资环境对中国海外园区建设具有重要影响，因此，深入了解东道国的自然、人文、经济、政治等投资环境，全面分析东道国投资环境对中国海外园区建设的影响路径，是探析中国海外园区建设过程中如何与东道国政府、企业等进行互动的必然要求。由于中国海外园区建设的国家大多发展水平不高，虽有着低廉的劳动力成本、丰富的资源和利好的市场前景等优势，但营商环境普遍不好，投资风险和成本会更高。因此，考察东道国投资环境也是中国海外园区有效防范错综复杂的国际环境中隐藏的投资风险的必然要求。由此可见，选取建有中国海外园区的典型国家进行投资环境分析，考察中国海外园区建设过程中如何利用/克服投资环境的有利/不利因素，能够为推动中国海外园区高质量发展奠定基础。

世界银行编制的营商环境指标体系涵盖开办企业、办理建设许可证、获得电力、产权登记、获得信贷、保护中小投资者、税赋、贸易便利化、执行合同、解决破产等多项指标。该营商环境指标被广泛采用，具有一定的公信度。因此，采用世界银行编制的营商环境指标才能准确、全面、客观、详细地反映中国海外园区所在国的投资环境状况。

## 一、总体营商环境

中国在国（境）外设立园区最多的年份是 2016 年，达到 26 个。因此，为准确反映中国海外园区所在国的营商环境，使数据具有可比性，本书以世界银行 2016 年发布的数据为依据（见表 3-1）。这 52 个国家在 2016 年的营商环境平均分为 61.3，最高分为 83.1（韩国），最低分为 34.1（委内瑞拉）。得分位于平均分以下的有 25 个国家，海外园区数量有 78 个；得分位于平均分之上的国家有 26 个，海外园区数量有 106 个（如果剔除中国在俄罗斯设立的 44 个海外园区，位于平均分之上的海外园区数量则为 62 个）。总体上看，中国海外园区建设并没有明显的投资环境偏好（见图 3-1），而且从绝对数量来看，中国在营商环境得分较低的国家设立海外园区的数量还高于在营商环境得分较高的国家。

表3-1　2016年中国海外园区数量与东道国营商环境得分情况

| 国别 | 首次设立园区年份 | 园区数量（个） | 营商环境得分 | 国别 | 首次设立园区年份 | 园区数量（个） | 营商环境得分 |
|---|---|---|---|---|---|---|---|
| 阿尔及利亚 | 2008 | 1 | 44.2 | 毛里求斯 | 2009 | 1 | 76.0 |
| 阿联酋 | 2009 | 4 | 76.3 | 毛里塔尼亚 | 2010 | 1 | 43.8 |
| 阿曼 | 2016 | 3 | 66.3 | 缅甸 | 2016 | 2 | 42.1 |
| 埃及 | 2008 | 2 | 54.7 | 莫桑比克 | 2009 | 3 | 52.8 |
| 埃塞俄比亚 | 2007 | 10 | 43.8 | 墨西哥 | 2015 | 2 | 71.6 |
| 巴基斯坦 | 2006 | 4 | 50.4 | 南非 | 2013 | 1 | 66.2 |
| 巴西 | 2011 | 1 | 55.6 | 尼日利亚 | 2005 | 5 | 48.4 |
| 白俄罗斯 | 2012 | 1 | 68.7 | 塞尔维亚 | 2014 | 2 | 70.0 |
| 比利时 | 2014 | 1 | 72.4 | 塞拉利昂 | 2003 | 2 | 46.9 |
| 波兰 | 2013 | 1 | 76.9 | 沙特阿拉伯 | 2013 | 2 | 59.2 |
| 德国 | 2012 | 2 | 79.5 | 斯里兰卡 | 2014 | 1 | 59.2 |
| 俄罗斯 | 2005 | 44 | 74.1 | 苏丹 | 2016 | 1 | 45.5 |
| 法国 | 2012 | 1 | 76.1 | 塔吉克斯坦 | 2014 | 4 | 51.8 |
| 斐济 | 2018 | 1 | 62.8 | 泰国 | 2006 | 3 | 71.9 |
| 芬兰 | 2013 | 1 | 80.1 | 坦桑尼亚 | 2013 | 3 | 49.7 |
| 格鲁吉亚 | 2012 | 2 | 78.3 | 委内瑞拉 | 2007 | 1 | 34.1 |
| 哈萨克斯坦 | 2006 | 5 | 70.9 | 文莱 | 2013 | 1 | 57.5 |
| 韩国 | 2016 | 1 | 83.1 | 乌干达 | 2013 | 4 | 56.6 |
| 吉布提 | 2017 | 1 | 44.3 | 乌克兰 | 2013 | 4 | 64.2 |
| 吉尔吉斯斯坦 | 2011 | 1 | 61.3 | 乌兹别克斯坦 | 2009 | 2 | 61.7 |
| 柬埔寨 | 2005 | 9 | 52.9 | 匈牙利 | 2011 | 3 | 71.1 |
| 津巴布韦 | 2011 | 2 | 47.8 | 意大利 | 2011 | 1 | 71.7 |
| 肯尼亚 | 2015 | 1 | 58.0 | 印度 | 2007 | 5 | 54.5 |
| 老挝 | 2010 | 5 | 48.2 | 印度尼西亚 | 2007 | 10 | 62.1 |
| 罗马尼亚 | 2009 | 1 | 72.7 | 越南 | 1992 | 6 | 62.6 |
| 马来西亚 | 2013 | 3 | 78.6 | 赞比亚 | 1993 | 6 | 60.5 |

数据来源：世界银行Ease of Doing Business Scores（https://www.doingbusiness.org/en/data/doing-business-score）

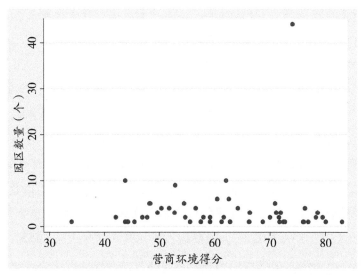

图3-1　2016年中国海外园区数量与东道国营商环境散点图

具体来看，中国设立海外园区国家营商环境得分最低的是委内瑞拉，中国仅在 2007 年设立了 1 个海外园区，是以山东浪潮集团有限公司为实施主体设立的委内瑞拉中国科技工贸区；营商环境得分最高的是韩国，中国仅在 2016 年设立了 1 个海外园区，是以金跃集团有限公司为实施主体设立的中韩科技创新经济园区。由于营商环境得分是一个囊括了各类指标的综合得分，反映的是一个国家的总体营商环境情况，并不能完全展示各项具体指标的得分情况。鉴于不同海外园区功能定位、产业侧重点不同，对营商环境的具体要求会有所差别，如农业产业园区、轻工业产业园区、重工业产业园区、高新技术产业园区、物流合作园区等会更看重有利于其产业发展的营商环境指标。因此，在对中国海外园区总体国别营商环境考察的基础上，还需要根据世界银行营商环境的各项指标分别展开分析。

## 二、开办企业

以中国设立海外园区数量最多的 2016 年为参考年份（见表 3-2），可以发现中国海外园区所在国开办企业的平均分为 79.2，最高分为 97.7（格鲁吉亚），最

低分为 38.9（委内瑞拉）。得分越高，意味着在该国设立企业越容易。因此，世界银行将开办企业的难易程度作为衡量一国营商环境的重要指标之一。从开办企业所需要经过的程序看，中国在设立海外园区的 52 个国家中，开办企业平均需要经过 8.2 个程序，需要经过程序最少的为 2 个（格鲁吉亚），最多的为 20 个（委内瑞拉）。开办企业经过的程序越多，意味着开办企业的效率就越低，企业的成本就越高，越不利于企业的成立。从开办企业所需的时间看，开办企业平均需要 28 天，需要时间最短的为 2 天（格鲁吉亚），最长的为 187 天（老挝）。开办企业所需时间越长，意味着对企业的时间成本就越高，越不利于企业的成立。从开办企业所需成本看，开办企业平均成本占所在国人均收入的 25.2%，最低仅占所在国人均收入的 0.3%（南非），最高则占所在国人均收入的 196.6%（吉布提）。开办企业成本占该国人均收入比例越大，意味着开办企业的成本就越高，越不利于企业的成立。从开办企业的最低实收资本看，开办企业平均最低实收资本为所在国人均收入的 13.1%，最低为 0（有 40 个国家），最高则占所在国人均收入的 273.7%（阿曼）。开办企业所需最低实收资本越高，意味着占用企业的资本金就越多，企业开放的成本就越高，越不利于企业的成立。

表3-2　2016年中国海外园区所在国开办企业的投资环境情况

| 国别 | 得分 | 程序（个） | 时间（天） | 成本（%） | 最低实收资本（%） | 国别 | 得分 | 程序（个） | 时间（天） | 成本（%） | 最低实收资本（%） |
|---|---|---|---|---|---|---|---|---|---|---|---|
| 阿尔及利亚 | 76.6 | 12 | 18 | 10.9 | 23.6 | 毛里求斯 | 91.6 | 5 | 6 | 2.0 | 0 |
| 阿联酋 | 88.5 | 6 | 8 | 11.2 | 0 | 毛里塔尼亚 | 86.9 | 7 | 8 | 19.4 | 0 |
| 阿曼 | 70.7 | 7 | 9 | 3.3 | 273.7 | 缅甸 | 64.7 | 14 | 16 | 98.0 | 0 |
| 埃及 | 80.6 | 9 | 16 | 23.2 | 0 | 莫桑比克 | 74.4 | 10 | 21 | 57.8 | 0 |
| 埃塞俄比亚 | 53.6 | 14 | 35 | 79.1 | 138.9 | 墨西哥 | 86.9 | 7 | 8.415 | 18.1 | 0 |
| 巴基斯坦 | 75.7 | 13 | 20 | 14.3 | 0 | 南非 | 79.7 | 7 | 46 | 0.3 | 0 |
| 巴西 | 63.9 | 11 | 86 | 4.8 | 0 | 尼日利亚 | 77.6 | 8.46 | 30.3 | 31.2 | 0 |
| 白俄罗斯 | 91.9 | 5 | 9 | 0.9 | 0 | 塞尔维亚 | 89.1 | 6 | 11.5 | 6.6 | 0 |
| 比利时 | 91.4 | 5 | 4.5 | 5.0 | 17.2 | 塞拉利昂 | 84.7 | 6 | 10 | 44.2 | 0 |
| 波兰 | 82.7 | 5 | 37 | 12.2 | 11.4 | 沙特阿拉伯 | 74.4 | 13 | 22.5 | 5.7 | 0 |
| 德国 | 82.7 | 9 | 10.5 | 6.9 | 33.9 | 斯里兰卡 | 85.0 | 8 | 10 | 18.7 | 0 |

续表

| 国别 | 得分 | 程序（个） | 时间（天） | 成本（%） | 最低实收资本（%） | 国别 | 得分 | 程序（个） | 时间（天） | 成本（%） | 最低实收资本（%） |
|---|---|---|---|---|---|---|---|---|---|---|---|
| 俄罗斯 | 91.8 | 4.7 | 10.8 | 1.4 | 0 | 苏丹 | 75.1 | 10 | 36 | 14.8 | 0 |
| 法国 | 93.1 | 5 | 4 | 0.8 | 0 | 塔吉克斯坦 | 90.3 | 4 | 11 | 21.5 | 0 |
| 斐济 | 68.2 | 11 | 58 | 21.3 | 0 | 泰国 | 82.7 | 7 | 31 | 6.7 | 0 |
| 芬兰 | 92.4 | 3 | 17 | 0.9 | 6.8 | 坦桑尼亚 | 68.5 | 11 | 29 | 77.3 | 0 |
| 格鲁吉亚 | 97.7 | 2 | 2 | 3.4 | 0 | 委内瑞拉 | 38.9 | 20 | 186 | 89.0 | 0 |
| 哈萨克斯坦 | 90.0 | 6 | 11 | 0.5 | 0 | 文莱 | 86.8 | 7 | 14 | 1.2 | 0 |
| 韩国 | 91.9 | 4 | 8 | 14.5 | 0 | 乌干达 | 68.2 | 14 | 27 | 48.6 | 0 |
| 吉布提 | 63.2 | 7 | 14 | 196.6 | 0 | 乌克兰 | 92.1 | 5 | 8 | 1.1 | 0 |
| 吉尔吉斯斯坦 | 90.0 | 6 | 11 | 0.5 | 0 | 乌兹别克斯坦 | 93.9 | 4 | 5.5 | 3.4 | 0 |
| 柬埔寨 | 54.5 | 8 | 87 | 59.6 | 96.4 | 匈牙利 | 87.1 | 6 | 7 | 7.5 | 47.4 |
| 津巴布韦 | 49.2 | 10 | 91 | 118.4 | 0 | 意大利 | 86.7 | 7 | 11 | 14.4 | 0 |
| 肯尼亚 | 70.0 | 13 | 28 | 43.6 | 0 | 印度 | 71.7 | 13.94 | 30 | 14.5 | 0 |
| 老挝 | 60.5 | 10 | 187 | 9.9 | 0.1 | 印度尼西亚 | 65.7 | 13 | 49.26 | 20.0 | 31.0 |
| 罗马尼亚 | 90.5 | 6 | 8 | 2.1 | 0.6 | 越南 | 82.7 | 9 | 20 | 4.9 | 0 |
| 马来西亚 | 89.3 | 6 | 7 | 6.7 | 0 | 赞比亚 | 84.9 | 7 | 8.5 | 34.3 | 0 |

数据来源：世界银行Ease of Doing Business Scores（https://www.doingbusiness.org/en/data/doing-business-score）

从图3-2可以看出，中国海外园区主要集中的开办企业所需程序、时间、成本占比、最低实收资本占比等基本围绕在均值附近，即中国海外园区更多是设立在企业开放成本较为适中的国家和地区。其中，开办企业所需程序集中在5～10个之间，所需时间集中在10～30天之间，成本占比集中在0%～20%之间，最低实收资本占比集中在0%左右。一方面，企业开办所需程序过多，所需时间太长，不利于企业的开办，也不利于中国海外园区的设立。另一方面，中国海外园区在东道国作为"特殊经济区"，可以凭借政策扶持、特事特办的优势，集中办理开办企业所需的审批程序，节约企业开办时间，对企业进入园区可形成一定的吸引力。某种程度上，海外园区的制度优势弥补了东道国在企业开办审批程序等方面的劣势，起到了一种制度上的替代作用。

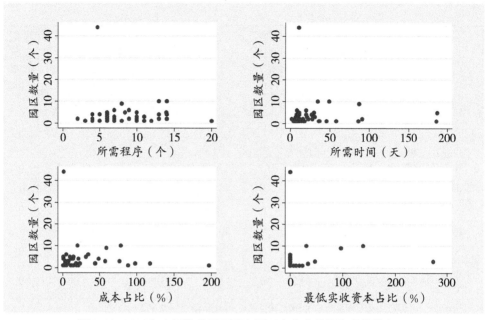

图3-2　2016年中国海外园区所在国开办企业的投资环境散点图

但是，与中国海外园区对企业开办时间成本敏感性不同，中国海外园区对企业开办资金成本存在一定的敏感性。从图3-2可以看出，中国海外园区倾向于在成本和最低实收资本低的国家设立（集中设立在最低实收资本占比为0附近）。由于海外园区的优势主要体现在通过集中办理缩短企业开办时间上，但对企业的注册资本等方面并没有太大的优势，因此为有效吸引企业入驻海外园区，中国在设立海外园区时依然会看重东道国企业开办的资金成本。

### 三、办理建设许可证

每个国家对工程建设往往都有特殊的规定，企业在经营过程中免不了会涉及相关工程建设，那么就必须向政府申请办理相关建设许可证，方可开工建设，否则会被视为非法建设。因此，办理建设许可证的难易程度是衡量一国营商环境优劣的重要内容，并被世界银行纳入考察一国营商环境的重要指标之一。同样以2016年为参考年份（见表3-3），中国海外园区建设的52个东道国办理建设许可证的平均分为 65，最高分为 85.8（阿联酋），最低分为 35.9（印度）。得分越高，意味着在该国办理建设许可证相对较容易，建设开工相对较容易；得分越低，意味着建设开工相对较难。办理建设许可证所需程序平均为 16.2 个，最多为 33 个（印度），最少为 9 个（德国、法国）。办理建设许可证所需程序越少，项目开工越容易。从办理建设许可证所需时间看，平均需要 179 天，最多需要 652 天（柬埔寨），最少需要 28 天（韩国）。所需时间越长，说明该国办事效率越低，对企业意味着时间成本越高，越不利于项目的实施。从办理建设许可证费用占厂房价值的比例看，平均为 5.5%，最高占 27.5%（印度），最低仅占 0.3%（波兰）。办理建设许可证费用越低，越有利于企业将更多资本投入厂房等其他经营活动中，说明营商环境越好。

表3-3　2016年中国海外园区所在国办理建设许可证情况

| 国别 | 得分 | 程序(个) | 时间(天) | 费用占厂房价值(%) | 国别 | 得分 | 程序(个) | 时间(天) | 费用占厂房价值(%) |
|---|---|---|---|---|---|---|---|---|---|
| 阿尔及利亚 | 56.7 | 19 | 226 | 7.9 | 毛里求斯 | 78.2 | 15 | 156 | 0.6 |
| 阿联酋 | 85.8 | 10 | 47 | 2.2 | 毛里塔尼亚 | 64.0 | 14 | 104 | 5.1 |
| 阿曼 | 75.3 | 15 | 125 | 0.7 | 缅甸 | 68.9 | 15 | 93 | 5.0 |
| 埃及 | 70.9 | 19 | 172 | 2.3 | 莫桑比克 | 73.0 | 11 | 118 | 6.2 |
| 埃塞俄比亚 | 44.8 | 13 | 149 | 22.3 | 墨西哥 | 65.9 | 15 | 100 | 10.9 |
| 巴基斯坦 | 53.3 | 19 | 286 | 7.1 | 南非 | 68.3 | 20 | 155 | 1.9 |
| 巴西 | 51.9 | 19 | 338 | 1.1 | 尼日利亚 | 55.5 | 16 | 105 | 25.7 |
| 白俄罗斯 | 71.1 | 20 | 159 | 0.8 | 塞尔维亚 | 54.0 | 21 | 328 | 3.9 |
| 比利时 | 75.3 | 10 | 212 | 1.0 | 塞拉利昂 | 43.1 | 17 | 182 | 16.3 |
| 波兰 | 75.5 | 16 | 138 | 0.3 | 沙特阿拉伯 | 77.3 | 15 | 106 | 1.6 |
| 德国 | 78.1 | 9 | 126 | 1.2 | 斯里兰卡 | 69.3 | 13 | 115 | 0.4 |
| 俄罗斯 | 70.6 | 15 | 221 | 1.6 | 苏丹 | 63.8 | 16 | 255 | 3.0 |
| 法国 | 74.3 | 9 | 183 | 5.7 | 塔吉克斯坦 | 59.9 | 26 | 156 | 3.8 |
| 斐济 | 67.6 | 15 | 141 | 0.6 | 泰国 | 71.7 | 19 | 118 | 0.8 |
| 芬兰 | 75.8 | 17 | 65 | 0.8 | 坦桑尼亚 | 51.0 | 24 | 236 | 7.9 |
| 格鲁吉亚 | 77.4 | 11 | 63 | 0.5 | 委内瑞拉 | 59.1 | 11 | 381 | 1.9 |
| 哈萨克斯坦 | 68.3 | 21 | 174 | 1.4 | 文莱 | 71.7 | 20 | 111 | 0.4 |
| 韩国 | 77.9 | 10 | 28 | 4.3 | 乌干达 | 61.3 | 18 | 122 | 9.7 |
| 吉布提 | 65.3 | 16 | 146 | 6.7 | 乌克兰 | 60.2 | 12 | 85 | 13.5 |
| 吉尔吉斯斯坦 | 68.3 | 21 | 174 | 1.4 | 乌兹别克斯坦 | 54.7 | 22 | 258 | 4.0 |

续表

| 国别 | 得分 | 程序(个) | 时间(天) | 费用占厂房价值(%) | 国别 | 得分 | 程序(个) | 时间(天) | 费用占厂房价值(%) |
|---|---|---|---|---|---|---|---|---|---|
| 柬埔寨 | 40.8 | 20 | 652 | 6.1 | 匈牙利 | 66.3 | 21 | 213 | 0.7 |
| 津巴布韦 | 36.7 | 10 | 448 | 25.2 | 意大利 | 65.7 | 14 | 219 | 3.8 |
| 肯尼亚 | 58.9 | 17 | 160 | 7.5 | 印度 | 35.9 | 33 | 184 | 27.5 |
| 老挝 | 65.5 | 12 | 92 | 6.8 | 印度尼西亚 | 65.3 | 17 | 200 | 5.4 |
| 罗马尼亚 | 57.4 | 24 | 260 | 2.7 | 越南 | 78.9 | 10 | 166 | 0.8 |
| 马来西亚 | 82.2 | 14 | 78 | 1.4 | 赞比亚 | 71.7 | 10 | 188 | 2.6 |

数据来源：世界银行Ease of Doing Business Scores（https://www.doingbusiness.org/en/data/doing-business-score）

从图3-3可以看出，中国海外园区更多设立在办理建设许可证得分较高的国家，尤其是办理建设许可证花费时间短（低于200天），办证费用占厂房价值比例低的国家。办理建设许可证需要与政府部门打交道，如果所需程序多，势必会加大政府对企业建设项目的干预程度，滋生腐败，徒增企业的经营成本，不利于企业项目的开展。因此，中国海外园区建设更多设立在办理建设许可证相对容易、

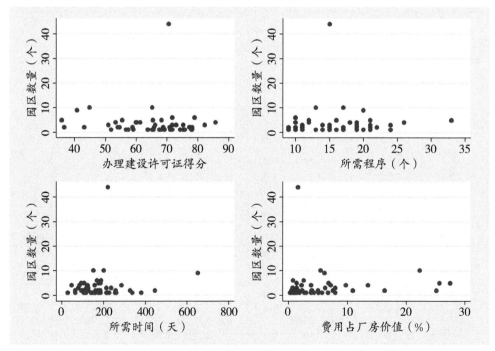

图3-3　2016年中国海外园区所在国办理建设许可证情况散点图

得分相对高的国家。但是，中国海外园区建设对办理建设许可证的费用的敏感度要高于时间成本。图 3-3 中，中国海外园区更多集中在办理许可证费用低的国家，而对办理许可证所需程序多少的敏感性相对弱些，表现得更为分散。中国海外园区虽并不能缩减建设许可证的程序，但通过园区特色特办的方式，能够提高关注度，增加透明度，减少政府对建设许可证办理的干预，缩减办理的时长，提高办理的效率。但是，这种减少也是相对的，如果东道国本身办理建设许可证所需时间过长，则海外园区也并不能完全有效缩减时间成本。因此，中国海外园区集中设立在办理建设许可证需 150～200 天的国家，如此能最大限度发挥园区的优势，吸引企业入驻园区。此外，办理建设许可证的费用往往具有一定的刚性，不如程序和时间那样具有一定的弹性，东道国一旦确定下来，对所有企业都一视同仁，能够例外的较少。这也是中国海外园区对办理建设许可证费用占厂房价值较为敏感的原因所在。

## 四、获得电力保障

由于任何经营都需要电力的保障，电力供应是反映一国基础设施保障能力的重要指标，因此世界银行将企业获得电力的保障程度作为衡量一国营商环境的重要指标之一。2016 年中国海外园区所在的 52 个国家，获得电力平均分为 65.9，其中最高分为 99.9（韩国），最低分为 30.1（乌干达）。尽管乌干达获得电力得分最低，但中国 2013—2017 年在该国设立了 4 个海外园区。从获得电力审批程序看，平均需要经过 5.3 个程序，最多需要经过 10 个（尼日利亚），最少需要经过 3 个（阿联酋、德国、俄罗斯、毛里求斯、格鲁吉亚、韩国）。从获得电力所需时间看，平均需要时间为 103 天，最长需要 263 天（乌克兰），最短需要 18 天（韩国）。从电力成本看，平均电价为 29.1 美分 / 千瓦时，最高为 820.7 美分 / 千瓦时（委内瑞拉），最低为 2.7 美分 / 千瓦时（阿尔及利亚）。

从表 3-4 可以看出，获得电力的难易程度和成本对中国在该国设立海外园区并没有十分明显的影响。中国既在电力供应不足的国家设立海外园区，也在电力供应充足的国家设立海外园区，某种程度上说明中国海外园区具有解决获得电力困难、电力供应短缺、电价过高的途径，或者东道国其他方面的优势能够弥补这

方面的劣势。总体上看，中国海外园区所在东道国除一些发达国家外，获得电力综合得分低于中国[1]的有 25 个国家，总共设有 74 个海外园区。电价高于中国[2]的有 23 个国家，总共设有 58 个海外园区。获得电力成本占人均收入高于中国[3]的有 26 个国家，总共设有 80 个海外园区。获得电力耗费的时间高于中国[4]的有 10 个国家，总共设有 70 个海外园区，平均每个国家设有 7 个海外园区。获得电力所需程序高于中国[5]的有 17 个国家，总共设有 42 个海外园区。

表3-4　2016年中国海外园区所在国获得电力情况

| 国别 | 得分 | 程序（个） | 时间（天） | 成本（%） | 电价（美分/千瓦时） | 国别 | 得分 | 程序（个） | 时间（天） | 成本（%） | 电价（美分/千瓦时） |
|---|---|---|---|---|---|---|---|---|---|---|---|
| 阿尔及利亚 | 57.6 | 5 | 180 | 1295.5 | 2.7 | 毛里求斯 | 84.5 | 3 | 96 | 260.0 | 22.9 |
| 阿联酋 | 95.3 | 3 | 32 | 23.5 | 11.7 | 毛里塔尼亚 | 46.4 | 5 | 70 | 4723.2 | 20.9 |
| 阿曼 | 83.6 | 5 | 62 | 43.0 | 5.3 | 缅甸 | 50.9 | 6 | 77 | 1673.4 | 13.0 |
| 埃及 | 62.0 | 5 | 53 | 272.9 | 11.5 | 莫桑比克 | 44.9 | 7 | 77 | 2276.6 | 7.0 |
| 埃塞俄比亚 | 58.1 | 4 | 95 | 1414.9 | 4.7 | 墨西哥 | 67.5 | 7 | 108 | 332.9 | 13.7 |
| 巴基斯坦 | 45.8 | 5 | 161 | 1230.4 | 19.3 | 南非 | 63.2 | 4 | 84 | 161.4 | 9.3 |
| 巴西 | 73.7 | 5 | 119 | 240.9 | 15.7 | 尼日利亚 | 34.3 | 10 | 149 | 455.1 | 25.9 |
| 白俄罗斯 | 72.2 | 7 | 112 | 296.2 | 20.2 | 塞尔维亚 | 72.4 | 5 | 131 | 240.4 | 15.6 |
| 比利时 | 67.3 | 6 | 201 | 102.4 | 19.2 | 塞拉利昂 | 35.3 | 8 | 82 | 3855.7 | 32.3 |
| 波兰 | 80.1 | 4 | 133 | 19.5 | 15.2 | 沙特阿拉伯 | 76.8 | 5 | 68 | 26.2 | 6.3 |
| 德国 | 98.8 | 3 | 28 | 42.0 | 28.5 | 斯里兰卡 | 73.7 | 5 | 100 | 897.2 | 20.3 |
| 俄罗斯 | 84.2 | 3 | 161 | 93.1 | 11.2 | 苏丹 | 61.6 | 5 | 70 | 2843.7 | 5.6 |

[1]　根据世界银行营商环境评分，2016年中国获得电力综合得分为67.2分。
[2]　根据世界银行营商环境评分，2016年中国电价为14.6美分/千瓦时。
[3]　根据世界银行营商环境评分，2016年中国电力成本占人均收入的413.1%。
[4]　根据世界银行营商环境评分，2016年中国获得电力所需时间为145天。
[5]　根据世界银行营商环境评分，2016年中国获得电力所需办理程序为5个。

续表

| 国别 | 得分 | 程序(个) | 时间(天) | 成本(%) | 电价(美分/千瓦时) | 国别 | 得分 | 程序(个) | 时间(天) | 成本(%) | 电价(美分/千瓦时) |
|---|---|---|---|---|---|---|---|---|---|---|---|
| 法国 | 85.9 | 5 | 71 | 6.3 | 14.3 | 塔吉克斯坦 | 37.8 | 9 | 105 | 878.9 | 7.6 |
| 斐济 | 71.3 | 4 | 81 | 1692.5 | 24.0 | 泰国 | 83.2 | 5 | 37 | 45.9 | 16.7 |
| 芬兰 | 89.0 | 5 | 42 | 29.1 | 14.3 | 坦桑尼亚 | 73.4 | 4 | 109 | 1021.0 | 16.7 |
| 格鲁吉亚 | 80.3 | 3 | 71 | 461.8 | 7.9 | 委内瑞拉 | 39.6 | 6 | 178 | 1783.3 | 820.7 |
| 哈萨克斯坦 | 64.8 | 8 | 91 | 56.3 | 9.1 | 文莱 | 67.6 | 6 | 56 | 40.1 | 5.7 |
| 韩国 | 99.9 | 3 | 18 | 39.8 | 10.1 | 乌干达 | 30.1 | 6 | 86 | 9030.5 | 20.9 |
| 吉布提 | 39.9 | 4 | 117 | 6521.1 | 22.8 | 乌克兰 | 54.8 | 5 | 263 | 795.3 | 13.6 |
| 吉尔吉斯斯坦 | 64.8 | 8 | 91 | 56.3 | 9.1 | 乌兹别克斯坦 | 71.3 | 7 | 89 | 1393.1 | 6.2 |
| 柬埔寨 | 55.5 | 4 | 179 | 2336.1 | 18.7 | 匈牙利 | 63.2 | 5 | 252 | 98.4 | 16.3 |
| 津巴布韦 | 43.9 | 6 | 106 | 2925.0 | 10.5 | 意大利 | 80.7 | 4 | 124 | 161.4 | 23.8 |
| 肯尼亚 | 58.6 | 4 | 110 | 732.3 | 21.6 | 印度 | 81.7 | 4 | 100 | 198.3 | 22.0 |
| 老挝 | 45.5 | 7 | 105 | 1085.3 | 11.0 | 印度尼西亚 | 77.6 | 5 | 79 | 383.0 | 13.7 |
| 罗马尼亚 | 53.1 | 9 | 174 | 584.5 | 8.7 | 越南 | 68.6 | 5 | 49 | 1322.6 | 11.6 |
| 马来西亚 | 94.3 | 4 | 31 | 28.8 | 15.4 | 赞比亚 | 59.0 | 5 | 117 | 3063.3 | 4.8 |

数据来源：世界银行Ease of Doing Business Scores（https://www.doingbusiness.org/en/data/doing-business-score）

## 五、产权登记

产权登记是实施产权保护的基本前提，能否顺利进行产权登记能反映一国的法治水平。产权登记程序的多少、耗时的长短、成本的高低、登记机构的公信度、信息的透明度、土地纠纷的解决等是反映产权登记状况的重要指标。根据世界银行对全球各国营商环境的评分，同样以 2016 年为例（见表 3–5），中国在 52 个东道国的产权登记平均分为 62.5，最高分为 91.2（格鲁吉亚），最低分为 25.9（尼日利亚）。得分低于中国 ① 的有 38 个国家，设立的海外园区有 110 个。因此，从产权登记得分看，其对中国海外园区设立没有任何影响。在产权登记程序上，最少仅需办理 1 个程序（格鲁吉亚），最多需要办理 14 个程序（巴西）。办理产权登记需要经过的程序越多，说明手续越烦琐，无形中会增加企业寻求产权保护的成本，不利于将产权保护全面推开，尤其对中小企业更是如此。办理产权登记需要经过程序超过中国 ② 的有 34 个国家，设立的海外园区有 91 个。产权登记所需时间平均为 46 天，最长为 299 天（文莱），最短为 1 天（格鲁吉亚），超过中国的有 35 个国家。所需时间越长，意味着产权登记的难度越大，越不利于产权保护，也就不利于吸引投资。从产权登记费用占物业价值的比例看，平均占比为 4.67%，最高达 15%（赞比亚），最低为 0（白俄罗斯、沙特阿拉伯），超过中国的有 23 个国家。

　　总体上看，东道国产权登记对中国海外园区设立与否的影响不大。一种可能的解释是，东道国为吸引中国海外园区，往往会在海外园区设立区域给予一系列优惠政策，海外园区设立的企业也会享受一系列优惠政策，这种优势有利于加快中国海外园区建设步伐，规避该国营商环境的劣势。这也是中国海外园区建设对东道国整体营商环境并不敏感的原因所在。某种程度上，也是借鉴和参照了中国工业园区和经济特区建设的经验。

表3–5　2016年中国海外园区所在国产权登记情况

| 国别 | 产权登记得分 | 程序（个） | 时间（天） | 费用占物业价值(%) | 国别 | 产权登记得分 | 程序（个） | 时间（天） | 费用占物业价值(%) |
|---|---|---|---|---|---|---|---|---|---|
| 阿尔及利亚 | 43.8 | 10 | 55 | 7.1 | 毛里求斯 | 62.8 | 4 | 14 | 10.6 |
| 阿联酋 | 88.8 | 2 | 2 | 0.2 | 毛里塔尼亚 | 60.4 | 4 | 49 | 4.6 |
| 阿曼 | 74.7 | 3 | 30 | 3.8 | 缅甸 | 51.1 | 6 | 85 | 5.3 |
| 埃及 | 54.2 | 9 | 76 | 0.6 | 莫桑比克 | 58.6 | 6 | 43 | 5.3 |
| 埃塞俄比亚 | 49.6 | 7 | 52 | 6.1 | 墨西哥 | 56.9 | 8 | 65 | 5.2 |

---

① 根据世界银行营商环境评分，2016年中国产权登记综合得分为74.5分。

② 根据世界银行营商环境评分，2016年中国产权登记所需办理程序为5个。

续表

| 国别 | 产权登记得分 | 程序(个) | 时间(天) | 费用占物业价值(%) | 国别 | 产权登记得分 | 程序(个) | 时间(天) | 费用占物业价值(%) |
|---|---|---|---|---|---|---|---|---|---|
| 巴基斯坦 | 36.8 | 9 | 157 | 4.3 | 南非 | 61.2 | 7 | 23 | 6.4 |
| 巴西 | 52.6 | 14 | 32 | 3.1 | 尼日利亚 | 25.9 | 12 | 92 | 11.3 |
| 白俄罗斯 | 86.1 | 4 | 5 | 0 | 塞尔维亚 | 67.7 | 6 | 52 | 2.7 |
| 比利时 | 51.8 | 8 | 56 | 12.7 | 塞拉利昂 | 43.4 | 7 | 56 | 10.8 |
| 波兰 | 76.9 | 6 | 33 | 0.3 | 沙特阿拉伯 | 78.2 | 3 | 6 | 0 |
| 德国 | 66.5 | 6 | 52 | 6.7 | 斯里兰卡 | 45.9 | 9 | 51 | 5.1 |
| 俄罗斯 | 88.2 | 4 | 17 | 0.2 | 苏丹 | 63.6 | 6 | 11 | 2.6 |
| 法国 | 63.1 | 8 | 64 | 6.1 | 塔吉克斯坦 | 60.8 | 6 | 37 | 3.4 |
| 斐济 | 71.9 | 4 | 69 | 3.0 | 泰国 | 67.4 | 5 | 9 | 7.5 |
| 芬兰 | 78.9 | 3 | 62 | 4.0 | 坦桑尼亚 | 51.4 | 8 | 67 | 4.4 |
| 格鲁吉亚 | 91.2 | 1 | 1 | 0.1 | 委内瑞拉 | 50.5 | 10 | 53 | 2.5 |
| 哈萨克斯坦 | 83.7 | 3 | 5 | 0.1 | 文莱 | 49.4 | 7 | 299 | 0.6 |
| 韩国 | 76.2 | 7 | 7 | 5.1 | 乌干达 | 55.4 | 10 | 42 | 2.6 |
| 吉布提 | 40.5 | 6 | 45 | 12.8 | 乌克兰 | 69.4 | 7 | 16 | 2.0 |
| 吉尔吉斯斯坦 | 83.7 | 3 | 5 | 0.1 | 乌兹别克斯坦 | 65.2 | 9 | 46 | 1.4 |
| 柬埔寨 | 54.9 | 7 | 56 | 4.4 | 匈牙利 | 80.2 | 4 | 17 | 5.0 |
| 津巴布韦 | 56.8 | 5 | 36 | 7.6 | 意大利 | 81.7 | 4 | 16 | 4.4 |
| 肯尼亚 | 53.4 | 9 | 61 | 6.1 | 印度 | 47.7 | 8 | 63 | 7.4 |
| 老挝 | 56.6 | 6 | 55 | 6.2 | 印度尼西亚 | 53.2 | 5 | 28 | 10.8 |
| 罗马尼亚 | 74.1 | 6 | 13 | 1.4 | 越南 | 70.6 | 5 | 58 | 0.6 |
| 马来西亚 | 76.3 | 8 | 13 | 3.3 | 赞比亚 | 40.2 | 6 | 45 | 15.0 |

数据来源：世界银行Ease of Doing Business Scores（https://www.doingbusiness.org/en/data/doing-business-score）

## 六、获得信贷

资金是经济发展的血液，能够便利地、低成本地获得金融机构的支持，满足企业发展的资金需求，是衡量一国营商环境的重要指标之一。通常，如果企业的

融资需求不能得到有效满足，则企业的发展会受到阻碍。融资成本过高，同样也不利于企业的发展。如表 3-6 所示，2016 年中国海外园区设立的 52 个东道国获得信贷平均分为 51 分，最高分为 90（墨西哥），最低分为 5（吉布提）。得分越高，意味着该国企业越容易获得信贷，企业的资金缺口越容易得到满足，越有利于企业的发展。从信用信息深度指标看，平均为 70，最高为 100（埃及、波兰、德国、格鲁吉亚、韩国、墨西哥、沙特阿拉伯、赞比亚），最低为 0（阿尔及利亚、埃塞俄比亚、吉布提、缅甸、塞拉利昂、苏丹、坦桑尼亚）。中国在信用信息深度高和信用信息深度低的国家都设有海外园区，反映出信用信息深度对中国海外园区建设的影响不大。从信用登记覆盖范围（在成人中覆盖的比例）看，平均为12%，最高为 96.3%（比利时），最低为 0%（有 28 个国家）。从信用机构覆盖看，平均为 35%，最高为 100%（德国、韩国、墨西哥、塞尔维亚、意大利），最低为0（有 15 个国家）。无论是从信用登记覆盖范围还是从信用机构覆盖范围看，中国在最高分和最低分国家均设有海外园区，说明东道国获得信贷对中国是否设立海外园区的影响不大。主要是因为在设立海外园区之初，相关资金主要来源于国内相关金融机构，并未依赖于东道国的信贷支持。但海外园区建设有一个较长的周期，长远来看，海外园区要获得可持续发展，还需要东道国金融机构的支持，尤其是在道路等基础设施建设方面。因此，中国海外园区要获得持久发展，还必须考虑东道国获得的信贷情况。

表3-6　2016年中国海外园区所在国获得信贷情况

| 国别 | 获得信贷得分 | 信用信息深度 | 信用登记覆盖范围(%) | 信用机构覆盖范围(%) | 国别 | 获得信贷得分 | 信用信息深度 | 信用登记覆盖范围(%) | 信用机构覆盖范围(%) |
|---|---|---|---|---|---|---|---|---|---|
| 阿尔及利亚 | 10 | 0 | 1.9 | 0 | 毛里求斯 | 65 | 87.5 | 82.6 | 0 |
| 阿联酋 | 45 | 87.5 | 7.7 | 38.4 | 毛里塔尼亚 | 20 | 25.0 | 6.1 | 0 |
| 阿曼 | 35 | 75.0 | 23.3 | 0 | 缅甸 | 10 | 0 | 0 | 0 |
| 埃及 | 50 | 100.0 | 6.6 | 20.9 | 莫桑比克 | 25 | 50.0 | 5.6 | 0 |
| 埃塞俄比亚 | 15 | 0 | 0.2 | 0 | 墨西哥 | 90 | 100.0 | 0 | 100.0 |
| 巴基斯坦 | 25 | 37.5 | 6.7 | 4.8 | 南非 | 60 | 87.5 | 0 | 62.0 |
| 巴西 | 45 | 87.5 | 55.1 | 79.0 | 尼日利亚 | 60 | 75.0 | 0.1 | 6.7 |
| 白俄罗斯 | 35 | 75.0 | 66.9 | 0 | 塞尔维亚 | 65 | 87.5 | 0 | 100.0 |

续表

| 国别 | 获得信贷得分 | 信用信息深度 | 信用登记覆盖范围(%) | 信用机构覆盖范围(%) | 国别 | 获得信贷得分 | 信用信息深度 | 信用登记覆盖范围(%) | 信用机构覆盖范围(%) |
|---|---|---|---|---|---|---|---|---|---|
| 比利时 | 45 | 62.5 | 96.3 | 0 | 塞拉利昂 | 25 | 0 | 1.2 | 0 |
| 波兰 | 75 | 100.0 | 0 | 91.0 | 沙特阿拉伯 | 45 | 100.0 | 0 | 47.4 |
| 德国 | 70 | 100.0 | 1.6 | 100.0 | 斯里兰卡 | 40 | 75.0 | 0 | 50.3 |
| 俄罗斯 | 70 | 87.5 | 0 | 70.2 | 苏丹 | 15 | 0 | 0 | 1.5 |
| 法国 | 50 | 75.0 | 45.1 | 0 | 塔吉克斯坦 | 40 | 87.5 | 0 | 15.9 |
| 斐济 | 50 | 62.5 | 0 | 82.4 | 泰国 | 45 | 75.0 | 0 | 60.2 |
| 芬兰 | 60 | 75.0 | 0 | 20.5 | 坦桑尼亚 | 25 | 0 | 0 | 5.0 |
| 格鲁吉亚 | 85 | 100.0 | 0 | 74.5 | 委内瑞拉 | 40 | 87.5 | 0 | 28.2 |
| 哈萨克斯坦 | 55 | 87.5 | 0 | 81.4 | 文莱 | 50 | 75.0 | 61.2 | 0 |
| 韩国 | 65 | 100.0 | 0 | 100.0 | 乌干达 | 60 | 87.5 | 0 | 5.3 |
| 吉布提 | 5 | 0 | 0.4 | 0 | 乌克兰 | 75 | 87.5 | 0 | 36.7 |
| 吉尔吉斯斯坦 | 55 | 87.5 | 0 | 81.4 | 乌兹别克斯坦 | 65 | 87.5 | 0 | 19.4 |
| 柬埔寨 | 75 | 62.5 | 0 | 37.0 | 匈牙利 | 70 | 62.5 | 0 | 88.6 |
| 津巴布韦 | 50 | 62.5 | 0 | 32.1 | 意大利 | 45 | 87.5 | 27.3 | 100.0 |
| 肯尼亚 | 70 | 87.5 | 0 | 14.3 | 印度 | 65 | 87.5 | 0 | 22.0 |
| 老挝 | 60 | 75.0 | 5.1 | 0 | 印度尼西亚 | 55 | 75.0 | 48.5 | 0 |
| 罗马尼亚 | 80 | 87.5 | 15.9 | 50.1 | 越南 | 70 | 87.5 | 41.5 | 6.9 |
| 马来西亚 | 70 | 87.5 | 57.0 | 77.1 | 赞比亚 | 75 | 100.0 | 0 | 8.9 |

数据来源：世界银行Ease of Doing Business Scores（https://www.doingbusiness.org/en/data/doing-business-score）

## 七、保护中小投资者

从数量看，中小投资者在一国投资者数量中占有主体地位，但中小投资者往往掌握信息有限，其投资利益容易被大投资者侵蚀。因此，对中小投资者给予充分保护，体现的是一国法律的平等精神。保护中小投资者也被世界银行作为衡量一国营商环境的优劣的重要指标之一。如表3-7所示，根据世界银行营商环境

评价指标，2016 年中国海外园区所在的 52 个东道国的保护中小投资者平均分为 53.69，最高分为 86（马来西亚），最低分为 10（埃塞俄比亚）。其中，得分超过中国（43.33 分）的有 39 个国家，中国在这些国家共设有 67 个海外园区。中国海外园区在非洲和亚洲等发展中国家的保护中小投资者得分较低，在欧洲等发达国家的保护中小投资者得分较高，但是否设立海外园区与这些国家对中小投资者的保护并未有显著的关系，可能是因为中国到东道国投资设立海外园区时并不需要在东道国进行融资。此外，这些海外园区在吸引企业入园时，更多是以制造业为主，尤其是在发展中国家的企业本身就是中小企业。由此可见，保护中小投资者对中国是否设立海外园区影响不大。

表3-7　2016年中国海外园区所在国保护中小投资者情况

| 国别 | 得分 | 国别 | 得分 | 国别 | 得分 | 国别 | 得分 |
|---|---|---|---|---|---|---|---|
| 阿尔及利亚 | 20 | 斐济 | 50 | 毛里求斯 | 70 | 泰国 | 78 |
| 阿联酋 | 72 | 芬兰 | 62 | 毛里塔尼亚 | 24 | 坦桑尼亚 | 50 |
| 阿曼 | 52 | 格鲁吉亚 | 68 | 缅甸 | 12 | 委内瑞拉 | 24 |
| 埃及 | 48 | 哈萨克斯坦 | 70 | 莫桑比克 | 32 | 文莱 | 34 |
| 埃塞俄比亚 | 10 | 韩国 | 74 | 墨西哥 | 62 | 乌干达 | 56 |
| 巴基斯坦 | 70 | 吉布提 | 14 | 南非 | 80 | 乌克兰 | 54 |
| 巴西 | 62 | 吉尔吉斯斯坦 | 70 | 尼日利亚 | 72 | 乌兹别克斯坦 | 54 |
| 白俄罗斯 | 54 | 柬埔寨 | 40 | 塞尔维亚 | 62 | 匈牙利 | 52 |
| 比利时 | 68 | 津巴布韦 | 54 | 塞拉利昂 | 40 | 意大利 | 66 |
| 波兰 | 66 | 肯尼亚 | 50 | 沙特阿拉伯 | 60 | 印度 | 76 |
| 德国 | 62 | 老挝 | 20 | 斯里兰卡 | 68 | 印度尼西亚 | 64 |
| 俄罗斯 | 56 | 罗马尼亚 | 62 | 苏丹 | 32 | 越南 | 46 |
| 法国 | 68 | 马来西亚 | 86 | 塔吉克斯坦 | 40 | 赞比亚 | 56 |

数据来源：世界银行Ease of Doing Business Scores（https://www.doingbusiness.org/en/data/doing-business-score）

## 八、税赋

税赋历来是反映一国营商环境的重要指标之一。税赋高意味着企业在该国投资需要承担的成本高，利润薄，投资的活跃度不高。税赋低则意味着企业在该国投资需要承担的成本低，利润高，投资的意愿和活跃度高，有利于经济增长。如

表 3-8 所示，中国海外园区所在的 52 个东道国，税赋平均分为 65.7，最高分为 99.4（阿联酋），最低分为 15.3（委内瑞拉），得分低于中国（64.46 分）的有 16 个国家。从税赋申报所需程序看，平均为 26 个，最少的是 3 个（沙特阿拉伯），最多的是 70 个（委内瑞拉），超过中国的有 37 个国家。从税赋申报所需时间看，平均为 295.5 小时，最高为 2600 小时（巴西），最低为 12 小时（阿联酋），超过中国的有 18 个国家。从税赋占利润的比例看，平均为 40%，最高为 81.8%（塔吉克斯坦），最低为 8%（文莱），超过中国的有 2 个国家（阿尔及利亚、塔吉克斯坦），说明中国对东道国税赋占利润比例较为敏感，更多会选择到税赋相对较低的国家和地区设立海外园区。

表3-8　2016年中国海外园区所在国税赋情况

| 国别 | 税赋得分 | 程序(个) | 时间（小时） | 税赋占利润(%) | 利得税(%) | 人头税(%) | 其他税(%) |
|---|---|---|---|---|---|---|---|
| 阿尔及利亚 | 46.0 | 27 | 385 | 73.2 | 6.5 | 31.1 | 35.6 |
| 阿联酋 | 99.4 | 4 | 12 | 15.9 | 0 | 14.1 | 1.8 |
| 阿曼 | 90.6 | 15 | 68 | 23.4 | 10.9 | 12.4 | 0 |
| 埃及 | 50.8 | 29 | 392 | 44.9 | 16.4 | 24.1 | 4.4 |
| 埃塞俄比亚 | 63.1 | 29 | 306 | 36.9 | 24.9 | 11.3 | 0.7 |
| 巴基斯坦 | 47.0 | 47 | 307 | 32.9 | 18.6 | 13.2 | 1.1 |
| 巴西 | 34.2 | 10 | 2600 | 65.6 | 22.5 | 39.8 | 3.3 |
| 白俄罗斯 | 71.5 | 7 | 176 | 51.9 | 11.0 | 39.0 | 1.9 |
| 比利时 | 77.2 | 11 | 136 | 58.4 | 8.4 | 49.4 | 0.6 |
| 波兰 | 79.1 | 7 | 269 | 40.3 | 14.5 | 24.8 | 1.0 |
| 德国 | 82.2 | 9 | 218 | 48.8 | 23.2 | 21.2 | 4.3 |
| 俄罗斯 | 79.3 | 9 | 168 | 47.0 | 8.9 | 35.6 | 2.5 |
| 法国 | 77.5 | 9 | 137 | 64.9 | -0.2 | 53.5 | 11.7 |
| 斐济 | 70.6 | 39 | 257 | 31.1 | 20.6 | 10.4 | 0.1 |
| 芬兰 | 90.3 | 8 | 93 | 37.9 | 11.8 | 24.8 | 1.3 |
| 格鲁吉亚 | 83.5 | 5 | 362 | 16.4 | 14.3 | 0 | 2.1 |
| 哈萨克斯坦 | 78.6 | 9 | 178 | 29.2 | 16.2 | 11.2 | 1.8 |
| 韩国 | 86.9 | 12 | 188 | 33.2 | 18.2 | 13.6 | 1.4 |
| 吉布提 | 62.8 | 35 | 76 | 37.6 | 17.7 | 17.7 | 2.2 |

续表

| 国别 | 税赋得分 | 程序(个) | 时间(小时) | 税赋占利润(%) | 利得税(%) | 人头税(%) | 其他税(%) |
|---|---|---|---|---|---|---|---|
| 吉尔吉斯斯坦 | 78.6 | 9 | 178 | 29.2 | 16.2 | 11.2 | 1.8 |
| 柬埔寨 | 61.3 | 40 | 173 | 21.0 | 19.5 | 0.5 | 1.0 |
| 津巴布韦 | 58.8 | 51 | 242 | 31.6 | 17.6 | 5.6 | 8.3 |
| 肯尼亚 | 64.4 | 41 | 214 | 37.1 | 29.8 | 1.9 | 5.4 |
| 老挝 | 54.2 | 35 | 362 | 25.3 | 16.0 | 5.6 | 3.7 |
| 罗马尼亚 | 79.6 | 14 | 161 | 42.0 | 10.9 | 30.0 | 1.0 |
| 马来西亚 | 73.5 | 13 | 118 | 40.0 | 22.7 | 16.4 | 1.0 |
| 毛里求斯 | 90.8 | 8 | 152 | 21.5 | 10.4 | 7.4 | 3.7 |
| 毛里塔尼亚 | 19.5 | 49 | 734 | 67.0 | 0 | 10.3 | 56.7 |
| 缅甸 | 63.6 | 31 | 274 | 33.1 | 26.9 | 0.2 | 6.0 |
| 莫桑比克 | 61.2 | 37 | 217 | 36.1 | 30.8 | 4.5 | 0.8 |
| 墨西哥 | 66.4 | 6 | 241 | 53.5 | 27.2 | 25.4 | 0.9 |
| 南非 | 81.2 | 7 | 198 | 28.8 | 21.7 | 4.0 | 3.1 |
| 尼日利亚 | 50.7 | 48 | 429 | 33.9 | 21.4 | 12.1 | 0.4 |
| 塞尔维亚 | 70.3 | 42 | 244 | 36.6 | 13.0 | 20.2 | 3.5 |
| 塞拉利昂 | 73.2 | 34 | 337 | 30.7 | 18.5 | 11.3 | 1.0 |
| 沙特阿拉伯 | 74.7 | 3 | 57 | 15.0 | 2.2 | 12.8 | 0 |
| 斯里兰卡 | 53.5 | 47 | 173 | 55.2 | 1.1 | 16.9 | 37.1 |
| 苏丹 | 51.8 | 42 | 180 | 45.4 | 11.5 | 19.2 | 14.7 |
| 塔吉克斯坦 | 42.7 | 28 | 276 | 81.8 | 17.7 | 28.5 | 35.6 |
| 泰国 | 69.6 | 21 | 264 | 26.8 | 19.6 | 5.4 | 1.9 |
| 坦桑尼亚 | 56.4 | 49 | 183 | 43.9 | 20.8 | 16.9 | 6.2 |
| 委内瑞拉 | 15.3 | 70 | 792 | 64.7 | 9.5 | 18.0 | 37.1 |
| 文莱 | 66.8 | 19 | 89 | 8.0 | 0.1 | 7.9 | 0 |
| 乌干达 | 72.6 | 31 | 209 | 33.5 | 22.1 | 11.3 | 0.1 |
| 乌克兰 | 74.7 | 5 | 346 | 52.2 | 9.0 | 43.1 | 0.1 |
| 乌兹别克斯坦 | 52.9 | 58 | 202 | 41.1 | 11.4 | 28.2 | 1.5 |
| 匈牙利 | 70.8 | 11 | 277 | 48.2 | 11.8 | 34.3 | 2.1 |
| 意大利 | 60.3 | 14 | 269 | 64.8 | 19.5 | 43.4 | 1.9 |
| 印度 | 41.5 | 41 | 253 | 55.5 | 23.4 | 20.8 | 11.3 |

续表

| 国别 | 税赋得分 | 程序(个) | 时间（小时） | 税赋占利润(%) | 利得税(%) | 人头税(%) | 其他税(%) |
|---|---|---|---|---|---|---|---|
| 印度尼西亚 | 67.5 | 42 | 234 | 29.7 | 20.2 | 9.2 | 0.4 |
| 越南 | 47.0 | 43 | 770 | 39.4 | 14.4 | 24.8 | 0.2 |
| 赞比亚 | 80.8 | 26 | 191 | 18.6 | 2.0 | 10.4 | 6.2 |

数据来源：世界银行Ease of Doing Business Scores（https://www.doingbusiness.org/en/data/doing-business-score）

从利得税占利润的比例看，平均为15.1%，最高为30.8%（莫桑比克），最低为-0.2%（法国），超过中国的有37个国家，说明中国对利得税的敏感度并不是很高。从人头税占利润的比例看，平均为18.6%，最高为53.5%（法国），最低为0（格鲁吉亚），超过中国[①]的有2个国家。从其他税占利润的比例看，平均为6.4%，最高为56.7%（毛里塔尼亚），最低为0（阿曼、沙特阿拉伯、文莱），超过中国的有8个国家，说明中国海外园区所在国的其他税率普遍低于国内。总体上看，中国海外园区所在国的税率普遍低于中国，说明低税赋是影响中国海外园区区位选择的重要因素。

## 九、贸易便利化

贸易便利化是衡量国家开放程度的重要指标，贸易便利化程度越高，对外开放程度越高，意味着营商环境越好。根据世界银行关于营商环境的评估，如表3-9所示，2016年中国海外园区所在的52个东道国贸易便利化平均分为67.1，最高分为100（比利时、波兰、法国、罗马尼亚、匈牙利、意大利），最低分为7.9（委内瑞拉），得分超过中国（69.13分）的有15个国家。从出口跟单合规成本看，平均为138.3美元，最高为427.5美元（苏丹），最低为0美元（比利时、波兰、法国、格鲁吉亚、罗马尼亚、匈牙利、意大利），超过中国的有34个国家。从进口跟单合规成本看，平均为176.3美元，最高为750美元（埃塞俄比亚），最低

---

① 根据世界银行营商环境数据，2016年中国人头税占利润的比例为48.5%。

为 0 美元（白俄罗斯、比利时、波兰、德国、法国、芬兰、哈萨克斯坦、吉尔吉斯斯坦、罗马尼亚、匈牙利、意大利），超过中国的有 25 个国家。从出口边境合规成本看，平均为 378.7 美元，最高为 1257 美元（南非），最低为 0 美元（比利时、波兰、法国、罗马尼亚、匈牙利、意大利），超过中国的有 14 个国家。从进口边境合规成本看，平均为 401.4 美元，最高为 1500 美元（委内瑞拉），最低为 0 美元（比利时、波兰、法国、罗马尼亚、匈牙利、意大利），超过中国的有 8 个国家。

总体上看，中国海外园区所在国的贸易便利化得分较为分散，说明贸易便利化对中国海外园区设立的影响并不大。其中，中国海外园区所在国的进口跟单合规成本、进口边境合规成本大多超过出口跟单合规成本和出口边境合规成本，这说明中国海外园区所在国更大程度上是鼓励出口，这有利于中国海外园区企业发挥东道国资源和区位优势生产加工产品并展开出口贸易。而且，有些国家（多为欧洲发达国家）的出口跟单合规成本和出口边境合规成本为 0，说明这些国家贸易便利化程度较高，往往具有较为便利的区位优势，中国海外园区可利用这些国家的区位优势，积极参与全球价值链分工。而贸易便利化程度低于中国的往往是非洲国家，中国海外园区投资于这些国家可能更多看重的是这些国家的资源。

表3-9　2016年中国海外园区所在国贸易便利化情况

| 国别 | 贸易便利化得分 | 出口跟单合规成本（美元） | 进口跟单合规成本（美元） | 出口边境合规成本（美元） | 进口边境合规成本（美元） |
|---|---|---|---|---|---|
| 阿尔及利亚 | 27.7 | 374.44 | 399.78 | 592.89 | 408.78 |
| 阿联酋 | 72.7 | 140.00 | 283.33 | 461.67 | 677.78 |
| 阿曼 | 77.3 | 107.14 | 124.00 | 241.14 | 353.57 |
| 埃及 | 51.0 | 100.00 | 650.00 | 258.00 | 553.67 |
| 埃塞俄比亚 | 52.0 | 175.00 | 750.00 | 171.50 | 120.00 |
| 巴基斯坦 | 62.8 | 168.14 | 180.71 | 308.43 | 307.57 |
| 巴西 | 57.4 | 226.39 | 106.94 | 861.96 | 821.74 |
| 白俄罗斯 | 96.0 | 60.00 | 0 | 107.69 | 0 |
| 比利时 | 100.0 | 0 | 0 | 0 | 0 |
| 波兰 | 100.0 | 0 | 0 | 0 | 0 |
| 德国 | 91.8 | 45.00 | 0 | 345.00 | 0 |
| 俄罗斯 | 69.4 | 92.00 | 152.50 | 680.00 | 550.00 |

续表

| 国别 | 贸易便利化得分 | 出口跟单合规成本（美元） | 进口跟单合规成本（美元） | 出口边境合规成本（美元） | 进口边境合规成本（美元） |
|---|---|---|---|---|---|
| 法国 | 100.0 | 0 | 0 | 0 | 0 |
| 斐济 | 77.6 | 76.00 | 57.50 | 316.67 | 319.83 |
| 芬兰 | 92.4 | 70.00 | 0 | 212.50 | 0 |
| 格鲁吉亚 | 85.5 | 0 | 189.00 | 112.00 | 396.43 |
| 哈萨克斯坦 | 64.1 | 310.00 | 0 | 493.50 | 0 |
| 韩国 | 92.5 | 11.10 | 26.75 | 184.72 | 314.64 |
| 吉布提 | 59.4 | 95.00 | 100.00 | 605.29 | 1055.00 |
| 吉尔吉斯斯坦 | 64.1 | 310.00 | 0 | 493.50 | 0 |
| 柬埔寨 | 67.3 | 100.00 | 120.00 | 375.00 | 240.00 |
| 津巴布韦 | 65.5 | 170.00 | 150.00 | 285.00 | 211.67 |
| 肯尼亚 | 65.8 | 190.50 | 115.00 | 142.50 | 832.50 |
| 老挝 | 77.7 | 235.00 | 115.00 | 140.00 | 223.50 |
| 罗马尼亚 | 100.0 | 0 | 0 | 0 | 0 |
| 马来西亚 | 83.7 | 35.00 | 60.00 | 274.00 | 274.00 |
| 毛里求斯 | 78.7 | 128.13 | 165.63 | 302.63 | 372.13 |
| 毛里塔尼亚 | 57.8 | 92.00 | 400.00 | 749.00 | 582.00 |
| 缅甸 | 55.1 | 140.00 | 115.00 | 431.67 | 366.67 |
| 莫桑比克 | 69.7 | 160.00 | 60.00 | 601.67 | 399.00 |
| 墨西哥 | 82.1 | 60.00 | 100.00 | 400.00 | 450.00 |
| 南非 | 59.7 | 55.00 | 73.00 | 1257.00 | 667.50 |
| 尼日利亚 | 19.9 | 250.00 | 564.29 | 785.71 | 1076.79 |
| 塞尔维亚 | 96.6 | 35.00 | 35.00 | 47.25 | 52.00 |
| 塞拉利昂 | 43.8 | 227.14 | 387.14 | 551.86 | 821.00 |
| 沙特阿拉伯 | 48.5 | 105.00 | 390.38 | 363.00 | 778.85 |
| 斯里兰卡 | 70.7 | 57.58 | 282.78 | 366.11 | 299.67 |
| 苏丹 | 19.0 | 427.50 | 420.00 | 966.5 | 1092.50 |
| 塔吉克斯坦 | 57.0 | 330.00 | 260.00 | 313.33 | 223.33 |
| 泰国 | 84.1 | 96.86 | 43.45 | 222.56 | 232.55 |
| 坦桑尼亚 | 20.2 | 275.00 | 375.00 | 1175.00 | 1350.00 |
| 委内瑞拉 | 7.9 | 375.00 | 400.00 | 1250.00 | 1500.00 |

续表

| 国别 | 贸易便利化得分 | 出口跟单合规成本（美元） | 进口跟单合规成本（美元） | 出口边境合规成本（美元） | 进口边境合规成本（美元） |
|---|---|---|---|---|---|
| 文莱 | 56.9 | 90.00 | 50.00 | 340.00 | 395.00 |
| 乌干达 | 59.1 | 101.88 | 295.63 | 209.38 | 446.69 |
| 乌克兰 | 73.0 | 192.00 | 212.00 | 75.00 | 100.00 |
| 乌兹别克斯坦 | 44.3 | 292.00 | 292 | 277.89 | 277.89 |
| 匈牙利 | 100.0 | 0 | 0 | 0 | 0 |
| 意大利 | 100.0 | 0 | 0 | 0 | 0 |
| 印度 | 56.5 | 101.68 | 144.71 | 413.10 | 574.04 |
| 印度尼西亚 | 62.8 | 170.00 | 164.40 | 253.74 | 382.59 |
| 越南 | 65.6 | 139.23 | 182.50 | 309.13 | 392.08 |
| 赞比亚 | 47.0 | 200.00 | 175.00 | 370.00 | 380.00 |

数据来源：世界银行Ease of Doing Business Scores（https://www.doingbusiness.org/en/data/doing-business-score）

## 十、执行合同

执行合同情况反映的是解决合同纠纷效率的问题，一旦发生合同纠纷，执行合同解决的效率高低直接影响企业的经营预期。根据世界银行发布的各国营商环境指数，如表3-10所示，2016年中国海外园区所在的52个东道国的执行合同平均分为57.95，最高分为84.1（韩国），最低分为24.5（缅甸）。2016年中国执行合同得分为78.1，52个东道国中仅韩国得分超过中国，说明中国海外园区的区位选择对东道国的执行合同情况并不在意。执行合同所需时间平均为587.2天，最长为1445天（印度），最短为225天（乌兹别克斯坦），超过中国的有28个国家。执行合同时间越长，交易成本越低，企业越不愿意投资。从执行合同成本占诉讼费用比例看，平均为30.6%，最高为103.4%（柬埔寨），最低为12.7%（韩国），超过中国的有45个国家，说明中国海外园区对东道国的执行合同成本占诉讼费用的高低并不敏感。从司法程序质量来看，2016年中国的司法程序质量指数为15，而中国海外园区所在东道国司法程序质量指数平均为8.28，最高为14.5（韩国），最低为 3.0（吉布提、缅甸），所有东道国司法程序质量指数均低于中国，说明中国海外园区设立对东道国司法程序质量完全不敏感。

表3-10　2016年中国海外园区所在国执行合同情况

| 国别 | 执行合同得分 | 时间（天） | 执行合同成本占诉讼费用（%） | 司法程序质量指数 |
|---|---|---|---|---|
| 阿尔及利亚 | 54.8 | 630 | 21.8 | 5.5 |
| 阿联酋 | 74.7 | 495 | 20.4 | 14.0 |
| 阿曼 | 60.0 | 598 | 15.1 | 6.5 |
| 埃及 | 40.0 | 1010 | 26.2 | 4.0 |
| 埃塞俄比亚 | 60.0 | 530 | 15.2 | 5.5 |
| 巴基斯坦 | 43.5 | 1071 | 20.5 | 5.7 |
| 巴西 | 62.7 | 801 | 20.7 | 12.1 |
| 白俄罗斯 | 67.6 | 275 | 23.4 | 7.5 |
| 比利时 | 64.3 | 505 | 18.0 | 8.0 |
| 波兰 | 63.4 | 685 | 19.4 | 10.5 |
| 德国 | 70.9 | 479 | 14.4 | 10.5 |
| 俄罗斯 | 73.0 | 307 | 16.5 | 9.5 |
| 法国 | 73.5 | 447 | 17.4 | 12.0 |
| 斐济 | 57.1 | 397 | 42.6 | 7.5 |
| 芬兰 | 66.4 | 485 | 16.2 | 8.5 |
| 格鲁吉亚 | 74.1 | 285 | 25.0 | 11.5 |
| 哈萨克斯坦 | 75.7 | 370 | 22.0 | 13.0 |
| 韩国 | 84.1 | 290 | 12.7 | 14.5 |
| 吉布提 | 43.8 | 695 | 34.0 | 3.0 |
| 吉尔吉斯斯坦 | 75.7 | 370 | 22.0 | 13.0 |
| 柬埔寨 | 31.7 | 483 | 103.4 | 4.5 |
| 津巴布韦 | 38.7 | 410 | 83.1 | 6.0 |
| 肯尼亚 | 58.3 | 465 | 41.8 | 9.0 |
| 老挝 | 42.0 | 828 | 31.6 | 3.5 |
| 罗马尼亚 | 72.2 | 512 | 25.8 | 14.0 |
| 马来西亚 | 68.2 | 425 | 37.9 | 13.0 |

续表

| 国别 | 执行合同得分 | 时间(天) | 执行合同成本占诉讼费用(%) | 司法程序质量指数 |
|---|---|---|---|---|
| 毛里求斯 | 69.6 | 519 | 25.0 | 12.5 |
| 毛里塔尼亚 | 58.6 | 370 | 23.2 | 4.0 |
| 缅甸 | 24.5 | 1160 | 51.5 | 3.0 |
| 莫桑比克 | 39.8 | 950 | 53.3 | 8.5 |
| 墨西哥 | 65.7 | 389 | 33.0 | 10.1 |
| 南非 | 54.1 | 600 | 33.2 | 7.0 |
| 尼日利亚 | 57.2 | 454 | 38.9 | 7.7 |
| 塞尔维亚 | 64.0 | 635 | 34.0 | 13.0 |
| 塞拉利昂 | 55.9 | 515 | 39.5 | 8.0 |
| 沙特阿拉伯 | 56.9 | 575 | 27.5 | 7.0 |
| 斯里兰卡 | 39.3 | 1318 | 22.8 | 7.5 |
| 苏丹 | 46.9 | 810 | 19.8 | 3.5 |
| 塔吉克斯坦 | 60.7 | 430 | 25.5 | 6.5 |
| 泰国 | 65.5 | 440 | 16.9 | 7.5 |
| 坦桑尼亚 | 61.7 | 515 | 14.3 | 6.0 |
| 委内瑞拉 | 46.9 | 720 | 43.7 | 7.0 |
| 文莱 | 53.5 | 540 | 36.6 | 6.5 |
| 乌干达 | 60.6 | 490 | 31.3 | 8.5 |
| 乌克兰 | 57.1 | 378 | 46.3 | 8.0 |
| 乌兹别克斯坦 | 68.2 | 225 | 20.5 | 6.5 |
| 匈牙利 | 67.3 | 605 | 15.0 | 10.5 |
| 意大利 | 54.6 | 1120 | 23.6 | 13.0 |
| 印度 | 36.6 | 1445 | 31.0 | 8.0 |
| 印度尼西亚 | 42.6 | 471 | 70.3 | 6.4 |
| 越南 | 59.3 | 400 | 29.0 | 6.0 |
| 赞比亚 | 49.9 | 611 | 38.7 | 6.0 |

数据来源:世界银行Ease of Doing Business Scores（https://www.doingbusiness.org/en/data/doing-business-score）

总体上看,中国海外园区在进行区位选择时对执行合同并不敏感,因为无论是在总体的合同执行情况,还是在具体的时间、程序、成本等方面,海外园区所在东道国的执行合同衡量的营商环境均弱于中国。

## 十一、解决破产

解决破产是在企业退出市场时进行资产清算，保护投资者利益，维护市场秩序的重要环节，因此也被世界银行作为营商环境衡量的重要指标之一。从世界银行发布的各国营商环境指数来看，如表3-11所示，2016年中国海外园区所在的52个东道国解决破产的平均分为47.2，最高分为93.8（芬兰），最低分为0（老挝、毛里塔尼亚、沙特阿拉伯），得分低于中国的有35个国家。

总体上看，中国海外园区区位选择对东道国解决破产的营商环境并不敏感，这是因为中国海外园区主要发挥平台作用，以吸引企业入园形成产业集聚为主，而解决破产更多涉及企业的经营，时间较长，因此解决破产并非园区建设的关注点。

表3-11　2016年中国海外园区所在国解决破产情况

| 国别 | 解决破产综合得分 | 国别 | 解决破产综合得分 | 国别 | 解决破产综合得分 | 国别 | 解决破产综合得分 |
|---|---|---|---|---|---|---|---|
| 阿尔及利亚 | 49.2 | 斐济 | 43.8 | 毛里求斯 | 69.1 | 泰国 | 72.3 |
| 阿联酋 | 40.6 | 芬兰 | 93.8 | 毛里塔尼亚 | 0 | 坦桑尼亚 | 39.4 |
| 阿曼 | 44.1 | 格鲁吉亚 | 40.2 | 缅甸 | 20.4 | 委内瑞拉 | 19.0 |
| 埃及 | 39.5 | 哈萨克斯坦 | 59.0 | 莫桑比克 | 49.6 | 文莱 | 37.9 |
| 埃塞俄比亚 | 31.6 | 韩国 | 82.5 | 墨西哥 | 73.0 | 乌干达 | 42.9 |
| 巴基斯坦 | 43.9 | 吉布提 | 48.7 | 南非 | 54.9 | 乌克兰 | 31.6 |
| 巴西 | 52.7 | 吉尔吉斯斯坦 | 59.0 | 尼日利亚 | 30.7 | 乌兹别克斯坦 | 47.2 |
| 白俄罗斯 | 41.9 | 柬埔寨 | 47.8 | 塞尔维亚 | 58.5 | 匈牙利 | 53.7 |
| 比利时 | 84.0 | 津巴布韦 | 24.3 | 塞拉利昂 | 24.6 | 意大利 | 76.1 |
| 波兰 | 70.4 | 肯尼亚 | 30.6 | 沙特阿拉伯 | 0 | 印度 | 32.6 |
| 德国 | 91.9 | 老挝 | 0 | 斯里兰卡 | 46.4 | 印度尼西亚 | 67.4 |
| 俄罗斯 | 58.4 | 罗马尼亚 | 58.2 | 苏丹 | 26.4 | 越南 | 37.4 |
| 法国 | 76.1 | 马来西亚 | 62.5 | 塔吉克斯坦 | 29.2 | 赞比亚 | 40.1 |

数据来源：世界银行Ease of Doing Business Scores（https://www.doingbusiness.org/en/data/doing-business-score）

从中国海外园区建设营商环境各项细分指标看，中国海外园区建设主要受东道国税赋的影响，而受其他营商环境指标的影响不大。一方面，中国海外园区建设更多借鉴了中国工业园区建设模式，在开办企业、办理建设许可证、获得电力、产权登记、获得信贷、保护中小投资者、贸易便利化、执行合同、解决破产等方面能够发挥制度优势予以弥补。另一方面，在与东道国政府打交道的过程中，办理程序的多少、时间的长短、保护力度的强弱等对园区影响不大，并且中国海外园区在"走出去"过程中，得到两国政府的支持，能够通过政府间的协调予以特事特办，尤其是到经济发展水平较低、营商环境较差的国家设立海外园区，中国省级政府往往与东道国相关政府建立了一定的政治互信，对涉及电力、交通、土地等审批往往优先办理，并不受东道国惯常营商环境的影响。但在税赋方面，尤其是在营商环境较差的东道国，经济发展水平普遍不高，政府对税收往往较为看重，税收优惠的空间较为有限，因此税赋得分低，意味着企业开办的成本较高，利润较低。如此，既增加海外园区设立的成本，又意味着入园企业开办的成本也较高。

## 十二、中国海外园区东道国环境评价

### （一）投资环境评价

在自然环境方面，东南亚地区相较中亚、中非地区，气候宜人宜居，盛产热带作物。而中亚、非洲的矿藏较多，且有着大量的石油储量。中国企业在对外寻址投资时，应结合自身需要与不同地区的区位优势进行选择。

在社会人文环境方面，不同的国家有着不同的民族、宗教、语言，社会文化习俗各不相同。东盟地区以佛教、伊斯兰教、天主教为主，中亚地区以伊斯兰教、基督教为主，非洲除伊斯兰教、基督教外，还有许多原始宗教，各国的风俗习惯大都与当地的宗教有关。

在政治环境方面，东盟国家政治体制有人民民主共和制度、社会主义共和国制度、总统议会制、总统内阁制、议会共和制、君主立宪制等，中亚国家政治体制主要有总统制、议会制，非洲国家政治体制主要有总统制、联邦制。在总统制国家中，大多实行"三权分立"。除了越南和老挝，上述国家都实行多党派制度，每个国家党派各异。东盟国家中，新加坡政治环境最好。中亚和非洲国家政治环境普遍落后。

在经济环境方面，东南亚、中亚和非洲的国家中，除个别经济体外，都处于不发达状态，经济环境低于国际平均水平，但是资源丰富，劳动力充裕，经济发展潜力大，近年来（截至 2019 年底）经济增长率较高。在东盟国家中，新加坡、马来西亚经济环境较好，处于国际前列，全球竞争力也强。但是东盟内部的经济环境存在着较大的差距，柬埔寨、老挝、缅甸经济环境远落后于新加坡、马来西亚，处在东盟末端。中亚国家中，哈萨克斯坦经济环境较好，全球竞争力较强，而塔吉克斯坦处于中下游水平。非洲国家的经济水平整体落后于东盟国家，但是一些国家（如赞比亚）近年来在不断改善国内的经济环境，提高整体经济水平。

### （二）投资风险防范

面对各国各地区不同的环境，中国企业在"走出去"建设海外园区的同时，需要结合自身情况，对当地的社会人文风险、政治风险、经济风险进行识别和防范，以减少不必要的损失，谋求更加稳定、长远的发展。

#### 1. 社会人文风险防范

"一带一路"沿线国家风土人情各异，中国企业在进行投资前，应当详细了解各国的宗教、语言、文化、习俗、社交礼仪与诸多禁忌等，尽可能地了解投资会遇到的文化风险。企业还应该加强公司员工的语言培训和跨文化交流，促进中国员工与东道国员工的文化交流，加强对彼此文化的认知与了解，避免出现因文化差异带来的问题。

企业在东道国经营时，需要积极与当地居民联系，深入了解当地居民，培养相互的信任感，以减小文化冲突带来的风险。另外，企业应该以合理的方式在当地提高知名度，如通过投放广告、聘请当地代言人等增加企业在当地的知名度和好感度，与媒体打好交道，树立一个良好的形象，从而进一步增加当地居民对企业的信任，更有助于防范文化风险。

#### 2. 政治风险防范

投资前，企业应对东道国的政治局势、外交关系、对外政策以及潜藏的政治

风险进行评判和预估，找到合适的投资方向与政策机遇，对目前东道国是否存在动乱、腐败、罢工、恐怖主义等要有一个大致的把握。进入东道国前也要加强对当地法律和相关条例的学习。为避免或减少损失，还可以向中国的保险公司如中国出口信用保险公司投保。企业要随时关注东道国的政治情况，以提前做好应对措施。

投资时，企业应加强与当地中国商会的联系，以获得投资经验，帮助自身熟悉东道国的环境。企业在投资方式上，也可选择与当地企业进行股权合资以降低政治风险。企业应与地方政府和工会保持联系，处理好相互的关系。企业在投资的过程中还要承担相应的责任，尽可能地招聘一些当地的员工，做一些公益活动，有效降低当地居民对中资企业的过激看法和行为的可能性，从侧面降低政治风险。

如果投资遭遇风险，企业要利用好前期的保险，减少自身的损失。另外，可以借助当地的相关法律，或是借助两国之间签署的相关协定，使企业能够安全运转，维护自身合法权益，必要时应及时与当地大使馆取得联系，寻求帮助。

### 3. 经济风险防范

企业在投资前应对东道国的市场进行前期调查，全面掌握东道国的经济环境与经济动态，结合当地的政策、资源、法规等，考虑到潜在的竞争对手、当地的比较优势与区位优势，选择合适的投资行业和投资方式，尽可能地占领有发展潜力和具有一定规模的市场。要做足市场调研，避免盲目投资。投资时需选择适合的货币形式、适合的结算方式进行国际结算，避免因汇率波动造成经济损失，保证利益最大化。随着中国经济的发展，人民币已被越来越多的国家接受，可以尽量使用人民币结算。

"一带一路"沿线国家大都处于发展中状态，经济政策不够稳定，变动较大，在国（境）外投资时，企业应不断进行科学的分析和研究，及时调整企业的战略与决策。此外，应积极与其他中资企业交流合作，建立互动交流机制，互相分享经验，如进驻海外园区，不同的中资企业可以"抱团取暖"方式应对复杂的国外经济环境，共同抵御突发情况和经济风险。

# 第四章

## 中国海外园区建设的影响：东道国视角

中国海外园区建设成为中国企业"走出去"的重要平台，成为推动中国与东道国经贸合作的重要载体，成为推动东道国经济增长的主要力量。据统计，截至2019年11月底，仅纳入商务部统计的海外园区累计投资超过410亿美元，入园企业达到5400多家，在东道国上缴税费达到43亿美元，创造就业约37万个。[①] 当前，关于中国海外园区建设的研究多聚焦于海外园区建设本身，集中于如何降低海外园区建设风险（周蕾、白伟，2018）、海外园区建设模式（梁育填等，2021）、实践逻辑（姬超、李芝兰，2019）、面临问题与存在困难（刘英奎、敦志刚，2017）等。事实上，由于海外园区是多方参与建设的结果，在关注海外园区建设能否实现高质量可持续发展的同时，还要关注其他参与主体的利益关切。随着"一带一路"建设的深入推进，中国海外园区快速发展，数量快速增加，规模不断扩大，成为中国参与"一带一路"建设的重要载体，成为共商共建共享的样板。东道国作为海外园区建设的重要参与主体，中国海外园区建设的影响理应将其纳入其中。

中国海外园区究竟对东道国带来了怎样的经济效应？具体是通过什么样的机制产生影响的？影响效应体现在哪些方面？不同类型、不同规模以及在不同国家和地区的海外园区产生的影响是否一样？这些都是值得关注的问题。目前，关于海外园区建设多是基于定量的案例研究，即以某一海外园区或中国在某一国的海外园区为案例对象展开研究，如施一峰、王兴平（2019）对中国在白俄罗斯的海外园区进行分析，孟广文等人（2017）对中国在赞比亚的海外园区展开了研究，陈艳华等人（2019）对中国在老挝的海外园区进行研究，陈伟（2019）以柬埔寨西哈努克港经济特区为例进行分析。

以特定国家和园区为对象进行定量分析，一方面，能够较为深入地发现中国在该国海外园区建设中存在的问题，以点带面，管中窥豹，进而在一定程度上把握中国海外园区对东道国经济的影响。另一方面，由于每个海外园区都具有自身的特殊性，定性研究往往无法做到全面把握海外园区建设对东道国的整体影响。为此，本书在搜集整理中国历年海外园区建设数据和典型案例的基础上，采用定

---

① 严兵、谢心荻、张禹：《境外经贸合作区贸易效应评估——基于东道国视角》，《中国工业经济》2021年第7期。

性与定量相结合的方式分析海外园区建设对东道国经济的影响，试图弥补现有文献关于海外园区建设的东道国影响效应关注的不足。

在大力构建新发展格局这一背景下，中国正发生着数字技术广泛应用、产业升级换代、环境规制日趋严格、对外贸易方式亟须转型等一系列巨变，企业面临着劳动力成本、土地成本以及环境成本等成本上涨的局面，我国企业对"走出去"的呼声愈来愈高。《国务院办公厅关于推进对外贸易创新发展的实施意见》明确指出，要推进中小企业"抱团出海"行动。政府对实施"走出去"战略进行总体规划和多方位宏观政策指导，着力打造良好的国际环境，为企业降低外部风险提供保障，也为推动企业"走出去"提供物质基础。与此同时，合作区建设所在东道国多为欠发达国家，正迎来"人口红利"期，就业供给量较大，不仅凭借丰富的自然资源、地理位置以及产业发展等优势条件吸引着我国企业去投资，而且想借鉴中国在境外经贸合作区建设方面的经验，积极推进与中国共建经贸合作区，以促进当地经济发展。在国内推力和国外拉力的共同作用下，中国境外合作区从无到如今的蓬勃发展。据商务部统计，截至2021年6月底，境外经贸合作区累计投资470亿美元，向东道国缴纳税费约60亿美元，为当地创造38万个就业岗位。

境外经贸合作区越来越成为带动全球投资的重要载体，对全球经济的循环也越来越重要。大量的经贸合作区使得世界各国的资本、劳动力、技术等生产要素以及各类商品有了更广泛的交汇联通机制，成为国际经济循环的重要平台。中国企业积极"走出去"，中国境外经贸合作区主要布局在发展中国家，特别是"一带一路"沿线国家。"一带一路"沿线国家人口规模超44亿，如何"促就业、稳民生"一直是东道国政府最为关心的重点问题。吸引更多经贸合作区在本国建设，是有效缓解东道国就业难题的途径之一。虽受新冠肺炎疫情的冲击，但截至2020年底，我国境外经贸合作区累计投资3094亿元，为当地创造了约37万个就业岗位。同时，我国投资企业考虑到东道国劳动力因素的投入，在对劳动力入职、培训及晋升等各方面的考量需深入了解目前不同就业群体、产业分布及国家等具体情况，才能充分利用当地劳动要素，优化生产结构，实现高质量发展。因此，中国境外经贸合作区建设如何影响东道国就业成为值得关注的现实问题。基于东道国视角的就业效应分析不仅能反映境外经贸合作区建设情况，还能更准确地反映其对东道国就业的影响，从而为分析境外经贸合作区对国家就业的影响提供一种新视角。

境外建设经贸合作区作为中国对外直接投资的重要方式之一，目前研究主要是基于境外经贸合作区的高质量发展角度出发分析园区建设成效及利弊，主要有以下三个角度：

一是境外经贸合作区的营商环境角度。经贸合作区有助于企业在国（境）外市场抱团经营，延伸产业价值链，能够弱化东道国制度环境对中国企业绩效的负面影响[①]，调节我国对"一带一路"沿线制度环境较差国家的偏好[②]。后疫情时代不确定风险加剧，经贸合作区面临各方面困境。在大环境下，地缘政治、经济效益、社会效益等传统挑战和国际政策环境不确定性增加引起投资竞争激化、传统竞争优势变化和影响可持续发展等新挑战[③]，加之民营企业投资面临着融资障碍、规划模糊、政策适配性不足、人力资源短缺等问题。即便如此，中国境外经贸合作区仍逆风前行且成效显著，进一步促进"中国方案"走向世界。具体而言，经贸合作区建设和投资效率受东道国营商环境影响。[④]

二是境外经贸合作区的经济效应角度。一方面，增加对东道国的直接投资，替代了一部分中国的出口贸易（李嘉楠等，2016），显著扩大了东道国进出口贸易规模，特别是贸易效应在人均 GDP 较低、具有资源禀赋比较优势及"一带一路"沿线国家更为显著（严兵等，2021）；另一方面，从合作区不同发展阶段出发，刘晨和葛顺奇（2019）发现非洲境外经贸合作区不同成长阶段对东道国的经济影响存在差异，李金叶和李春莹（2020）发现合作区的经济效益在建立后的第 5 ～ 12 年间更为显著，并且发现合作区可能通过创新、产业、信用三方面集聚促进东道国经济发展。

三是具体案例角度。多数学者从大环境背景下切入分析具体海外园区建设的

---

① 张宁宁、张宏：《"一带一路"东道国制度环境与中国企业对外直接绩效研究》，《商业经济与管理》2020年第12期。

② 姚沣格：《制度距离及境外产业园区的建立对对外直接投资的影响——以"一带一路"沿线国家为例》，《投资与合作》2021年第2期。

③ 詹晓宁、李婧：《全球境外工业园区模式及中国新一代境外园区发展战略》，《国际经济评论》2021年第1期。

④ 郭树华、郑宇轩、郑媛：《境外经贸合作区直接投资效率估算及影响因素研究》，《云南社会科学》2020年第6期。

成效及利弊。孟广文等人（2019）介绍越南经济状况，并对园区产业进行整体分析及对越南龙江工业园进行研究。陈伟等人（2020）具体分析东道国制度环境，对柬埔寨西哈努克港经济特区进行了研究。范平平和陈明（2020）回归到园区的基本情况、存在的问题及持续发展方案等方面对中埃·泰达苏伊士经贸合作区进行了研究。境外经贸合作区模式的日益多样化和因地制宜的园区发展模式同样备受关注。如基于"EM-EM"情境探究园区内领军企业在内部、伙伴间和外部之间的合法性，从园区的发展模式和发展效率对泰中罗勇工业园进行了研究。[1]梁育填等人（2021）以中国·印尼经济贸易合作区"园中园"模式为分析框架，从构建多主体间合作网络、制度环境、园区环境三个维度进行研究。还有部分学者综合研究多个园区，如张菲（2013）对园区功能模式进行分类研究，通过介绍中非经贸合作区建设模式，进一步分析可持续发展问题，以6个中非经贸合作区展开，指出不同合作区的发展类型。[2]

通过对既有文献的梳理，发现大多数研究从中国境外经贸合作区建设现状和营商环境等进行分析，虽有些文献从经济效应上提到境外经贸合作区建设提升推动东道国的就业，但主要研究对象是园区整体状况或贸易效应角度，没有深入剖析中国境外经贸合作区的就业效应，更鲜有基于东道国视角具体分析其对就业的内在影响机制。因此，应拓展对就业的研究方向，且应转变研究视角考虑对东道国的影响，同时多角度评价其影响，才能够实现对就业的全景式认识。随着"一带一路"倡议的推行，中国逐渐成为全球经济前进重要的推动者，成为国际投资的重要参与者，因此更需填补中国对外直接投资对东道国就业效应研究的空白。

相较现有研究，本书的边际贡献主要体现在以下三个方面：一是较之以往境外经贸合作区研究主要考察东道国环境的可行性分析，如梁育填等人[3]、孟广文等

---

①　陈衍泰、齐超、厉婧、李欠强：《"一带一路"倡议是否促进了中国对沿线新兴市场国家的技术转移？——基于DID模型的分析》，《管理评论》2021年第33卷第2期。

②　张菲：《中非经贸合作区建设模式与可持续发展问题研究》，《国际贸易》2013年第3期。

③　梁育填、周克杨、张家熙、曾佳琪：《中国境外经贸合作区的"园中园"发展模式与案例研究》，《地理科学》2021年第41卷第6期。

人[①]基于具体案例角度，从东道国园区环境出发探究其发展经验、发展模式及效益评价，以及严兵等人就制度偏好视角分析境外经贸合作区建设的区位选择[②]有所不同，创新性地采用多时点 DID 方法对中国境外经贸合作区的东道国就业效应进行系统评估，从多方位视角准确识别合作区建设的就业促进效果及其异质性特征。二是从研究视角看，现有研究多从母国角度分析对外直接投资对就业的影响，然而境外经贸合作区的建设必然直接或间接影响东道国就业，如中国企业在园区投资设厂直接为东道国提供大量的就业岗位，因而有必要从东道国视角探究境外经贸合作区的就业效应。三是不仅对境外经贸合作区是否促进东道国就业效应进行了考察，还对经贸合作区如何影响东道国就业的内在机理进行了深入分析，从而拓展研究深度，且多角度对合作区的东道国就业效应进行全面探讨。

## 一、海外园区的发展与东道国影响机制

### （一）要素聚集

根据索洛新古典经济增长理论，资本、劳动力、技术等生产要素投入是经济增长的关键。生产要素的配置和组合亦是实现经济增长的重要方式。从生产要素投入的角度看，中国海外园区建设表现为中国的资本、技术甚至包括劳动力等流向东道国，这与一般方式的国际直接投资并无二致。大量的文献研究表明，国际直接投资所带来的资本、技术和劳动力的流入会促进东道国经济增长。因此，伴随海外园区建设流入东道国的资本、技术和劳动力势必会促进东道国经济增长。但与一般方式的国际直接投资不同，海外园区建设在带动中国资本、技术和劳动力流向东道国时，还在各种生产要素的配置和组合上实现了优化，即各类生产要素在海外园区这一特定区域聚集，提高了要素密度，进而提高了生产效率。与此同时，通过中国海外园区建设，还吸引了东道国甚至世界其他国家（全球）生产

---

① 孟广文、赵钏、周俊、王艳红、王淑芳、杜明明：《泰中罗勇工业园"园中园"模式与效益评价》，《地理科学》2020年第40卷第11期。
② 严兵、齐凡、程敏：《中国境外经贸合作区区位选择研究——基于制度风险偏好视角》，《国际商务》（对外经济贸易大学学报）2022年第2期。

要素在园区汇聚，继而改变了整个园区的原有要素供给，形成规模报酬递增。企业和产业在园区的集群，还进一步通过溢出和关联效应形成"链式效应"，有利于提升东道国经济增长和企业生产效率。

具体来看，中国海外园区的要素聚集机制可以从内延性和外延性资源聚集两条路径展开，进而更为清晰地显示资源要素聚集推动园区经济发展，并带动东道国产业升级，促进东道国经济增长的过程（见图4-1）。

一是对东道国内延性资源的聚集。中国海外园区有相当一部分是建立在自然资源禀赋较为丰富的国家，即中国海外园区的选址对东道国的资源禀赋状况较为看重，自然资源（既可以是矿产资源、农业资源，也可以是地理区位）较为丰富的国家成为中国海外园区重点合作的对象。这些自然资源被视为是内延资源，即东道国天然具有的，往往具有特殊的地理依赖性，是不可流动且无法交易的，但却是东道国在国际上特有且具有竞争力的战略资源。中国通过对外直接投资，在这些地区设立海外园区，将国内可以流动的要素投向海外园区，并通过贸易活动间接地将国内资源汇聚到海外园区，可以使这些内延性资源借助海外园区建设得到充分利用，价值得以开发。

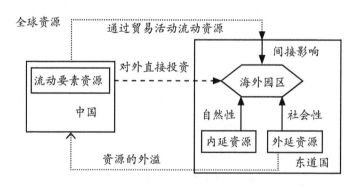

图4-1　海外园区的要素聚集机制

二是海外园区的成功示范效应也会对东道国外延性资源（除天然不可流动的资源外）产生吸引，并流向海外园区。先是"内延性资源＋外延性资源"在海外园区汇合，二者的优势相得益彰。一方面内延性资源被进一步充分开发利用，另一方面外延性资源重新得到优化组合，各种资源的配置比例与技术水平更为合理，各种可流动要素在得到更加充分利用的同时，生产效率也得以提升，并通过资源的外溢促进国内可流动资源向海外园区流动。

## （二）制度改进

中国海外园区所在东道国的制度环境（营商环境）相对较差，企业经营活动的成本相对较高。海外园区的设立可以通过溢出效应并从正式制度和非正式制度两方面对东道国的制度起到一定的改进作用。

正式制度的改进主要体现在海外园区通过相关法律制度的完善与管理制度的建立对东道国的法律起到一定示范效应，进而促进东道国逐步修补和完善自身的法律制度，发挥中国法律制度的激励作用。中国在东道国设立海外园区，往往会与东道国进行单独协商谈判，不仅会为海外园区运营争取尽可能多的优惠政策形成制度高地，还会将在国内实践证明行之有效的制度移植到海外园区。通过海外园区对东道国形成的经济示范效应，海外园区所在国政府逐步意识到自身法律制度的不足或漏洞，会在海外园区建设的基础上逐步出台或修订相关法律。据统计，在中国海外园区建设过程中，先后有 10 多个东道国颁布了经贸合作区相关法律，包括适合东道国境内经济特区的工业园区法、针对特定园区的总统令以及涉及海外园区等建设内容的投资法等。

非正式制度方面，海外园区相对高效的管理和运营模式为东道国政府的改革发展提供了参考和借鉴。东道国政府会将中国海外园区成功经验在其他地区复制，不断建立更多的海外园区，并进一步对东道国相关制度进行完善和改进。中国在同一个国家先后建立多个海外园区，某种程度上是海外园区管理运营成功经验获得东道国肯定的结果。更为重要的是，企业在海外园区的集聚，尤其是位于不同价值链环节的企业在同一园区联系更为紧密，企业生产活动更为透明，生产往来也更为频繁密切，这样企业间容易在长期合作中形成一定的生产网络。每家企业都是生产网络中的一个节点，并构成稳定的合作关系。随着海外园区建设运营的持续推进，园区内企业的合作关系会越发牢固，并演变形成一种非正式的制度——信任关系。大量的制度经济学研究表明，基于信任的非正式制度有利于降低企业交易成本，有利于缓解集群内的中小企业融资困境，并对国际贸易产生影响（余淼杰等，2019）。

事实上，海外园区对东道国制度的示范效应与园区的绩效是相辅相成、相互促进的。一方面，海外园区借助在一定范围内的制度密集优势，产生了相对园区外部更高的经济绩效，从而对外部其余的资源要素等产生吸引和示范效应，并使得东道国政府认识到相关政策制度的重要性，颁布或改进相关法律或政策，整个国家的营商环境不断变好。另一方面，东道国营商环境水平的提升又会反作用于园区的建设，表现为整个国家交易成本的下降，外商投资的增加并有部分进入海外园区，并扩大海外园区对东道国的经济效应。

（三）基础设施改善

中国海外园区所在发展中国家的基础设施水平普遍不高，表现为交通、水电气等供给水平与国际投资之间存在较大差距。基础设施对经济增长的重要影响已经被大量的案例和实证研究所证明。尽管中国海外园区所在东道国具有丰富的自然资源和廉价的劳动力成本，但基础设施的落后也会使这些丰富的自然资源得不到有力开发，低廉的劳动力成本因缺乏有效就业岗位而不能被充分利用。正因如此，海外园区通过在一定区域内集中投资和建设，如在园区内进行"五通一平"即通路、通电、通水、通信、通排水、平整土地，以提高园区内的基础设施水平，满足企业投资的需求，有利于促进东道国经济增长。

东道国为配合中国海外园区建设，吸引更多外商投资企业进驻园区，会加强改善海外园区到中心城市和港口等的基础设施。此外，中国在设立海外园区时也会更偏向于选择区位优势明显、基础设施便利的地区，如柬埔寨西哈努克港经济特区等（见表4-1）。一方面，基础设施完善，更靠近中心城市、港口和机场，有利于海外园区与外界的交往和信息交流，有利于海外园区内的企业参与国际分工，融入全球化产业链、价值链分工。另一方面，东道国在资金有限的情况下，会优先改善和满足更靠近中心城市、港口和机场等重点地区的基础设施条件。这样，海外园区的经济示范效应范围更大，同时能提高东道国基础设施利用率，提升基础设施功能发挥。

表4-1 中国海外园区所在东道国区位情况

| 海外园区名称 | 区位情况 |
|---|---|
| 柬埔寨西哈努克港经济特区 | 位于西哈努克省，距西港机场3千米，距港口12千米，靠近柬埔寨四号国道，距柬埔寨首都金边仅212千米，地理位置优越，交通便利。 |
| 泰国泰中罗勇工业园 | 位于泰国东部海岸，靠近泰国首都曼谷和廉差邦深水港。 |
| 中欧商贸物流合作园区 | 位于匈牙利首都布达佩斯市，占地面积0.75平方千米，距布达佩斯首都国际机场35千米，紧邻交通枢纽M3高速公路，距市中心约15分钟车程。 |
| 贝拉经济特区 | 位于莫桑比克贝拉市境内，靠近商品转口枢纽，临近港口、机场、铁路，周边与高速公路联通，海陆空交通便利。 |
| 中埃泰达苏伊士经贸合作区 | 位于埃及苏伊士省苏赫奈泉港，距首都开罗120多千米。 |

中国海外园区在建设过程中也会积极履行社会责任，积极参与东道国的基础设施建设。如参与当地社区的水电、交通基础设施项目建设，协助社区政府在园区周边建设商场、娱乐场所、医疗设施、公寓、餐厅饭店、银行、邮局等，有利于提高海外园区吸引优秀企业进驻的成功率，增加对企业和人才的吸引力。随着园区建设进度的推进和规模的扩大，有利于东道国围绕海外园区形成一个基础设施完善、商业繁荣的社区，并带动周边其他地区的发展，使周边要素不断向海外园区集聚，分工不断深化，最终形成产城融合，出现具有更高生产效率的专业化生产活动，进一步降低交易成本。

## 老挝万象赛色塔综合开发区改善基础设施案例

老挝万象赛色塔综合开发区位于老挝首都万象市主城区东北方向，占地11.5平方千米，是万象市新城区的核心区。开发区毗邻老挝450周年大道、13号国道，距老泰第一友谊大桥仅10分钟车程，距瓦岱国际机场19千米，距规划新机场10千米，距中老铁路客运站仅5千米，具有突出的区位优势。

　　开发区按照产城融合的发展理念，承载了工业园区和万象新城的功能，计划投资总额约50亿美元，分三期滚动开发。一期开发4平方千米，重点发展工业；二期、三期发展物流、商贸及文旅产业，全面打造"绿色、生态、宁静、现代"的万象新城。目前，开发区项目一期已基本建成，完成了开发区产业园区部分土地平整和工业园区道路、供水、供电、通信等配套基础设施建设。开发区正在全面加速推进项目二期商贸旅游区及万象新城建设，旨在进一步提升开发区基础设施和市政配套服务设施水平。未来园区将从产城融合发展中获得收益，不仅以园区为中心面向万象市开展全面服务，如通过规划建设园区的工业污水处理厂建成万象市的污水处理厂，通过规划园区内的物流、仓储功能与老中铁路的建设进行配套，而且还分享万象新城建成后因人口和产业集聚所产生的经济效益。

　　资料来源：万象赛色塔综合开发区（http://www.lvsdz.com/）。

## （四）提高人力资本含量

　　尽管中国海外园区所在东道国多具有较为充裕的劳动人口，劳动力成本相对低廉，但是劳动人口素质却普遍不高，突出表现为家庭及个人受教育程度较低。东道国人力资本投入不足将直接限制先进生产技术在东道国企业生产经营中的应用，影响企业的生产潜力和管理水平，造成东道国企业劳动生产率的低下和竞争力的弱化，由此进一步导致东道国工资水平和政府税收收入的持续下降。对东道国的家庭及个人而言，企业的低技术水平使得高人力资本的教育回报等同于低人力资本，由此可能会进一步恶化家庭及个人的人力资本积累。对东道国政府而言，财政不足导致对教育等公共服务长期处于心有余而力不足的状态。

　　海外园区的设立、企业的集聚将吸纳东道国的劳动力就业，更重要的是，集聚在海外园区内的企业相对东道国企业而言具有更为先进的技术水平。一方面，先进的管理经验和生产技术在企业间扩散，有利于提高东道国企业的技术水平，提高企业生产率，增强产品竞争力，提升企业利润。另一方面，东道国企业活力和劳动生产率的提升不仅会带来利润的上升，也使得对高技能劳动力的需求增加，提高了人力资本积累的回报，使得更多家庭更加重视教育人力资本的投入，进而更好地匹配海外园区对高技术人才的需求。同时，政府也可以从园区企业集聚产生的利润中获益。财政收入的增加使得政府有实力为塑造有利于经济发展的人力资本提供更多、更优质的教育公共服务。

此外，中国海外园区企业为充分利用东道国相对廉价的劳动力，通过履行社会责任的方式与东道国政府合作并组织园区内企业结合生产技术需求，有针对性地对当地员工展开技能培训，发掘并培养更多适应园区企业生产要求的技能人才。一些园区为贫困的民众修建房屋，解决他们的住房问题，还给一些表现较好的员工颁发奖金。当这些人员流向企业时，他们所学的专业知识技能及先进管理经验也随之流动，产生溢出效应。如此，不仅满足了企业生产需求，提高了东道国员工工资水平，而且可以有效稳定员工因工资收入低、技能不匹配等造成的人员流动性大、稳定性差等问题。同时，园区加强与当地学习型组织机构的合作，也会对当地的经济产生溢出效应，有助于形成一个以海外园区为中心的知识集群或知识生产网络。

## 埃塞俄比亚工业园区对当地员工技能培训典型案例

埃塞俄比亚有严重的劳动力人口波动问题。埃塞俄比亚工业园区开发公司（IPDC）数据显示，2017年下半年，在雇用的15000名员工中，大约有4470名员工从哈瓦萨工业园离职。为了解决这一问题，园区开发商与哈瓦萨市及南方各族州政府紧密合作，为园区投资企业开发了一个专用人力资源管理系统。"哈瓦萨工业园采购、培训、注册和招募"（HIPSTER）计划将招募和培训活动集中在一起，方便为哈瓦萨工业园进行员工搜索、选拔、筛查、评定和培训。园区运营商和投资企业每个月都会召开承租人协会会议。而这一特有的合作模式就是在这些定期的会议交流中诞生的。据园区运营商介绍，专有人力资源管理服务减轻了投资企业的一个严重担忧，即从园区周边60千米下游范围内500万人中招募到合适员工。这一专用系统还被用来制定定制化的在职培训计划，Enterprise Partners、德国国籍合作机构GIZ、埃塞俄比亚纺织产业发展研究院（ETIDI）、哈瓦萨大学等第三方也通过合作参与进来，使员工与园区投资企业的要求相匹配。新招募的员工大都来自农村地区，受教育水平低，工作经验极少甚至为零。通过人力资源管理系统，员工被发掘、被培训，并被介绍给投资企业。此外，员工还接受了职业道德和团队协作等软技能培训，满足了工业园的工作要求。[①]

## 二、理论机制分析

从东道国背景切入，一方面自身经济水平较低，政府财政资金有限，无法进行大规模的基础设施建设以带动就业；另一方面东道国往往制度水平较低，劳动力的福利得不到完善的保障。对此，境外经贸合作区的建设为东道国劳动力提供了更好的环境，降低了欠发达国家自身就业条件的局限性。就工资待遇而言，经贸合作区企业提供更好的工作条件，帮助经济发展水平较低的欠发达国家缓解劳动力供大于求的现状，对这些国家的自身资金匮乏发挥一定的补偿作用。与此同时，经济发展能力低的东道国给经贸合作区内企业带来很大的发展空间。为吸引更多优质的企业，东道国在政策、治理能力及制度环境上都会进行相应的变革和调整，保障外商投资的平稳运行，如给予入驻经贸合作区的企业更多的税收减免优惠。

基于亚当·斯密的"剩余产品出口"学说，欠发达国家有闲置的土地和劳动力等，而随着全球价值链参与度提升，最终欠发达国家因劳动力资源及其他闲置资源利用率提升，国家的就业机会增加，从而减轻失业问题。这一理论能够比较合理地解释境外经贸合作区日益增加的现象。中国境外经贸合作区多布局在劳动力较为低廉的欠发达国家。在具备丰富劳动力资源而资本相对稀缺的东道国要素市场中，境外经贸合作区为东道国带来丰厚的资本和先进的技术，可进行更大规

---

① 中国商务部国际贸易经济合作研究院、联合国开发计划书驻华代表处：《中国"一带一路"境外经贸合作区助理可持续发展报告：基于经济、社会、环境框架的分析和实用指南》，2019年。

模的投资生产，增加劳动力需求；与此同时，境外经贸合作区可能会减少某些环节的劳动力投入，造成资本对劳动力的替代。从投资对就业影响的长周期看，外商投资对就业的影响是一把"双刃剑"，而经贸合作区对东道国就业的对冲作用则更为明显，呈现出创造效应和替代效应两方面的作用结果。两者的相互作用下则是境外经贸合作区对东道国就业的综合效应，且在不同维度的内在传导机理存在明显差异。从中国境外经贸合作区的实践经验证明，经贸合作区建设能有效推动东道国就业，其理论机制具体可归为以下四个方面：

一是生产率效应渠道。中国企业出于成本考虑，进入境外经贸合作区投资设厂，在合作区内配置少许管理人员与专业人员，在东道国直接雇用当地大量劳动力。将国内较高水平的生产方式应用到合作区内生产，直接提升了生产率水平。

二是技术溢出渠道。Aitken、Harrison（1999）指出外商投资溢出效应可能最先发生在外资企业所处的地区内。中国境外经贸合作区位于东道国内，合作区内企业的技术溢出效应会极大影响东道国。一方面，合作区内企业的新产品、新管理经验、新技术工艺以及新销售技巧会影响东道国企业，从而创造更多的机会；另一方面，合作区聘请当地劳动力，对入职员工进行技能和知识培训，这些劳动力可能会流动到东道国企业，带来生产率的溢出。

三是产业规模效应渠道。境外经贸合作区内的中国企业多为资金实力雄厚的国有企业或产业规模较大的民营企业，与东道国其他企业和产业的关联性较强，所带来的产业规模效应也较为显著。一方面，中国企业带着新技术与新产品到东道国设厂，会刺激该产业内东道国企业提升其竞争力而加大投资；另一方面，根据 Harburger 和 Metgerler 所提出的对外贸易理论，当加强对外投资时，由于关联效应，该部门会带动其他部门就业的增加。合作区内的产业存在较强的产业关联性，能够带动前向供应商和后向服务商的投资。

四是替代效应渠道。为适应新时代的数字技术发展，智能自动化生产设备的购买成本的下降以及新技术设备的研发，缩短了劳动者的工作时间，其价值和积极性也随之降低，从而企业会考虑裁员。与此同时，随着东道国经济的日益增长，东道国劳动力素质结构与产业结构之间的矛盾加剧，各项生产成本提高，合作区内的企业会适当调整产业布局，将产业转移到其他优势的地区，因此引致结构性失业即工作岗位的减少。

综上所述，境外经贸合作区对就业的影响既有正面影响又有负面影响，其最终结果可能是通过多种渠道共同作用来反映。基于此，可提出假设，认为目前中国境外经贸合作区将通过生产率效应渠道、技术溢出渠道及产业规模效应渠道对东道国就业起到一定促进作用。

## 三、数据说明与计量模型构建

### （一）计量模型

可使用 DID 方法评估中国境外经贸合作区建设对东道国就业的影响，估计的回归模型如下：

$$\text{lnunemp}_{it} = \alpha + \rho \text{COCZ}_{it} + \gamma X_{it} + \varphi_i + \gamma_t + \varepsilon_{it} \qquad \text{模型①}$$

其中，以被解释变量 lnunemp 度量东道国的就业，以东道国 $i$ 在 $t$ 年的失业总额对数表示。如果第 $t$ 年合作区在东道国开始建设，核心解释变量 $\text{COCZ}_{it}$ 取 1，否则取 0。最应关注的是虚拟变量 $\text{COCZ}_{it}$ 的系数 $\rho$，它从平均意义上度量了东道国在经历合作区建设前后的就业变化相比其他没有合作区进入的国家的差异大小。如果 $\rho$ 显著为负，表明合作区建设促进了东道国就业，否则具有一定的消极影响。根据核心解释变量的定义，模型①为异时点 DID 估计，允许控制遗漏的变量。选取了人口对数（lnpop）、人均 GDP（lnpgdp）与对外开放度（lnopen）作为控制变量 $X_{it}$，用于反映国家规模、经济基础与贸易情况。除此之外，还纳入了特定年份虚拟变量 $\gamma_t$，以控制全球范围内的冲击和随时间影响就业的趋势，如商业周期、国家法规和法律的变化、就业的长期趋势以及女性劳动力参与的变化。另外，加入特定国家的虚拟变量 $\varphi_i$ 来控制不变的、未观察到的状态特征，这些特征塑造了各国的就业状态。$\alpha$ 是截距项，$\varepsilon_{it}$ 包含了模型中其他不可观测的因素。

### （二）变量选取与数据说明

#### 1. 核心变量

现有研究中多使用"就业人数"衡量劳动就业的"量"的特征，但就业人数是"量"的绝对值测量，仅反映当前的劳动力需求情况，不能全面反映劳动力"量"的供需特征。[①] 根据奥肯定律，国家或地区的 GDP 水平上升，就业率增加，失业率下降。失业率是反映宏观经济运行状况和劳动力市场景气程度的晴雨表，其利用失业者与劳动者两者之间的比重进行衡量，是"量"的相对值测量，能较好地刻画劳动力就业的充分程度。因此，可选取东道国失业率作为核心被解释变量。

以是否建设中国境外经贸合作区作为核心解释变量 COCZ，表示如果第 t 年合作区在东道国开始建设，核心解释变量 COCZ 取 1，否则取 0，即核心解释变量为二元变量。本书主要关注的问题是如何识别中国境外经贸合作区建设与东道国就业之间的动态关系，对应的系数 ρ 衡量了合作区建设对东道国就业的总体影响，因此在回归结果中重点考察系数 ρ。中国境外经贸合作区建设不一定是连续性行为，即并不是每年都有合作区投入建设，参照严兵等人（2021）的方法，只要在某一年有中国境外经贸合作区开始建设，那么将该年之后均视为拥有境外经贸合作区。

### 2. 控制变量

为了使回归结果更加可靠，可进一步选取部分影响东道国就业宏观情况的外生变量，并加以控制：一是经济发展水平，借鉴 Rodrik（2013）的思路并考虑到经济增长的收敛性，选用人均 GDP 增长量作为经济发展水平的代理变量；二是人口密集度，人口密集度指标可以消除因不同地区之间地理面积不同所导致的测算误差，参照 Ciccone 和 Hall（1996）选取地区人口数与地区面积之间的比重，作为东道国的人口密集度指标；三是对外开放度（外贸依存度），用进出口总值与国家 GDP 总值的比重，用来反映东道国经济发展的外向程度。

### 3. 数据来源

本书中的境外经贸合作区数据以中国境外产业园区信息数据集[②]为基础，同时结合了 2000—2019 年商务部"走出去"公共服务平台所提供的境外经贸合作区名录和建设时间数据集进行修正和剔除，获得 58 个东道国的合作区的数据，

① 张顺、郭娟娟：《就业质量对城镇居民失业率的影响》，《中国人口科学》2022年第1期。

② 李祐梅、邬明权、牛铮、李旗：《1992—2018年中国境外产业园区信息数据集》，《中国科学数据》（中英文网络版）2019年第4卷第4期。

数据包括合作区所在国、合作区开始建设时间及合作区类型等信息。失业率、经济水平、城市化水平、外商直接投资水平以及基础设施建设规模等数据来自世界银行发布的世界发展指标数据库（WDI）以及国际劳工组织数据。考虑到数据的可获得性，本书的最终数据包含了2000—2019年的185个国家的就业数据，其中包括有合作区建设的东道国58个。同时为了消除价格波动对研究造成的影响，所有金额类数据均以2010年不变价美元为基准进行现值调整，并采用对数形式。表4-2中列出了所用变量的中文含义与描述性统计。

表4-2　所用变量的中文含义与描述性统计

| 变量 | 中文含义 | N | mean | sd | min | max |
|---|---|---|---|---|---|---|
| year | 年份 | 3700 | 2010 | 5.767 | 2000 | 2019 |
| lnunemp | 东道国失业对数 | 3700 | 1.812 | 0.840 | −2.303 | 3.618 |
| COCZ | 境外经贸合作区 | 3700 | 0.139 | 0.346 | 0 | 1.000 |
| lnpgdp | 人均GDP增长率对数 | 3102 | 1.215 | 0.890 | −4.888 | 4.810 |
| lnpop | 人口对数 | 3689 | 4.218 | 1.343 | 0.933 | 8.993 |
| lnopen | 对外开放度 | 3398 | 0.460 | 0.207 | −1.525 | 1.625 |

（三）实证模型估计与结果分析

**1. 中国境外经贸合作区对东道国就业的影响**

第一，基准回归结果。在基准回归中，所有的估计方程都控制了年份固定效应，汇报的标准误在国家层面聚类。为了更好进行比较，表4-3中列（1）和列（2）只加入核心解释变量COCZ，为了克服将境外经贸合作区建设到产业就业效应的时滞以及内生性问题，参照严兵等人（2021）的做法，在实证过程中将核心解释变量取一期的滞后。基准回归结果显示，境外经贸合作区的估计系数在5%的显著性水平上保持显著，并且符号为负。再如，列（2）同时控制了时间和国家效应，核心解释变量的估计系数方向未发生变化。为了缓解遗漏变量的影响，分别控制人均GDP增长率对数、人口对数与对外开放度三个关键因素，得到列（3）和列（4）。结果显示核心估计系数都有所减小，但仍具有统计显著性。列（4）在此基础上控制了国家固定效应，这说明在控制国家固定效应和时间固定效应之后，中国境外经贸合作区每增加 1%，东道国失业率下降 11.1%。此结果表明，建设合作区后东道国的失业率显著降低。

**表4-3　基准回归情况**

| 变量 | （1） | （2） | （3） | （4） |
|---|---|---|---|---|
| 境外经贸合作区 | −0.3491**<br>（0.1461） | −0.1005**<br>（0.0480） | −0.3380**<br>（0.1516） | −0.1110**<br>（0.0501） |
| 人均GDP增长率<br>对数 | | | −0.0327<br>（0.0489） | −0.0111<br>（0.0107） |
| 人口对数 | | | −0.0844**<br>（0.0393） | 0.0356<br>（0.3313） |
| 对外开放度 | | | 0.5015<br>（0.3084） | 0.0818<br>（0.1223） |
| 常数项 | 1.8550***<br>（0.0607） | 1.8225***<br>（0.0063） | 2.0004***<br>（0.2285） | 1.6257<br>（1.4161） |
| 国家固定效应 | No | Yes | No | Yes |
| 时间固定效应 | Yes | Yes | Yes | Yes |
| $R^2$ | 0.0166 | 0.9061 | 0.0475 | 0.9010 |
| 样本量 | 3515 | 3515 | 2747 | 2747 |

注：括号中为国家层面聚类的标准误，*$P<0.10$、**$P<0.05$、***$P<0.01$。

第二，平行趋势检验。基准分析揭示了合作区建设对东道国失业的负面影响，但是该结论是以已经建设合作区的处理组与对照组在事件发生前的无显著差异为前提假设条件。具体来看，即未建设合作区国家的就业变化趋势与合作区进入东道国前一致。如果现实情形违背了该假设，那么前期的趋势差异将会导致政策评估的偏差。接下来为了验证平行趋势假设是否成立，研究境外经贸合作区建设和失业率对数之间的动态关系，在标准回归基础上，以合作区首次加入东道国的年份作为基年，重新定义了样本时间，以估计基年前后合作区所在国每年的失业率差异，即建立检验模型：

$$\text{lnunemp}_{it} = \alpha + \sum \rho_k \text{COCZ}_{ik} + X_{it} + \varphi_i + \gamma_t + \varepsilon_{it}$$

其中，$\text{COCZ}_{ik}$ 在合作区进入东道国的第 $k$ 年取 1，其他年份取 0。选取合作区进入东道国的当年作为参照组，$\rho_k$ 表示不同年份建设合作区的东道国和无合作区国家之间的失业率差异。如果 $\rho_k$ 在 $k<0$ 时，其统计结果不具有显著性，则表

明合作区进入东道国前，东道国与其他无合作区国家在失业率上无显著差异，基准回归满足平行趋势假设；$\rho_k$ 在 $k \geqslant 0$ 时表示合作区进入东道国不同年份的就业效应，如果系数显著，那么合作区建设对该年所在东道国的就业产生了实质性影响。

如图 4-2 所示，绘制了系数 $\rho_k$ 在 $-9 \leqslant k \leqslant 9$ 区间的变化趋势及其置信区间。以合作区建设的时间为分界点，$-9 \leqslant k \leqslant -1$ 部分表示合作区建设前的情况，失业率十分接近横轴，即 $\rho_k$ 接近 0 值，并且该部分 95% 的置信区间包含 0 值，由此可知系数 $\rho_k$ 与 0 值无差异，即在建设合作区前满足平行的趋势假设。观察 $1 \leqslant k \leqslant 9$ 部分，从合作区进入东道国的当年至第 7 年，失业率呈显著下降趋势，同时其下降的速度逐年变缓。而从第 7 年开始，合作区建设的失业效应呈现上涨趋势。这些结果证实了合作区建设的动态影响，在一段时期内，合作区建设能够立即带动当地的就业，即东道国失业率会下降。随着时间的推移，合作区建设所需要的要素资源充分饱和以及推进产业结构升级的需要，劳动力的需求降低，印证了失业的结构性及周期性特征，因此，可以理解失业率的图呈现先下降后上升趋势。

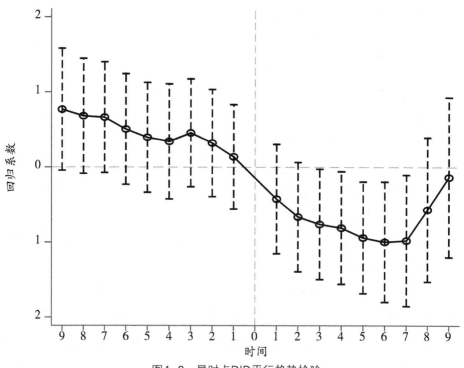

图4-2　异时点DID平行趋势检验

第三，安慰剂检验。为了消除实证结果是非偶然性的可能，现采用随机设定合作区建设时间和随机选择合作区两个方法进行安慰剂检验。由于"伪"试点时间和"伪"处理组是随机生成的，因此是否建设合作区变量对东道国就业不具有显著影响，即"伪"处理变量的回归系数应该在0点附近，否则，则表明此模型设定存在偏差。据此，分别重复500次上述随机过程进行模型估计，并绘制了"伪"合作区建设变量估计系数的核密度图（见图4-3）。研究发现，在两种随机过程下，估计系数的均值都接近0，并且大部分$p$值在0.1以上。同时，合作区建设（COCZ）的实际估计系数（-0.111）在上述安慰剂检验的核密度图中都位于小概率事件的范围内。换言之，合作区建设对东道国就业的影响并非偶然性事件，这个结论具有可靠性和稳健性。

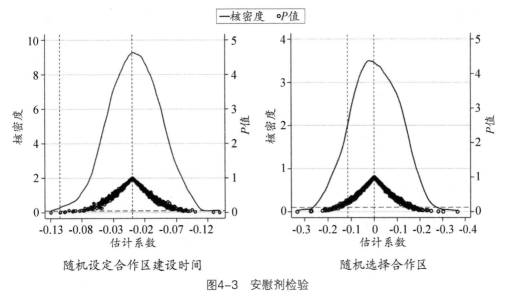

图4-3 安慰剂检验

第四，稳健性检验。稳健性检验从以下三个方面进行：

一是替换核心被解释变量。为了排除变量测量误差对估计结果的影响，借鉴Knyazeva（2012）的研究思路，进一步测算了东道国的工资水平即居民的收入状况，侧面反映了当地的就业质量情况。表4-4中列（1）给出了相应的回归结果，东道国劳动力工资水平的影响系数在1%水平显著为正，表明合作区对东道国就业具有显著的促进作用，即在主要变量的测算方法上是稳健的。

　　二是采用 GMM 模型。鉴于解释变量与被解释变量之间可能存在双向因果关系，考虑到两步 GMM 估计法更不容易受到异方差的干扰，但在有限样本的条件下得到的标准误可能偏小（Roodman, 2009）[①]，因此可采用系统 GMM 方法，对基准方程进行估计，相关结果列于表 4-4 列（3），东道国失业率的滞后期与合作区建设的滞后期均显著为负，这表明存在很强的动态累积效应，对失业具有负向影响。

　　三是加入更多的控制变量。为了尽可能保证样本量，仅选取三个控制变量进行基准回归，而其他可能影响就业的因素均使用固定效应加以控制，然而这可能会因遗漏变量导致内生性问题干扰。本部分进一步控制了东道国自然资源禀赋、基础设施以及金融环境等变量，其中东道国自然资源禀赋使用东道国矿石资源出口的对数测绘；基础设施使用东道国用电人口比例、城市面积、人均日用水量以及年航空客运量等进行主成分分析，利用最主要指数来衡量；金融环境使用东道国银行信贷的对数测绘。回归结果见表 4-3 列（4），结果表明，在进一步引入其他可能影响失业率的因素后，中国境外经贸合作区仍显著降低了失业率。综上所述，中国境外经贸合作区建设有助于促进东道国就业的结论是稳健的。

表4-4　稳健性检验情况

| 变量 | （1） | （2） | （3） |
|---|---|---|---|
| 境外经贸合作区 | 0.0635***<br>（0.0208） | −0.0131**<br>（0.0060） | −0.0881*<br>（0.0582） |
| 失业率滞后一期 | | 0.9514***<br>（0.0049） | |
| 自然资源禀赋 | | | 0.0068<br>（0.0425） |
| 基础设施 | | | −0.2264<br>（0.2118） |
| 金融环境 | | | −0.0075<br>（0.0080） |
| 控制变量 | Yes | Yes | Yes |

① 王永进、盛丹：《社会信任与出口比较优势——基于IVTSLS和PSM方法的实证研究》，《国际贸易问题》2010年第10期。

续表

| 变量 | （1） | （2） | （3） |
|---|---|---|---|
| 国家固定效应 | Yes | Yes | Yes |
| 时间固定效应 | Yes | Yes | Yes |
| $R^2$ | 0.9810 | — | 0.9235 |
| 样本量 | 2747 | 2743 | 888 |

注：括号中为国家层面聚类的标准误，*$P$<0.10、**$P$<0.05、***$P$<0.01。

### 2. 中国境外经贸合作区对东道国就业影响的机制分析

基准分析显示，境外经贸合作区建设显著降低了东道国失业率。现基于理论机制分析结论，检验中国境外经贸合作区影响东道国就业的可能渠道，参照 Baron 和 Kenny（1986）的中介效应检验方法，设定计量模型如下：

$$\ln unemp_{it} = \alpha + \rho COCZ_{it} + \gamma X_{it} + \varphi_i + \gamma_t + \varepsilon_{it} \qquad 模型①$$

$$MV_{it} = \alpha + \omega_1 COCZ_{it} + \omega_2 X_{it} + \varphi_i + \gamma_t + \varepsilon_{it} \qquad 模型②$$

$$\ln unemp_{it} = \alpha + \gamma_1 COCZ_{it} + \gamma_2 X_{it} + \gamma_3 MV_{it} + \varphi_i + \gamma_t + \varepsilon_{it} \qquad 模型③$$

其中，$MV_{it}$ 是合作区影响东道国就业的中介变量，分别是东道国的生产率（lnrate）、技术溢出（lntfp）、产业规模（lnsize）。以上数据均来源于世界银行 WDI 数据库，其他变量的定义同模型①。中介效应的估计结果见表 4-5，其中列（1）、列（3）和列（5）分别报告了境外经贸合作区对中介变量生产率（lnrate）、技术溢出（lntfp）和产出规模（lnsize）的估计结果，即模型②中 $\omega_1$ 的估计结果；列（2）、列（4）和列（6）报告了模型③的估计结果，即加入中介变量后，境外经贸合作区对东道国就业的直接影响，这里主要关注模型③中合作区对东道国就业的影响系数 $\gamma_1$ 和中介变量对企业劳动力就业水平的影响系数 $\gamma_2$ 的显著性。如果 $\omega_1$、$\gamma_1$ 和 $\gamma_2$ 均是显著的，则中介变量发挥了显著的中间传递机制，（$\omega_1 \times \gamma_3$）/ $\rho$ 可以测算合作区对东道国就业的总效应中，中介变量引致的中介效应比重。

一是生产率效应。理论机制分析中，境外经贸合作区内企业的扩大产出规模增加对劳动力要素的需求，提高东道国的生产率。现采用各产业增加值与全部从业人员平均人数的比重表示生产率（lnrate）。列（1）的估计结果显示，境外经

贸合作区建设显著提高了东道国生产率水平；列（2）的估计结果显示，随着生产率水平的提升，东道国失业率有了明显下降。因此，境外经贸合作区通过提升东道国的生产率水平而降低了失业率。生产率效应起到了负向减少的传递作用，但生产率效应占总效应的比重仅为29.92%，表明境外经贸合作区建设对东道国劳动力就业的促进效应主要通过生产率效应渠道来实现。

二是技术溢出效应。东道国企业能够获取合作区企业的技术研发信息，学习和模仿先进技术。从边际成本角度看，在从事相同工作时，高技术水平或熟练的劳动力能够以更低的成本完成，进而增加企业对劳动力要素的投入。因其无法直接测定（Krugman，1991），故采用普遍的做法，利用全要素生产率作为技术溢出测定的代理变量，采用OP方法计算出各国的全要素生产率（lntfp）。列（3）和列（4）的估计结果表明，境外经贸合作区建设显著提升了技术水平，而技术的溢出也显著降低了东道国的失业率。技术溢出效应同样是境外经贸合作区建设促进东道国劳动力就业中的传递渠道之一，但这种传导效应相对弱一些，技术溢出效应占总效应的比重为28.20%。

三是产业规模效应。对外投资不仅提高生产率，而且带动企业产出规模扩张，这会增加企业对劳动要素的投入需求（Acemoglu and Restrepo，2020）。现采用三大产业总产值（lnsize）取对数表示产出规模，将其作为中介变量检验规模效应。列（5）和列（6）的估计结果显示，产出规模的中介效应显著为正，境外经贸合作区的建设显著扩大了产业规模，进而也降低了东道国的失业率。同时，规模效应占总效应的比重为29.18%。

四是替代效应。由于数据的限制，无法直接考察境外经贸合作区对东道国的就业替代效应。现在基准模型中引入东道国经济自由度指数与合作区的交互项，以间接识别合作区对东道国就业的替代效应。如果交互项的估计系数显著为负，表明东道国经济自由度指数越高，境外经贸合作区建设对劳动力失业的替代影响越小。列（7）中交互项的估计系数显著为负，这表明伴随着经济自由度的提高，境外经贸合作区对东道国就业的替代效应将显著弱化。

上述机制检验发现，海外经贸合作区的就业促进效应主要来自产业规模效应，部分受到生产效率提高和技术溢出提升的影响。鉴于总效应为负，间接表明境外经贸合作区对东道国就业的替代效应虽然存在，但是影响效应较小。

表4-5　中介效应情况

| 变量 | （1） | （2） | （3） | （4） | （5） | （6） | （7） |
|---|---|---|---|---|---|---|---|
| L.COCZ | 0.0507***<br>(0.0188) | −0.0818*<br>(0.0461) | 0.1122***<br>(0.0301) | −0.0870*<br>(0.0511) | 0.0566***<br>(0.0209) | −0.0826*<br>(0.0472) | −0.0561<br>(0.0502) |
| 生产率 | | −0.6550***<br>(0.1521) | | | | | |
| 技术<br>水平 | | | | −0.2790**<br>(0.1138) | | | |
| 产业<br>规模 | | | | | | −0.5724***<br>(0.1464) | |
| 交乘项 | | | | | | | −0.0171*<br>(0.0093) |
| 控制变量 | Yes | Yes | Yes | Yes | Yes | Yes | Yes |
| 国家固定<br>效应 | Yes | Yes | Yes | Yes | Yes | Yes | Yes |
| 时间固定<br>效应 | Yes | Yes | Yes | Yes | Yes | Yes | Yes |
| $R^2$ | 0.9914 | 0.9047 | 0.8903 | 0.8926 | 0.9909 | 0.9039 | 0.8942 |
| 样本量 | 2641 | 2641 | 2476 | 2476 | 2641 | 2641 | 2676 |

注：括号中为国家层面聚类的标准误，*$P<0.10$、**$P<0.05$、***$P<0.01$。

### 3. 中国境外经贸合作区对东道国就业影响的异质性分析

第一，国家层面。由于不同东道国发展水平存在差异，因此根据世界银行的收入水平标准划分，将样本数据分为低收入国家（Low income）、中低收入国家（Lower middle income）、中高收入国家（Upper middle income）和高收入国家（High income）四类进行分析，以考察合作区建设对所在东道国的就业的效应是否受东道国收入水平影响。结果见表4-6列（1）至列（4），在低收入国家，合作区建设对东道国的失业率具有显著的削减作用，而对于其他收入类型国家的影响不显著。但从系数符号上看，都具有负向的影响。主要原因在于，目前我国境外经贸合作区的建设偏向于以初级资源为比较优势、低廉劳动力成本以及具有市场潜力的国家（肖文、周君芝，2014），企业投资设厂的成本较低，因此低收入东道国的就业效应会强于其他收入类型的国家。

　　在现有合作区所在国中，"一带一路"沿线国家占比78%，沿线国家之间合作更为密切。因此，进一步分析了建设于"一带一路"沿线国家的合作区就业效应，列（5）将"一带一路"沿线国家与核心解释变量的交乘项纳入回归，结果与预期相同，其系数为负，表明将"一带一路"沿线国家作为选址地的合作区，促进东道国失业率的下降。相较其他东道国，通过"一带一路"倡议的"五通"机制，多角度、全方位地为中国企业对外直接投资提供关键助力，为合作区提供相对稳定的运营环境（吕越等，2019）。但是列（5）中交互项系数并不显著，可能由于提出"一带一路"倡议与合作区建设时间都是2013年以后才开始，而本书的样本时期为2000—2019年，可能就业效应的区别不明显。

表4-6　异质性分析情况（一）

| 变量 | （1） | （2） | （3） | （4） | （5） |
|---|---|---|---|---|---|
| 境外经贸合作区*<br>高收入 | −0.1022<br>（0.1125） | | | | |
| 境外经贸合作区*<br>中高收入 | | −0.0505<br>（0.0572） | −0.0708 | | |
| 境外经贸合作区*<br>中低收入 | | | （0.0812） | | |
| 境外经贸合作区*<br>低收入 | | | | −0.1680*<br>（0.0911） | |
| 境外经贸合作区*<br>"一带一路"沿<br>线国家 | | | | | −0.1007<br>（0.0983） |
| 控制变量 | Yes | Yes | Yes | Yes | Yes |
| 国家固定效应 | Yes | Yes | Yes | Yes | Yes |
| 时间固定效应 | Yes | Yes | Yes | Yes | Yes |
| $R^2$ | 0.8426 | 0.9382 | 0.9332 | 0.9249 | 0.9013 |
| 样本量 | 718 | 616 | 778 | 617 | 2747 |

　　注：括号中为国家层面聚类的标准误，*P<0.10、**P<0.05、***P<0.01。"境外经贸合作区*"为简称，全称为"境外经贸合作区建设对所在东道国就业效应是否受东道国收入水平影响"。

　　第二，产业层面。合作区主要通过拉动主导产业的产品进出口来提升东道国的整体贸易水平（严兵等，2021），合作区建设主要布局在一二产业，且合作区内企业多数围绕主导产业进行生产活动。那么合作区对东道国不同产业之间的就业效应是否会有所不同？随着合作区建设的完善，合作区建设是否对产业就业结构升级具有影响？为解决以上疑问，同时鉴于数据的可获得性，可利用东道国三大产业的直接就业数据（各产业就业占总就业的百分比）进行分析，并且参照杨慧瀛、杨宏举的方法，构建产业就业结构高级化（advanced）指标[①]。

　　回归结果如表4-7所示，列（1）至列（3）分别显示农业、工业以及服务业就业的回归结果，回归系数符号方向保持一致，都是正向促进作用，但显著性上仅工业就业在10%的水平上显著。中国境外经贸合作区以农业产业园、工业产业园为主导，由此可以理解，列（1）和列（2）中核心解释变量的系数明显大于列（3）系数。一方面，由于所收集数据未将综合园区进行细分，同时还有部分数据缺失，可能导致所估计的工业产业园的数据偏低；另一方面，新建的工业产业合作区所需的劳动力数量大，因此工业就业效应较其他产业更为显著。列（4）为合作区与产业高级化指标的回归结果，核心解释变量COCZ在5%的显著水平上显著为正，这说明合作区建设在促进产业就业的同时，进一步推进东道国就业结构升级。

　　第三，个体层面。不同性别个体的就业状况备受关注，利用世界银行所提供的男性和女性的失业率数据进行分析，回归结果分别为列（5）和列（6），男女失业率均有所下降且具有显著性，其中，男性失业率的下降幅度大于女性失业率的下降幅度。最后，考虑到女性就业大多集中在认知密集型行业，即制鞋、纺织、服装为主导的认知密集型产业，且在以低廉劳动力资源为比较优势的经济发展水平较低的国家中，大量的经济条件差及低教育水平的女性加入体力技能密集型行业，因此，借鉴盛斌、吴晓雯（2022）的方法[②]，构建性别就业差距指标（gendergap），以男性失业率与女性失业率的差值与男性失业率的比值表示。回归结果见列（7），核心解释变量系数为负但不具备统计显著性，表明合作建设有助于缩小男女之间的就业差距。可能原因是，本书所收集的是国家层面宏观数据，

---

① $advanced_{ijt}=\sum_j^3\dfrac{X_{ijt}}{Y_{it}}\times\dfrac{X_{ijt}}{L_{ijt}}$　其中，$advanced_{ijt}$表示产业就业结构高级化，为正向指标；j表示三次产业数；$X_{ijt}$、$L_{ijt}$分别表示个体i第j产业在t时期的增加值和就业人数；$Y_{it}$表示个体i在t时期的地区生产总值。数据来源于国际劳工组织和世界银行WDI数据库。

② 盛斌、吴晓雯：《数字经济背景下全球价值链对性别收入分配的影响》，《求是学刊》2022年第1期。

加之合作区作为区域性示范区，对东道国整体的影响程度有限，因此不能有效反映实际情况。

表4-7　异质性分析情况（二）

| 变量 | （1） | （2） | （3） | （4） | （5） | （6） | （7） |
|---|---|---|---|---|---|---|---|
| 境外经贸合作区 | 0.0135 (0.0196) | 0.0488* (0.0264) | 0.0057 (0.0147) | 0.1251** (0.0510) | −0.1132** (0.0503) | −0.1067* (0.0585) | −0.1548 (0.2072) |
| 控制变量 | Yes | Yes | Yes | Yes | Yes | Yes | Yes |
| 国家固定效应 | Yes | Yes | Yes | Yes | Yes | Yes | Yes |
| 时间固定效应 | Yes | Yes | Yes | Yes | Yes | Yes | Yes |
| $R^2$ | 0.9927 | 0.9256 | 0.9739 | 0.9879 | 0.8978 | 0.8972 | −0.0175 |
| 样本量 | 2747 | 2747 | 2747 | 2702 | 2747 | 2747 | 2747 |

注：括号中为国家层面聚类的标准误，*$P<0.10$、**$P<0.05$、***$P<0.01$。

中国境外经贸合作区已经成为中国走出去的重要战略之一，成为与世界各国沟通的重要桥梁，不仅是中国经济走向各国的平台，更是维护人类命运共同体理念的重要纽带。利用2000—2019年的国家层面面板数据进行分析，可发现境外经贸合作区的建设有显著降低东道国失业率的作用。从影响路径上看，境外经贸合作区的就业促进效应主要来自产业规模效应，部分受到生产效率提高和技术溢出提升的影响。异质性分析发现，合作区建设对东道国的就业效应在低收入国家更为显著；在促进东道国产业与就业的同时，推进产业结构升级；对东道国创业具有显著的消极影响，但提升了东道国国民的工资水平，并缩小了东道国男性和女性之间的就业差距。这个结论不仅可为中国境外经贸合作区所在东道国的影响研究提供新的视角，而且能对依托境外经贸合作区建设推动东道国就业予以科学评估并提供经验证据支撑。

在后疫情时代，合作区模式已成为改善东道国民生条件的重要途径之一。维护好、发展好合作区，已成为共建双方的共识。需从以下三个方面调整合作区发展路径：一是中国政府应持续加强境外经贸合作区模式的规划管理以及建设工作，加强与国际组织和东道国的合作。东道国应充分利用其资源优势，积极引导境外投资企业，提供更加完备的投资环境。二是我国企业应加大宣传力度，将国内具有竞争优势和过剩产能的企业与产业引入园区，鼓励企业"集体出海、抱团取暖"。同时，东道国根据自身发展现状，对合作区承接产业适时进行优化，积极引导园区建设，为园区企业提供"一站式"服务，以提高企业生产效率和本国合作区竞争力。三是积极推进民心相通建设，不断强化"一带一路"民心相通纽带。

# 第五章
# 中国海外园区建设的影响：
# 母国视角

## 一、影响机制

### （一）政策移动

"政策移动"作为西方地理学中的概念，强调政策移动过程中存在复杂的社会空间关系，是政策制定者为了解决目前面临的问题，借鉴其他政策、执政思想等为己所用的现象。在全球化背景下，国家或地区决策者为了更好促进本地发展，会积极学习吸收全世界先进的建设、运营园区实践经验，在这一过程中"政策移动"概念逐渐产生并被接纳，成为经济学、政治学、地理学等领域的探讨热点。政策在纵向与横向维度都有移动趋势，在纵向维度表现为政府发挥自上而下的推动作用，即具有强制性；在横向维度表现为园区间的政策学习，因而具有自主性。有关政策移动的历史案例，如清朝晚期洋务运动中强调的中体西用，即"中学为体、西学为用"，就是政策移动的产物。

海外园区是我国改革开放以后在经济、工业快速发展的背景下，借鉴发达国家相关经验进行政策转移的产物。海外园区作为"一带一路"倡议的重要空间载体，发挥着促进母国与东道国经济空间和治理结构拓展、参与者共享利益、文化多元性保护的积极作用。然而，中国企业在海外园区运营时会遇到东道国复杂多变的政治环境、治理体系、经济制度等难题，须寻找支撑园区稳定健康运行的科学理论，研究其一般移动过程，为中国在国（境）外建设海外园区提供行之有效的经验。将"政策移动"作为影响中国海外园区可持续发展的影响机制，构建适宜中国全面对外开放时期海外园区政策移动分析的理论框架，可为中国海外园区因政策移动带来的经济效应提供新的研究视角。

James 和 Lodge（2003）将"政策转移"定义为不同政治主体在相关政策计划、政策思想、组织结构、行政管理等方面的转移过程。政策转移具有时间和空间的多维度现象，整个社会实践更像是某种流动形态。Manuel Catells 将这种新空间形态定义为流空间，流空间这种物质形式对促进信息社会发展起到了支配性作用，数据信息不断流动渗透到全球各个角落，成为空间中强大的驱动力。基于流空间理论来看，近年来海外园区的发展得益于大数据快速发展，流空间的膨胀使政策

传播的速度变得更快，各国沟通交流成本大大降低，海外园区的政策思想越来越容易被其他区域学习与吸收，从而可以有效防止闭门造车与被孤立，提高我国参与全球分工的生产率和投资回报率。

　　根据魏淑艳的研究成果，政策移动的发生需要五个前提条件（见表5-1）：一是差异性，即转移主体之间的政策要存在差异；二是相似性，即转移主体面临发展中的问题要存在相似之处；三是移动需求，即要有利用更优政策的需求；四是移动动机，即政策制定者要有广纳优质政策的动机；五是政策来源，即要有较为丰富的政策转移渠道。政策移动实质有两个方面的内容：一方面，在纵向空间维度层面上，即在东道国和母国政策自上而下传递过程中，政策并非以稳定状态逐级下达到地方，而是在移动过程中受到各种因素的影响，并经过一定的变形与融合，使政策能更好适应当地环境；另一方面，在横向空间维度层面上，海外园区之间的政策实践是偏向碎片化的，为了避免走弯路，各海外园区会积极向发展环境相似、地理位置更邻近的园区学习好的政策经验，并加以改革与创新，也就是园区之间相互学习、吸收、创新，说明区域间的政策移动过程也是非线性的。

表5-1　政策移动发生的前提条件

| 国家 | 差异性 | 相似性 | 移动需求 | 移动动机 | 政策来源 |
|---|---|---|---|---|---|
| 中国 | 部分要素禀赋、政治环境、经济环境、文化背景、种族关系、地区特征等存在差异 | 部分要素禀赋、新兴经济体 | 解决产能过剩、避免中等收入陷阱、平衡全球经济、提高影响力等 | 经济发展，产业结构升级 | 中国"一带一路"倡议和各东道国政策、双边政治会议等 |
| 东道国 | | | 学习新思想、新技术、新机制，利用稀缺资源等 | | |

　　Dolowitz 和 Marsh 在 1998 年提出，政策移动程度可以划分为五种类型（见图5-1），由低到高为：

　　一是政策复制，即政策制定者将其他政策完全照搬，不加以任何改变。

　　二是政策模仿，即选择利用其他政策中的精华部分。

　　三是政策混合，即把不同地方的政策机械地组合。

四是政策合成，即整合各地政策中精华且极大可能利于本地发展的政策。

五是政策启发，即在政策学习中思考探索出适合本地发展的新政策。

在海外园区实际发展过程中，政策制定者不可避免地会向其他地区学习，但大部分不能选择简单的政策照搬，政策移动的各个阶段是紧密相连的，有作为的政策制定者会在政策移动过程中不断思索，不断试错，对自身要求越来越高，其制定的政策也会越来越贴合当地的发展。因此，最后一个阶段即政策启发，这是海外园区政策制定者不断追求的方向，是政策移动过程所要强调的最高级目标和要求。

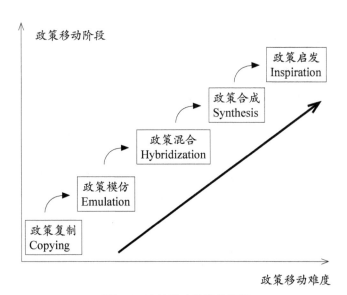

图5-1　政策移动程度分解图

中国海外园区的建设进程与国家政策的支持密不可分，呈现出显著的国家主导开发特征，依靠政策转移获得经济效应是中国海外园区飞速发展的根本原因。通过上述对政策移动流空间理论、五个转移前提以及五个移动程度的梳理，可以得知政策移动主要强调的是政策的形成与演化是一个主动适应当地发展环境的社会建构过程。海外园区的政策移动体现在双边国家有政策移动需求与动机，且在某些方面存在发展相似性，通过母国园区政策与东道国园区政策的有机结合，从而产生海外园区这种特殊经济空间独有的相关政策。政策传播途径包括但不限于高层会议与协商、考察调研、政策咨询、大众传媒的政策信息传播、政府公务活

动、科研学术交流与讨论等，涉及内容也是包括但不限于税收、土地、人才等政策（见图5-2）。

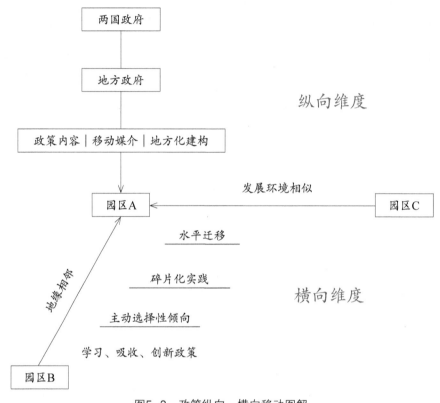

图5-2　政策纵向、横向移动图解

海外园区作为新兴经济特区，一定程度上拥有政策实践自主权，可将政策内容进行自主创新，如园区组织架构、行政管理模式、政策性计划等。海外园区更强调主观能动性，通过框架内允许的政策创新获得优质政绩来得到母国政府认可，在一定程度上影响上级政府甚至是中央政府的政策制定，从而形成逆向政策移动。纵向维度上，东道国中央政府与母国政府一同决定了合作区的建设思路与大致框架，地方政府制定与实施具体的园区政策，而国际组织是合作区的援助者，可以为园区的运营提供技术和资金等支持，在园区的可持续发展中起到重要作用。政策移动过程中政府以战略规划为方向加强投资政策引导，通过对政策的推行对海外园区企业的行为进行引导，调整并加大对相关管理部门服务和支持力度，积极与东道国签订政府间协定，提供关于东道国经济环境状况、市场潜力、国际商务信息、企业信息等相关信息服务，以维护跨国企业在国（境）外的合法权益，保护双边投资利益，这样有利于在海外园区发展的企业降低跨国经营的投资风险和经济风险，提高企业跨国经营的积极性。

政府在促进海外园区发展过程中起到的推动作用，表现在积极与东道国签订各项贸易协定，为出海企业提供部分运营指导，提供各项补贴，面向中国企业提供"一站式"服务（公司注册、税务、开户和BOI资质证书申领等），提供东道国市场产业政策、法律法规、相关优惠政策、税务、融资渠道信息、人才招聘等咨询服务，帮助企业了解目标东道国政治背景、文化风俗，减少信息不对称带来的风险。在园区发展后期，为了减少恶性竞争，政府会引导园区提高准入标准，从而促进已获得暂时成功的企业可持续发展，充分体现政府在园区整个生命周期中起到的护航作用。另外，政府在金融支持方面，引导国内可靠的投资公司与园区建立合作关系，为其提供多种形式的融资业务，企业可以充分利用各金融机构，提高海外园区企业的流动资金储备，提供保险服务，降低其境外经营的风险，从而充分发挥政策引导的主线作用，鼓励园区产业充分发挥实力。

相对于纵向维度的强制性，政策移动在横向维度上就显得更有主观能动性。园区和其他地理距离邻近或者是发展阶段相似的园区可以产生政策移动，选择性吸收适宜自身发展的政策内容、组织架构等，在试验区中进行碎片化实践，取得成效后再进行推广。

最后政策移动过程中政府如何把控干预力度，是政策制定者需要永恒学习的问题。稳固的产业关系网需要长时间构建，而政策移动的目的是在尽可能短的时间内实现增长极效应，利用主导产业吸引产业集群，总的来说政府代替了市场"看不见的手"的作用。为了更好平衡长期产业演变与短期政策效应的关系，政府推行政策移动的重点倾向于降低要素流动的成本，促进各项生产要素在该地区的集聚。

（二）"抱团取暖"

中国从实行改革开放以来，通过不断吸引外资实现了经济的高速发展，在一定程度上促进了国内产业结构升级，为之后走向全球化利用国外市场更优质的要素资源奠定了基础。商务部统计，2013—2019 年中国企业在"一带一路"沿线国家货物贸易进出口总额增至 1.34 万亿美元。截至 2019 年底，海外园区吸引投资 419 亿美元，为东道国创造税收超 30 亿美元。在这一过程中，由于不同国家在政治环境、文化风俗、法律法规等均存在较大的差异，国际上政权变更、汇率波动、国际组织势力等因素对中国企业对外投资有极大影响，使得中国企业在当地投资建厂往往会面临复杂的营商环境，还存在一定程度上的外来者劣势。而我国企业开始实行"走出去"的实践活动时间并不长，积累的经验并不多，企业对于国际贸易规则了解程度不足，导致在进行海外建厂投资生产时容易出现纰漏，因此在处理这些问题时会耗费过多的机会成本，降低经营效率，无法保障企业的合法权益，影响企业对外投资的成效。在这种情况下，中国企业通过"抱团取暖"的方式走出去，相对于单个建厂生产能提高信息共享水平，是获得更优经济效应的重要选择，成为中国企业拓展海外市场的重要方式。

企业在国（境）外"抱团取暖"时，借助园区降低经营成本、提高生产效率、拓宽信息获取渠道获得规模经济等，使中国企业在海外园区投资实现路径突破和创新提供更多的可能性。"一带一路"沿线国家除了以色列、新加坡等，大多数是处于工业化发展初级阶段的国家，基建薄弱，劳动力素质较低，各项制度不完善，各种风险并存。与中国相比，法律体系、经济环境、文化方面等均存在较大差异，中国企业在国（境）外投资建厂时从办理手续开始就会面临各种复杂难题，如签证、工商资质审批、企业注册等。另外，东道国的税收缴纳、劳资关系、安全环保、并购审批等可能会给中国"走出去"企业带来法律风险和经济风险。但近年来随着我国人口红利消失、环境规制严格程度加重，"一带一路"沿线国家低廉的劳动力成本和宽松的环境管制氛围、自然资源以及潜在的市场规模还是很有诱惑力的。

相对于单个企业去海外建厂投资，海外园区的风险应对能力、与政府及有关部门谈判协调能力要更强一些。一方面，在园区内，随着企业入驻数量的增多，园区从入园工位布置、工商注册手续、商务谈判流程等事务的办理效率会提高，从而降低园区企业的经营成本，可以减少由于不同国家或地区制度、政治、文化不同而带来的各种风险。另一方面，海外园区往往拥有更大的话语权，可以通过各种方式和途径向母国争取优惠政策、拓宽融资渠道，改善园区内的营商环境。

因此，以下从海外园区获取政策支持、服务支度、资源获取三个角度，辅以中国 – 比利时科技园和泰中罗勇工业园两个例子来分析"抱团取暖"模式为中国企业在"一带一路"沿线国家开发市场所起的关键作用。

　　一是获取政策支持。参与海外园区经营的主体是东道国、中国政府和企业，这三者通过不断协商沟通达成协议，这个过程中我国政府为了帮助中小企业拓展海外市场，往往会在提供更多优惠政策的同时，为"走出去"的企业向东道国政府争取更多关于税收、土地和人力资源方面的优惠政策支持，表 5-2 中列举了中国 – 比利时科技园和泰中罗勇工业园中企业可以享受的相关政策。由于各企业集中在海外园区内，形成了较大规模的集聚效应，可以获得更多的关注，有需求时可以联合起来反映，更易得到重视。此外，海外园区运营方一般都会设立园区管理委员会，负责与东道国政府、非政府组织、社区、工会等进行协商相关事宜，因此园区管理委员会的存在也使园区的话语权变得举足轻重，比起单个企业更能发挥协调作用。

表5-2　政策支持情况

| 园区名称 | 相关政策 |
|---|---|
| 中国–比利时科技园 | 1.投资补助：购置新设备、无形资产投资（专利、许可、已获得或尚未获得专利的专业技术），可获最高达40%比例的补贴。<br>2.研发支持：基础工业研究补贴为50%（对于中小企业，该额度可升至70%），应用研究项目的先融资贷款为50%（对于中小企业，该额度可升至70%）。<br>3.税务优惠：专利收入扣减、研发中心内项目投资扣减、研发项目税收抵扣、研究人员个人所得税部分免除、增加雇员税务补助、创新奖金、研发项目外派人员优惠税务机制、地区津贴免税等。 |
| 泰中罗勇工业园 | 1.知识型产业、发展国家基础设施行业，免八年企业所得税。<br>2.在国内少有投资的高科技行业免五年企业所得税。<br>3.技术不如前者行业先进，但能增加国内原材料价值以及加强产业链发展的免三年企业所得税，上述企业可享受免机器/原材料进口税及其他非税收优惠权益。<br>4.制造业无外资比例限制、外资购地享有所有权。 |

　　二是服务支持。为了让企业有更好的经营体验，提高园区内企业的运营效率，同时吸引更多企业入驻，海外园区会努力为企业提供优质的显性服务和隐性

服务。显性服务指的是园区在获得土地进行开发的初期，会保障园区内基础设施建设最大化满足企业需求，例如提供"七通一平"（通水、通电、通路、通信、通排水、通暖气、通燃气，土地平整），或者至少保障前三项通畅或前五项通畅；此外，还有园区内的配套设施，例如美观的绿化设计、标准厂房、员工宿舍和餐厅等，并通过官网、大众媒体等将园区的优质显性服务向其他企业宣传，从而吸引更多优质中小企业项目的入驻。隐性服务是指园区拥有的为企业办理各种手续等流程的丰富经验，如入园审批、工商注册、法律服务、人力资源、融资渠道提供、多语种翻译等服务。园区强大有效率的专业分工能减少企业运营成本，增加边际经营效率，提高企业投资回报率及生产率。中国 – 比利时科技园和泰中罗勇工业园都是成功的海外园区，表5-3 中介绍了其较为完善的基础设施和服务，从中可以看出，优质园区基础设施的建设都需满足日常生活生产的需求，高科技园区的标准可能会更高。同时，企业为了更高效率运营，会倾向于选择能提供一站式服务的园区，因为进驻一个没有建设海外园区经营的国家，困难是非常大的，政府没有合适的优惠政策扶持，建设新的园区基础设施、办理相关园区入驻手续、土地租赁合同等都将会很烦琐。

表5-3　中国-比利时科技园和泰中罗勇工业园服务支持情况

| 园区名称 | 服务支持情况 |
|---|---|
| 中国-比利时科技园 | 1.基础设施：园区分为BAROC孵化园、SBIRD创新基地和智慧谷三大功能区。其中，BAROC孵化园、SBIRD创新基地已建成投入运营，新建工程智慧谷，涵盖联合办公空间、孵化器、研发中心、总部基地和"园中园"等多元产品类型，建成后可容纳200多家中欧高新技术企业办公。园区市政道路已铺设，园区按欧盟CE标准设计实施，应用了多项生态节能技术，如入户大堂自然采光天井、气候调节型热辐射集成天花、雨水回收循环利用系统。<br>2.相关服务：园区联合KPMG、Group S等跨国机构，为企业提供公司注册、工作签证和居留申请、财务、法务、当地人才招聘等通用服务。<br>3.可为中欧企业特定产业的特殊需求，提供实地考察、政策咨询、融资租赁、各类研发合作乃至产学研全方位对接等专业服务。 |
| 泰中罗勇工业园 | 1.基础设施：园区道路宽阔平整，水、电、天然气、通信等必需资源供应充足，建有活化淤泥废水处理系统，焚化炉日处理垃圾能力达33吨，安保、消防设施完备。<br>2.相关服务：园区可提供企业注册、银行开户、工业用地许可申请、项目专项联系、金融咨询等服务。 |

三是信息获取。对于在国（境）外拓展市场的企业来说，深入了解当地风俗文化、政治体制、法律法规、贸易标准等亟须注意的事项，才能做好解决突发事件的预案，降低企业在国（境）外投资所面临的政治、法律和经济风险。对于国内中小企业来说，在国（境）外经营的试错成本不容许耗费太大，而海外园区作为容纳企业集群的承载体，以及园区内管理委员会较完善的处理突发事件的解决机制，能更好地帮助企业降低上述风险。此外，入驻海外园区的企业在一定程度上会产生相吸性，由此产生信息和资源的高频交换，包括行业信息、人才网络、融资渠道、本地化发展所需注意的事项等，从而可以在一定程度上减少信息不对称和道德风险带来的损失。在此基础上，园区内的企业可以发掘到潜在的专业分工伙伴，从而减少在拓展海外市场时寻找当地合作伙伴可能面临的风险与高额成本，通过这种"抱团取暖"的方式能极大提高企业投资回报率（见表5-4）。

表5-4　中国-比利时科技园和泰中罗勇工业园信息获取情况

| 园区名称 | 信息获取情况 |
| --- | --- |
| 中国-比利时科技园 | BAROC孵化园已进驻中欧创新企业20多家，SBIRD创新基地由全球生物科技领军企业IBA公司整体入驻，新建工程智慧谷，建成后可容纳200多家中欧高新技术企业办公。该科技园主要研究生命科学、智能制造、信息通信等高科技产业，其为中欧双方行业在技术交流提供了较为便捷的绿色通道，为双方在技术转移、战略投资、行业合作及市场准入提供平台与支持。 |
| 泰中罗勇工业园 | 泰国作为构建"一带一路"的支点国家，地处东南亚中心，可辐射东盟及与泰国经济关系紧密的其他国家，其多年实行自由经济政策。园区长期以来一直以其完善的基础设施、宽松的投资环境、较好的市场辐射能力、稳定的社会和政治以及友好丰富的文化吸引着来自世界各国的投资者，已有150多家中国企业入驻，被称作泰国的"工业唐人街"，企业间信息交流较为便捷快速。 |

（三）产业集聚

在全球化背景下，我国海外园区承担着促进两国经贸发展的重要政治、经济任务，是中国企业"走出去"的重要平台。国际上对海外园区的建设已有丰富经验，各国通过将优势产业集聚从而促进经济发展。随着科技发展，国与国间信息交流沟通变得畅通无阻，各国拥有更多信息渠道了解其他国家拥有何种资源优势，跨国建立海外园区变得更加普遍，以下将从四个方面分析园区产业集聚（见表5-5）。以泰中罗勇工业园为例[①]，有利于深入理解园区产业集聚过程和效应。

表5-5　产业集聚情况

| 相关理论 | 产生原因 | 集聚过程 | 产生效应 |
|---|---|---|---|
| 新竞争理论<br>增长极理论 | 短期政府政策的推动，长期产业组织演变 | 生产要素流入→产业适应本地化→产业链延长→市场竞争力提高 | 规模效应<br>外部效应 |

20世纪90年代经济学家波特提出新竞争理论，他强调产业集聚过程中应重视企业创新能力带来的知识技术外溢和信息共享效用，加快工业化进程。李春顶研究认为，海外合作区的建设是中小企业"抱团取暖"、抵御国际经营风险的重要平台，是我国实施"走出去"战略的一项重要举措。柯昌波认为，产业集聚可以创造品牌效应，提高该区域竞争力，吸引更多的人口融入该区域，进而为城市化和工业化的发展提供人口资源。在实证研究方面，李嘉楠等人运用倾向得分匹配的方法，验证了海外园区的建立能够显著促进东道国和中国的直接投资。

为海外园区产业集聚提供理论基础之一的是法国经济学家佩鲁提出的增长极理论。该理论实际上是不平衡增长理论，其认为经济增长不可能发生在所有地区，由于资本逐利性等因素，必然出现一个主导产业，政府应当使用优惠政策与资金大力发展该产业，吸引其他地方的生产要素向该产业流动，将该产业变为促进经济发展的增长级，辐射周边产业发展。对于资源有限的发展中国家来说，通过政府有意识地引导海外园区的建立，吸引外来投资、使用本国力量培养优质产业的发展，促进优质产业集聚，使得一批拥有规模经济效益、外部效应的产业在适宜的地方集聚，通过信息技术、获取资源渠道共享等方式带动地区经济发展，促进双边国家贸易往来，体现了海外园区作为增长极的经济辐射作用，能使经济由不平衡增长转变为长期的平衡发展。我国在建设海外园区时不能盲目发展所有产业，而是要依靠主导产业的增长发挥与其他产业间的关联效应，从而促进两国经

---

① 该园区已经形成了较为良好的产业集聚效应，入驻了汽车、摩托车及其零部件、新能源、新材料等120多家中国企业，累计总产值120亿美元，雇用泰国员工32000人、中国员工2000人。

济发展。

从海外园区发展现状来看，其建立是一项双赢的国际投资活动，除了上一章阐述的中国中小企业可以在国（境）外"抱团取暖"般投资建厂，降低海外经营风险与运营成本，当地企业也可以充分利用中国企业带来的技术、知识溢出效应，共享法律、金融、管理咨询服务和完善的基础设施服务，从而充分发挥产业集聚带来的便利之处。海外园区中的产业因地制宜地利用当地要素资源优势，不断丰富自身业务，吸引主体产业和延伸产业，不断完善产业链，将海外园区作为产业集聚平台功能充分发挥。中国可以充分利用东道国优惠政策，以较低价格获得中国稀缺原材料与中间产品，或者以降低交通成本的目的直接在当地建厂销售，对于东道国来说可以带动本国经济发展、创造更多就业岗位，因此海外合作园区作为发挥产业集聚、国际援助的重要平台值得推广。

泰中罗勇工业园位于泰国罗勇地区，由中国华立集团与泰国安美德集团合作开发。华立集团的雏形为 1970 年在浙江省余杭镇创建的"竹制雨具厂"，1971年通过生产电度表成功转型为工业企业，1982 年注册为"华立"商标。2000 年以后，国内仪表市场竞争变得激烈，成本降低的同时利润也在不断下降，为了更好发展"华立"品牌，企业决策者决定将眼光放在国际市场上。泰国既有较为宽松的贸易政策，市场潜力大，也有完善的基础设施和服务支持。华立集团在泰国尝试建立一家电表生产厂之后很快取得了成功，但是单个企业在国外经营会面临很大的经济、政治等风险，也缺少延伸产业链和附属服务的支持，因此，华立集团决定在泰国专门为中国企业创建一个投资平台，在双方政府和中泰企业共同努力下泰中罗勇工业园建成落地。

产业集聚是资本、劳动力、技术等生产要素不断流入到一个区域的过程，也是一个区域内不同产业适应本地化的动态配置过程。海外园区能将具有竞争与合作关系的企业聚集在一起，一般是以东道国地理、要素禀赋优势为中心形成产业集聚体，能够强化专业分工，优化要素资源配置，促进产业链的延长，提高企业市场竞争力，因此可以对双边经济发展起到积极作用。从拓展海外市场的母国视角来看，海外园区的存在可以促进东道国企业和母国企业互动，可以增强两国企业联系，充分利用各自所需要素降低成本；由于企业都集中在海外园区内，交流沟通距离近，可以节省交通运输费用。产业聚集可以通过知识与技术溢出而进行

的学习效应、共享中间投入品的外部效应等来提高资源配置效率，从而降低市场交易成本，同时部分园区内同类型的产业会由于竞争机制的存在而去争夺资源、提高自身创新能力、优化管理机制，从而实现园区内资源最优化配置，有利于园区企业长期发展。

仍以泰中罗勇工业园为例，产业集聚的首要条件是生产要素的流入，包括土地、资本和人力资源等。在泰中罗勇工业园投资，享受土地永久产权。园区内设有工业区、保税区、物流仓储区等，为了吸引国内外资本流入园区，浙江省政府和相关机构充分利用新媒体进行宣传。截至2020年8月，已有42家企业入驻泰中罗勇工业园，协议投资金额达8亿美元，其中21家企业已正常生产运营。园区为泰国本地就业提供3万多个岗位，也带去了中国高质量人才。为了更好地将目标产业本地化，泰中罗勇工业园管理委员会审慎分析泰国产业发展条件，认为该国在农业、橡胶和汽车等产业拥有较为理想的比较优势，因此中方选择了中策橡胶、新泰车轮制造有限公司等企业，在园区内形成了电子、汽配、机械、建材产业集群。园区还通过如绕路开发、建立佛像、开展慈善活动等各种做法，不断加强中泰员工的交流。园区不仅入驻了中策橡胶、富通集团等中国著名企业，还有美国飞利浦、韩国莫纳米等国际知名企业，降低了企业之间的信息交流成本，有利于知识溢出效应的充分发挥。此外，泰中罗勇工业园十分重视依附于主产业链的其他服务，园区提供专业团队为企业从考察、咨询、土地产权办理到员工招聘培训、融资服务等一系列流程提供服务。

产业集聚形成后可以带来非常直接显著的规模经济效应。由于中国中小企业在国（境）外拓展市场时聚集区内的整个产业链和价值链会随着各类企业不断入驻而逐渐完善与升级，内部可以形成默契的严密分工体系，从而极大提高生产效率与投资回报率，在产品的研发、生产、销售与售后等环节都能充分保障其高效进行，从而促进规模经济效应发挥，并在设定较低价格的情况下也能保持较为可观的利润，使企业进入市场后能保持持久的竞争力及长期发展。

产业集聚体类型众多，如农业产业集聚、工业产业集聚、物流产业集聚、高新技术产业集聚等，产业集聚的形成不仅有长期演变下产业组织形成的基础，还有政府力量控制下的主观形成，拥有政府层面的保障力量可以降低企业在国际市场经营的成本，也可以降低信息不对称带来的寻租效应和道德风险。一般情况下，对于自然资源丰富的地区最开始会产生以开采为主的上游企业，随着企业发展壮大，吸引更多中下游企业集聚，从而延长产业链。在此过程中，资源是否丰富已经不再是最重要的影响因素，基础设施、交通、营商环境、法律法规政策等也成为影响产业集聚的重要因素。此外，只有从事相关产业的上下游企业集聚是不够的，为了使生产、销售更高效，海外园区还会出现延伸产业，这对于中国企业在海外园区可持续经营十分重要。延伸产业包括金融服务业、咨询服务业等，可为园区内的企业提供法律、融资、管理等专业化服务。延伸产业和集聚主体产业是相辅相成的，集聚主体产业想发展壮大就需要更专业化的延伸产业为其提供服务，延伸产业拥有越多专业人才，提供越详细周到的优质服务就能促进集聚主体企业可持续发展。因此，海外园区的建立不仅可以促进某行业的发展，还可以像泰中罗勇工业园一样带动延伸产业劳动力岗位的增加。园中园模式提高了入园企业经营效率，投入产出率提高，规模效率持续升高，促进了园区良性发展。

## 二、影响效应

### （一）贸易效应

国外广阔的市场不仅可以成为中国企业"走出去"的重要平台，在一定程度上可解决中国产能过剩的经济发展问题，而且建设海外园区可以帮助规避国家间的关税和非关税壁垒，充分利用中国与各友好东道国之间经济发展互补点。同中国友好国家建立海外园区的主要目的是拉动双边投资和促进双边贸易往来。各国建设的各类型海外园区，为我国和东道国应对区域贸易发展和解决全球经济变化负面影响提供了优质解决方案。截至目前，海外园区双边贸易额在不断增加，产生了积极的贸易效应（见图5-3）。

海外园区的建设一方面为中国企业走出去提供良好的发展平台，降低中国企业在国（境）外投资可能面临的各种风险，另一方面充分利用当地的自然资源优势和劳动力优势，充分发挥园区产业集聚、资本集聚功能。随着园区组织架构逐渐完善、政策规则逐渐完备、产业结构优化，入驻的企业会越来越多，企业的积极入驻可以直接促进双边贸易往来，加快我国企业对外投资，促进贸易合作。对

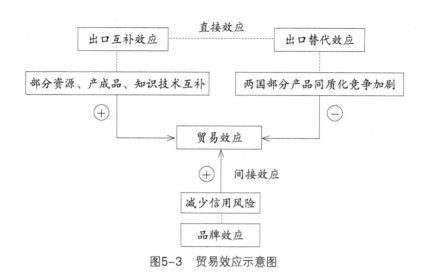

图5-3　贸易效应示意图

于中国对外直接投资的贸易效应已有学者研究并取得了丰富的成果，目前文献中对于中国海外园区的研究大多集中在发展概况、对外投资理论研究、挑战等宏观方面，对于海外园区的建设所产生的贸易效应却鲜有涉及，深入分析中国海外园区建设所带来的贸易效应对于双边国家产业结构升级、清晰功能定位、改善园区运营模式具有重要意义，本节拟对这一方面进行研究。

　　首先是出口互补效应。我国是资源大国，但由于人口基数大导致部分资源供给不足，或是部分资源开采困难等，需要从国外进口战略性资源，在这一过程中往往会消耗巨额外汇储备，还会面临进口国对于资源出口的限额从而使得国家安全受到威胁。因此，中国通过建立海外园区，通过园区直接利用当地资源进行生产，将中国所需部分制成品销往国内，有利于减少国际进口价格波动的风险。不同行业能专业化分工，可以提高各类资源的使用效率，而关税和非关税壁垒的降低，促进贸易额度大幅提升，带来了规模经济，提高了海外园区内社会福利水平，促进了中国更多企业可持续发展。另外，海外园区从中国进口部分核心技术设备、部分原材料等，也可以增加资本品和中间品的出口。例如越南龙江工业园区中的佩蒂股份，其利用越南地区优势生皮资源和劳动力资源，将自身拥有的研发资源与技术优势相结合，促进了宠物食品的出口贸易发展。除了商品出口，还有在较为发达的国家的海外园区进行建厂投资时所涉及的技术溢出效应，我国企业通过学习效仿东道国的高科技技术，学习到的先进技术可以流入国内，带动国内研发更高附加值的产品，促进我国产业高质量发展。

其次是出口替代效应。中国企业在国（境）外投资建厂所生产的产品直接销往东道国以及其他国家，海外企业自身实力的增强可以提升其在东道国的市场份额，且企业在国（境）外经过审慎调研后建立的海外园区可以更符合当地需求，其走产品向当地销售的路线时，也更能准确有效地和东道国市场消费者沟通，从而降低沟通成本，更有效率地开拓海外市场，提升自身产品的竞争力，使该种产品在东道国市场总供给量增加，国内该种产品在东道国出口的减少，形成出口替代效应。由于中国在国（境）外建设的海外园区大部分分布在发展中国家和新兴经济体，其与我国经济发展水平相似，在产品结构方面主要从发达国家进口资本密集型产品，出口低附加值产品，因此存在一定程度上的出口替代效应。但随着各园区建设逐渐成熟，其招商机制逐渐完善，对于入驻企业的筛选会变得更加严格，中国也在同更多国家建立友好贸易关系，促进中国企业在更适宜发展的东道国投资建厂，从而减少同质化竞争。

中国在海外园区的主运营商和入园企业大多是中外合资和中国企业，海外园区的建设不仅能为东道国的贸易发展起到促进出口和进口替代的作用，也在输出国内富余产能。例如赞比亚中非经贸合作区承接了国内供给过多的金属冶炼加工产业，而当地石油、矿产资源更加丰富，充分发挥中国制造业的巨大产能。赞比亚是 WTO、COMESA、SADC 等国际区域合作组织的成员国，在当地制造的产品出口可以享受区域性经济组织内部的政策与关税优惠。园区内的企业可以借助海外园区绕过关税壁垒与贸易配额限制，将产品以更低成本销往非洲市场。赞比亚中非经贸合作区是赞比亚联合中国有色集团建立的第一个国家层面的多功能经贸区，合作区在中非双方共同努力下，促进了双边贸易往来与经济发展。中国有色集团以该经贸合作区为平台，充分利用该地区优势发展采矿业务。在非洲中南部勘测矿山，中非合作的标志性项目——赞比亚谦比希铜矿，是中国政府批准的第一座也是迄今为止最大的一座有色金属矿山。截至 2020 年 11 月，谦比希铜冶炼的铜产品、硫酸和渣精矿含铜分别完成生产计划的 105.8%、106.5% 和 139.1%。为了解决采矿设备落后的问题，中方积极攻坚研发新技术，以国内选矿工业带动当地采矿业生产效率，形成了我国最大的境外铜钴生产基地，铜钴制品贸易量大

大增加，形成开采、加工、冶炼"一条龙"的产业链，并吸引配套服务业的加入，即运输、仓储等生产性服务业，建设成为具有辐射作用和带动效应的综合性多功能园区。从中可以看出中国积极拓展国外市场，努力克服要面临的技术难题，提升自身创新能力，从而获得新的知识与技术，也是中国在建设海外园区贸易效应中辐射出的间接效应。

大型国有企业、民营企业通过海外园区传播中国制造强势品牌体现了贸易效应中的间接辐射作用。海外园区投资企业中的大型强势中国企业，其拥有先进的技术、管理经验，雄厚的资金规模，这类企业在国（境）外拓展市场往往追求将中国品牌打响，从而促进中国产品出口增加。例如赞中经贸合作区的有色集团企业，利用共同市场关税优惠等将产成品低价销往非洲甚至欧美市场，这种方式将中国产品带入了一个 6 亿人口的市场，这对于打造我国产品物美价廉的形象具有重要意义。

（二）结构调整

我国已进入产业转型升级关键时期，产业布局加快调整，中国将国内部分产业通过海外园区转移出去，从长期来看有利于我国一二三产业结构调整，提高后两者在国民经济中的比重，顺应国内产业升级趋势。产业结构的调整是实现我国经济可持续发展的根本条件之一，能在一定程度上扩大就业、促进经济改革深化、改善人民生活。海外园区的建设从四个方面促进国内产业结构调整（见图5-4）。

一是以更低成本利用东道国丰富的自然资源，这种情况有利于缓解国内资源压力。我国发展到了后工业化时期，自然资源丰富，劳动力资源丰富且价格较低等原有的优势也逐渐消失，面临经济绿色高质量发展需求和人口红利消失的局面。企业为了在更低生产成本的前提下获得更多的利润，会选择离开原产地，转移到生产成本更低的地方。因此，制造业会出现产业转移的现象，从而导致国内产业结构出现调整。

二是该行业在国内产生富余产能，所面临的市场已经趋于饱和，创造的边际效益低，而此种行业在其他国家可能会有较大的市场潜力，企业通过选择在海外园区建厂投资，避开贸易壁垒将产品直接销往东道国和其他国家，这一过程可以扩大出口规模，释放富余产能，以贸易结构的改善推动产业结构的调整。

三是企业为了学习更先进的技术从而选择去其他国家海外园区建厂投资，在更靠近核心技术的地方能更便利地获取知识技术，从而可以专注于产品的研发、创新。更优质的先进技术能促进产业高质量发展。

四是为了打响中国品牌，出于这种动机去拓展海外市场的企业通常是由中央政府牵头央企参与，在更低成本的地方进行中国制造，将物美价廉的中国产品销往国外。同时帮助东道国建立相关基础设施较为完善的园区，促进东道国就业岗位增加，利用技术溢出效应吸引东道国相关企业竞争和效仿，促进两国相关行业持续纵向发展，整体进步，促进产业结构升级。

我们将上述第一、第二、第三种动机，即为获取低成本高利润的生产模式，以及为将本身拥有的比较优势最大化发挥，促进资源最优化配置的过程称为市场驱动型途径，将第四种为拓展中国品牌效应的过程称为政策驱动型途径。这四种不同出海动机通过不同途径过程均可达到调整国内产业结构的目的。

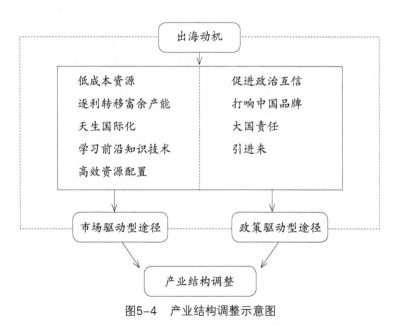

图5-4　产业结构调整示意图

为了更好理解海外园区出于何种动机、通过哪种途径进行产业结构调整，我们可以通过中国在非洲建立的莱基自由贸易区窥知一二。莱基自由贸易区是我国

在 2007 年由中国铁建有限股份公司等在尼日利亚牵头建设的经贸合作区。中国政府与企业在充分考察之后，为了充分利用尼日利亚和当地的投资环境与资源、便利的交通条件，决定将该园区打造成以生产制造业与仓储物流业为主导，同时发展房地产业的新功能经济区。非洲国家经济发展水平比中国落后，这个差距为中国部分企业在该地转移多余产能实现产业结构调整提供了良好的环境。此外，莱基自由贸易区所处区位具有较大优势，距离市区约 50 千米，距离国际机场和大型港口不超过 100 千米，规划中的莱基新港就在自由贸易区内，莱基自由贸易区在园区运营方面享受市场准入、税收等方面的优惠政策，其产品在依法缴纳关税之后可以在无配额限制的条件下向东道国和欧美地区、西非地区出口。

除由母国建设海外园区引起本国产业结构调整外，随着园区管理者和各国政府运营经验的增加，目前海外园区发展方式出现一些新的趋势。例如政策制定者和园区管理者关注重点由注重规模变为注重质量、资源配置的方式变得更加集约化等。因为现代产业发展表现出的特性主要强调网络信息化、智力资源等，海外园区项目引进不仅仅局限于大型公司，而是转向中小型高科技公司；产业结构由单一制造业向制造服务业相结合转变；环境建设开始向绿色环保标准靠近；园区加强自身金融属性，在赢利模式上调整原来的土地增值赢利模式，转向利用融资、投资等方式，拓宽园区中企业融资渠道，实现企业高价值回报。海外园区的建设加快了中国对外投资发展的速度，中国装备、技术、标准和服务在海外市场声名远扬，在此基础上可以为东道国的工业提供从低端到高端的出口返销市场，从而将资金、劳动力、土地等生产要素投入国内的有效供给中，实现国内产业结构向中高端转型升级，而海外园区本身也在前进中不断吸取经验，调整园区布局结构，努力为促进双边贸易发展作出更多贡献。

（三）资源利用

企业在海外园区可以利用各自资源促进自身可持续发展，例如自然资源、劳动力资源、园区资源等。

一般农业海外园区和重、轻工业海外园区是为了充分利用东道国丰富的自然资源。因为运输会产生成本，当预计经营年限的持续运输成本远大于就地建厂的建设成本现值时，企业就会选择在原产地开展生产活动。例如赞比亚谦比希园区就是中国企业为了更好地利用当地的铜钴资源，延伸金属制品产业链而与东道国设立的，其以资源型园区为目标，主要经营模式为资源加工和企业自营。入园企业大部分为中国有色集团下属企业，有铜、钴等矿产资源的采选、冶炼、加工等各环节，建设初期赞比亚方开采设备严重老化，为了解决这个问题，中方以新采选技术代替了旧设备，提高了生产效率。园区内也有私企，为主导企业提供后勤、机械修理等配套服务。由于赞比亚矿产资源极其丰富，该园区运营内容主要关注矿采资源的开采与加工销售，并不需要加大入驻园区的宣传。此外，中俄托木斯克合作区，其所在国俄罗斯是全球森林面积（高达 814.9 万平方千米）最大的国家，该合作区充分利用所在地富饶的森林资源，建设高产锯材生产线——锯材生产、旋切单板生产、密度板生产线等，年产值可观。

中国有部分海外园区并不是从零开始建设的，而是依托园区已经成熟的基础设施资源、政策制度、后勤服务和专业服务等进行运营，从而节省基础设施修建、组建专业服务团队等的成本，其中泰中罗勇工业园就是很好的例子。1989 年一位泰国华侨在罗勇地区建立了安美达工业园，其占地 100 平方千米，2005 年中国开发商华立集团与安美达集团签约，从大工业园中划分出 12 平方千米的区域建设为泰中罗勇工业园，专门承接中国企业项目。安美达工业园本身有交通、水、电、燃气、污水处理、通信等设施，也有管理、法律、金融等专业咨询服务，入驻的中国企业可以很快投入生产运营，因此泰中罗勇工业园自运营开始就吸引了很多中国企业入驻，园区开发商的利润来自大园区的土地费用支付减去入园企业上缴的租金，企业的积极入驻保证了开发商的利润，而更低的建设成本、更高的运营效率也让入驻的中国企业获得了高投资回报率，从而促进了园区可持续发展。如果没有较为成熟的工业园区，选择从零开始建设海外园区，前期耗资巨大，包括但不限于基础设施建设与沟通成本。园区的基础设施"三通一平""五通一平"甚至"七通一平"（通水、通电、通路、通信、通排水、通暖气、通燃气，土地平整）等条件往往需要耗费上亿美元，特别是中国在国（境）外建设的海外园区大部分分布于发展中国家，在这些欠发达地区完善基础设施所需材料奇缺且价格昂贵，需要中国国内向这些地方输送各种工业设备和生活必需品，其中柬埔寨园区建成后用了 7 年的时间才实现年度收支平衡，而乌苏里斯克合作区依托较发达的俄罗斯市场，毗邻中国，入驻其中的中国企业能在此获得较理想的经济

效益。

　　"一带一路"沿线国家已成为世界第二大贸易板块，在经济全球化大趋势和政府优惠政策激励下，海外园区建设数量稳步增长，通过园区进行海外市场拓展的中国企业越来越多，规模也在不断扩大，并充分利用东道国本土人力资源进行园区运营。目前我国劳动力成本逐渐增加，我国人口自然增长率逐步下降，正面临人口红利消失的局面。我国企业积极拓展海外市场，其目的之一就是利用海外较为低廉的劳动力从事生产加工，相当一部分劳动密集型产业转移到了其他发展中国家，从而将我国企业在这些传统制造业中的优势地位继续延续。《2019 年度中国对外直接投资统计公报》显示，中国境外企业 2019 年底雇用外放员工 226.6 万人，占当年年底境外企业从业人数的 60.55%，商务部统计显示，2019 年中国对外承包工程、劳务合作业务雇用项目所在国家人员 77.9 万人，其中亚洲 37.4 万人，非洲 34.6 万人，南美洲 3.6 万人，欧洲 1.5 万人，大洋洲 0.8 万人，向所在国家缴纳税金总额 560 亿美元。

### 三、区域比较

　　海外园区在一定程度上可以说是中国企业开拓国际市场和中国产业"走出去"获取发展新空间的立足点，既为东道国创造了大量税收，带动了当地经济发展，创造了较多的就业岗位，同时也促进了各国间的经贸合作。海外园区布局的合理与否直接影响到中国境外市场的未来可利用空间。研究海外园区建设与中国企业对外投资分布的匹配性，需要了解园区所在洲的分布，所在国家的发展水平、园区类型、参与企业性质等。图 5-5 数据参考李祜梅、邬明权、牛铮、李旗整理的《1992—2018 年中国境外海外园区信息数据集》，总结了截至 2018 年底中国在各大洲建立的园区布局。

　　由图 5-5 可以看出，中国 1992—2018 年在国（境）外建设的海外园区覆盖亚洲、欧洲、非洲、大洋洲、北美洲和南美洲，涉及 52 个国家。从数据来看，中国的海外园区主要分布在亚洲、欧洲和非洲地区，其中农业园区主要分布在欧洲、非洲和亚洲地区，重工业园区主要分布在亚洲地区，轻工业园区主要分布在亚洲和非洲地区，物流园区主要分布在欧洲和亚洲地区，高新技术园区主要分布

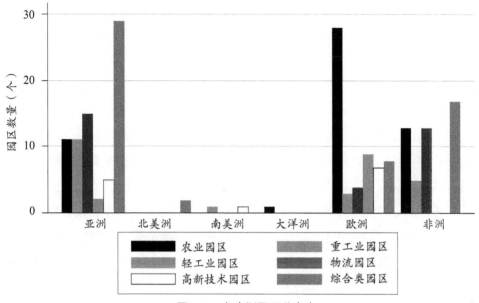

图5-5　各大洲园区分布表

在欧洲和亚洲地区。而综合类园区在全球布局较广，亚洲、欧洲和非洲都有布局，且亚洲的综合类海外园区分布最多。从上述统计分析来看，中国海外园区在世界各地区的分布数量、分布密度存在很大的地区差异，有的区域过分集中分布，形成区域内竞争，比如多集中在亚洲地区，数量超过海外园区总数的一半；有的区域又分布零散，达不到规模，如分布在欧洲的海外园区数量明显不均衡，主要分布在处于北欧亚的俄罗斯领土内，相对靠近内陆的欧洲中部有一片中国海外园区分布的空白区。

我国从改革开放以来，科技发展迅速，资本密集型产业增多，根据国际产业转移理论，劳动密集型的产业将会被逐渐转移出去。中国对外投资分布可在农业、制造业、基础设施建设业、采矿业等领域。中国流入亚洲的对外投资流量为1108.4亿美元，占比最多，另外，我国对"一带一路"沿线国家投资177.9亿美元，增长18.3%，占全国对外投资比重上升至16.2%，对装备制造业、科研等服务业投资规模增大，创造了近40万个工作岗位，就业效应显著。

以上数据介绍了我国海外园区的大致分布以及对外投资分布，为了更好地理解园区与对外投资匹配性，以下将通过对外投资流向的行业进行分析。

非洲。截至 2019 年底，中国流向非洲的对外直接投资为 27.1 亿美元，在非洲地区的投资存量为 443.8 亿美元，占中国对外投资存量的 2.0%。2019 年，中国对非洲投资存量行业分布中（见图 5-6），建筑业 135.9 亿美元，采矿业 110.2 亿美元，制造业 55.9 亿美元，金融业 52.4 亿美元，租赁和服务业 24.9 亿美元，其他 64.5 亿美元。2020 年，受新冠疫情的影响，中国商务部预期中国对非洲的直接投资会减少 40%，达到 20 年最低水平，但国际生产体系将在经济增长中起到重要作用，预期 2022 年跨国投资流动会缓慢复苏。从上面对非洲海外园区的统计可以看出，截至 2018 年底，中国并未在非洲布局物流园区和高新技术园区。原因是非洲基础设施较为落后，并没有足够的资金支持高新技术研发，但通过中国 "一带一路" 建设的进行，可以大力发展中非基础设施建设合作，这意味着目前中国对非洲投资主要集中于建筑业是非常客观可行的，升级非洲基础设施建设，从而有利于中非经贸区发展更多产业，巩固双方合作成果。此外，非洲拥有总价值占全球近三分之一的矿产资源，深受业内青睐，但非洲目前产量价值仅占全球的 9%。2019 年我国在非洲的投资集中于采矿业，资金占总投资量的 24.8%，居第二位，而建设的重工业园区较农业园区和轻工业园区少。我国在采矿业领域

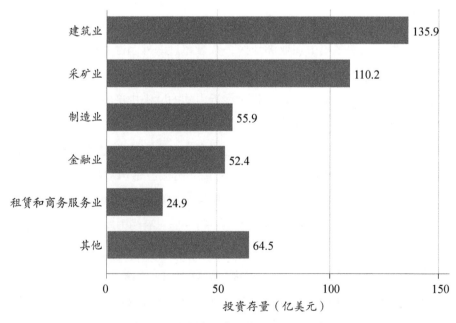

图5-6　2019年中国流入非洲行业投资存量

的对外投资主要集中在产业链上游，如开采、技术设备等项目，而产业链下游，如矿产品贸易利润会更高，发展更有潜力。除了传统的建筑和采矿业，中国对非洲其他产业的合作也在大力推进，例如金融业在非洲的投资比例上升，多家埃及主要商业银行开通了人民币业务，金融服务行业的发展可以使中国企业的海外园区融资渠道增加。

欧洲。商务部公布的 2019 年底中国对欧洲直接投资存量行业分布表中，制造业居首位，为 308.3 亿美元，主要分布在瑞典、德国等国家，其次是采矿业148.1 亿美元，主要分布在荷兰、卢森堡等国家，金融业 164.8 亿美元，租赁和商务服务业 112.9 亿美元，批发和零售业 53.0 亿美元，主要分布在法国、英国、卢森堡等国家，其他行业 206.0 亿美元，国别分布较为集中，投资行业分布日趋多元化，涉及 18 个行业，市场覆盖率较高（见图 5-7）。而从海外园区全球分布来看，中国在欧洲合作建设的海外园区主要是农业海外园区，共 28 个，其中 26个位于俄罗斯境内，重工业园区、轻工业园区、物流园区、高新技术类园区和综合类园区均有涉及，但主要分布在俄罗斯、意大利、德国等国家，除俄罗斯以外其他国家的海外园区仅 1～2 个，而对外投资存量最多的英国、卢森堡、瑞典等

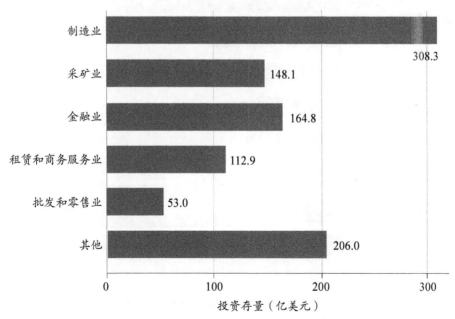

图5-7　2019年中国流入欧洲行业投资存量

国家并未与中国合作建设海外园区，中国对外投资存量并不多的俄罗斯建设有较多农业海外园区。

北美洲。2019 年，中国对北美洲地区直接投资 43.7 亿美元，同比下降 50%。2019 年，中国对美国投资存量为 777.98 亿美元，其中，制造业 192.86 亿美元，金融业 119.18 亿美元，信息传输服务业 75.99 亿美元，批发和零售业 59.21 亿美元，房地产业 37.57 亿美元，科学研究和技术服务业 33.67 亿美元，其他 165.45 亿美元（见图 5-8）。中国对美国的投资存量占中国对北美洲投资存量（1002.3 亿美元）的 77.6%，故从中国对美国的投资可以看出中国对北美洲的投资情况。中国对北美洲投资区域相对集中，主要分布在美国和加拿大等国家，其中美国占 77.6%，加拿大占 14.1%，百慕大群岛占 8.3%。近年中国对北美洲的投资比例有所下降，由于中美贸易摩擦和北美外资审核收紧的限制，中国企业在美国投资发展面临的不确定性增强，因此并购投资大幅下降，承包工程业务也有所下降。截至 2018 年底，中国在北美洲建立的 2 个海外园区均在墨西哥境内，为综合类园区。可见虽然中国有流向美国、加拿大、百慕大群岛的投资资金，但面对这些地区强烈的

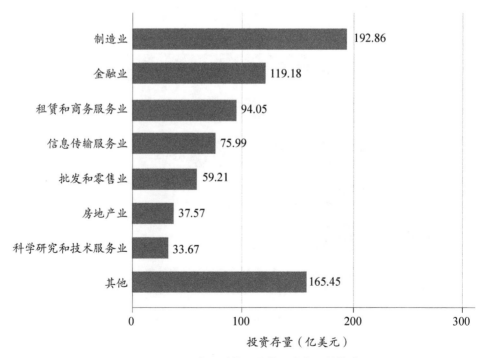

图5-8　中国对美国直接投资存量的构成

贸易保护倾向，日趋严格的外资审查监管，例如半导体、金融行业甚至是食品加工业等的进入，以及相关部门若发现中国企业投资美国高科技产业则会采取一票否决制度，因此中国在北美洲发展海外园区的难度很大，无论是从地理距离还是文化距离、制度距离来说均面临很大困难，对外投资金额和海外园区数量都很少。

大洋洲。中国在大洋洲进行的投资行业主要分布在采矿业，为 209.3 亿美元，金融业为 46.8 亿美元，其他行业为 75.7 亿美元等（见图 5-9）。中国对大洋洲的投资领域主要集中在澳大利亚，占比超过九成，达到 20.9 亿美元。大洋洲资源丰富，中国与大洋洲国家在自然资源和要素禀赋上存在较大差异，互补性可以促进双边贸易投资合作。行业投资主要集中在采矿业，但近年来由于大洋洲政府逐渐收紧外资审批政策和中美贸易摩擦等，即使中国对大洋洲的投资存量分布行业较为广泛，但中国在大洋洲的新项目投资依然在下降，仅在斐济建立了农业海外园区。

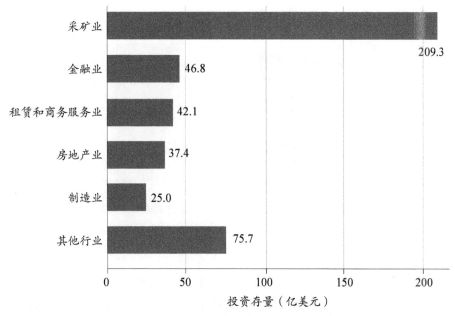

图5-9　2019年中国流入大洋洲行业投资存量

南美洲。截至 2019 年底，中国在南美洲地区的投资存量为 4360.5 亿美元，占中国对外直接投资存量的 19.8%，直接投资存量主要流向行业为信息传输 / 软件和信息技术服务业，为 1561.0 亿美元，其次是租赁和商务服务业 991.5 亿美元，

批发和零售业 606.3 亿美元，金融业 266.5 亿美元，科学研究和技术服务业 257.0 亿美元，其他 678.1 亿美元（见图 5-10）。中国在南美洲的投资国别分布也不均衡，主要集中在开曼、英属维尔京群岛，这两个国家（地区）的投资存量占中国对南美洲地区投资存量的 95%。中国在南美洲也仅有 2 个海外园区，分别是位于委内瑞拉的高新技术园区和巴西的重工业海外园区。总体来说，中国对南美洲地区的投资和园区建设均较少，但由于中国"一带一路"倡议的持续推进，有很多拉美国家参与进来，尤其是在中拉合作中科学研究和技术服务业增幅显著，未来前景良好。

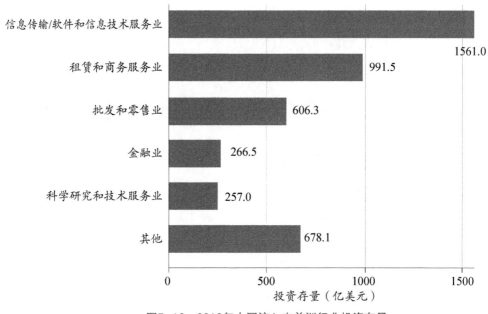

图5-10  2019年中国流入南美洲行业投资存量

亚洲。中国在亚洲的投资存量主要集中行业为租赁和商务服务业 6059.4 亿美元（占 41.5%），批发和零售业 2197.5 亿美元（占 15.0%），金融业 1864.6 亿美元（占 12.8%），制造业 1200.2 亿美元（占 8.2%），采矿业 806.7 亿美元（占 5.5%），合计 12128.4 亿美元，所占比重 83.0%（见图 5-11）；其他 2473.8 亿美元。亚洲地区是中国企业对外直接投资合作的重点区域，其投资流量和存量均有所增长，行业中占比最多的租赁和商务服务业主要集中在香港地区，制造业主要在东盟地区发展。中国与亚洲国家经济互补性强，文化差异小，且近年来中国与东南亚、南亚等国家互访频繁，政治互信不断增强，因此经贸合作不断稳定发展，给双边贸易带来了巨大利益。而各项服务的完善降低了国与国之间商品、资金和信息交易成本，促进了资源最优化配置，因此中国在亚洲建设的海外园区是分布最广泛、数量最多、类型最齐全的，中国与亚洲周边国家的合作会进一步深化。

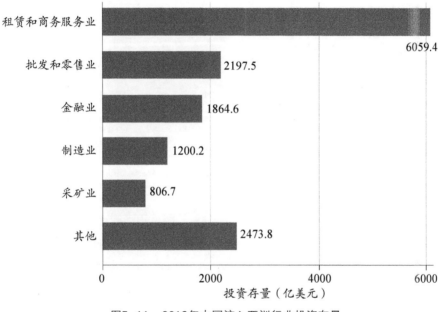

图5-11　2019年中国流入亚洲行业投资存量

　　从上述数据可以看出，中国在对外投资区域和投资产业均涉及广泛，六大洲均有海外园区的分布，但仍呈现出分布不均衡的特点，对外投资和园区分布从匹配性角度来看，不同地区存在较大差异。目前对外投资主要流向亚洲地区，且亚洲地区的海外园区建设数量也最多，大部分都在新兴经济体和发展中国家，其市场准入要求比较宽松，文化差异较小，因此海外园区的运营在克服外来者差异方面来说较之欧美国家要小。而在北美洲、欧洲等较为发达的洲际投资流向较多的国家却并未建设有海外园区，究其原因是发达国家贸易保护主义倾向较强，投资审查措施日趋严格。例如2017年全球出台了18项旨在对投资限制和加强监管的政策措施，对中国企业对外投资形成诸多压力，无论是当初的欧共体还是如今的

欧盟，都是在国际贸易上创建的欧洲堡垒，阻碍着中国海外投资向发达国家进行。非洲地区中国对外投资流量占比较小，但中国在非洲建设有较多海外园区，园区类型除了高新技术园区和物流园区均有涉及，投资行业分布广泛，需要更多资金支持其发展。

第六章
中国海外园区建设的影响：
企业视角

海外园区建设是我国对外直接投资的一种新模式，通过将国家和企业的优势资源整合起来，推动企业以集群的方式出海经营。这种企业"抱团出海"降低海外投资风险的模式为我国出海企业提供了良好的平台。海外园区的建立，加速促成了全球各地的窗口开放，为我国企业走向世界，在全球各地生根发芽提供了良好的发展环境。中国海外园区的建立不仅提升了我国同东道国经贸伙伴关系，还有力地推动了东道国工业化进程，甚至成为东道国新的经济增长点，此外，也对我国产业结构的升级以及企业跨国管理的水平提升均产生了重要的影响。

海外园区中的投资企业是合作区最基本的单位，也是共建"一带一路"的重要切入点，在投资动机以及投资区位上有明显的异质性，研究这些标杆企业的成功经验，可为我国后续海外园区建设企业的投资选择树立典型和提供借鉴，更好地推动东道国和我国的工业化、全球化进程，服务东道国和我国的经济发展。

## 一、企业战略

企业是实施"一带一路"倡议下海外园区建设的重要市场主体，而企业"走出去"是"一带一路"最为核心的战略。传统的我国企业对外直接投资，通常是单体企业以并购、新设投资等方式实现企业出海。面临东道国复杂、动荡、充满风险的制度环境之下，由我国企业主导，在东道国投资建立海外园区，为我国企业进入东道国设置平台，已成为我国企业出海的新常态。[1]

海外园区企业通常采用"抱团取暖"的方式进入东道国市场，园区利用东道国优越的生产条件和区位优势，集合企业和东道国的优势资源，吸引我国企业入驻，并为入驻企业在国（境）外经营提供一系列生产和服务的解决方案。基于此，我国企业在海外园区建设过程中，首先需要解决的是企业战略问题。本节中介绍企业采取的高集聚战略和本地化战略正是中国企业结合全球化发展形势与海外投资所形成的，是适应我国企业境外投资的新战略。

---

① 陶莹、项丽瑶、俞荣建：《中国企业出海"航母"模式：泰中罗勇案例研究》，《商业经济与管理》2019年第7期。

### （一）高集聚战略

高集聚战略是指通过多个主体企业大体量、有效性聚集在东道国市场，可以很好地克服单体企业"走出去"面临的高风险和高成本的不利因素。我国企业传统的对外直接投资会面临很多风险，相较于单个企业"走出去"，园区企业通过实施高集聚战略，能够在东道国形成庞大的社会网络，从而能更加熟悉东道国当地的投资环境。利用在东道国建设的这样一个服务平台，可以大幅降低我国企业对外直接投资的风险，大大提高投资的效率。此外，企业以高集聚的形式走出去时具有协同效应，这主要体现在资源协同和业务协同等方面，能显著降低价值链被破坏时所导致的负面影响。

高集聚战略具有以下特点：

一是规模优势。长期以来，我国在跨国投资时面临缺乏结构高级化和所有权优势的困境，而通过搭建海外园区所具备的企业集聚效应，可以形成有效的谈判合力，帮助我国园区企业和东道国政府、企业之间进行斡旋。此外，企业集群式效应使得我国企业形成一个巨大的整体，集聚进一步形成品牌，在东道国社会经济系统中形成标志性符号。

二是贸易便捷。随着我国企业不断地"走出去"，我国对外直接投资在全球经济中的地位不断攀升，东道国出于保护本国企业发展考虑，对我国企业设置了各种贸易壁垒，贸易摩擦日益增多。我国企业在国（境）外建设海外园区，采取高集聚战略可以避免东道国政府对我国相关产业的反倾销政策，还可以解决发达国家对我国产业政策不公平对待的问题，有利于我国企业在经营海外园区时克服烦琐的手续等困难，进一步开拓海外市场，提高企业的跨国经营能力。

三是降低成本。追逐更大的经济利益是企业的"天性"，企业采取的高集聚战略主要通过降低成本来增加收益。具体主要通过以下三个方面来节约企业的经营成本：主体企业体量大，在东道国的区位选择上，优先考虑要素供给和产品需求上具备显著优势的市场，可以有效降低成本；我国企业集聚式入驻园区，企业间的协同效应会减少跨国经营的交易成本；海外园区为入驻企业提供相关配套服务也能降低企业的投资成本。

跨境园区的建设模式，已经被视为最贴近市场经济的产业集群形式。例如，巴基斯坦－鲁巴经济区形成了以家电为主导产业的集群区，俄罗斯乌苏里斯克经贸合作区形成了以鞋业为主的集群区。因此，企业的高集聚战略更能释放集聚经济效应，相较于单个企业"单枪匹马"式的直接投资，企业在园区内集聚所形成的"抱团出海"，有助于形成企业集聚经济效应，能够更好地应对复杂多变的外部环境。

（二）本地化战略

企业的本地化战略从职能作用细化分为四种：文化本地化、技术标准本地化、产品本地化、管理本地化。

一是文化本地化。文化本地化是我国海外园区企业以克服外来者劣势，获得外部合法性为目的，积极融入东道国文化环境中而采取的本地化策略。"一带一路"沿线国家的文化环境具有很大的差异性，我国企业迅速融入本地文化能有效降低企业投资的风险，提高经营效率。

以中国印尼综合产业园区投资企业——上海鼎信投资有限公司为例，企业在建设园区过程中设置了两个清真寺，体现出其尊重当地民俗信仰、多元包容的文化策略。因此，企业在东道国境内与当地民间思想和文化上的沟通与融合不容忽视，只有尊重和融入当地文化，才能保障园区的长期稳定与发展。

二是技术标准本地化。技术标准本地化是指园区企业生产的产品只有符合东道国规定的标准，才能被东道国市场所接受，否则就会遭到东道国当地生产者和消费者的不认可。以中国－比利时科技园区为例，该园区入驻企业积极与比利时本土企业对话交流，学习比利时先进的研发能力，努力向国际化技术标准靠拢。

三是产品本地化。产品本地化是指我国企业根据东道国的语言环境、习惯、需求等因素，生产满足当地差异化特征的产品，避免当地群众对社会外来者的抵触情绪。

华立集团在他国投资时，并没有采用产品本地化的战略，受到泰国企业的抵制和不公平待遇。之后华立集团通过结合自身优势产业电表和对当地社会群众对产品的偏好，逐步被当地所接受。

四是管理本地化。管理本地化战略要求我国园区企业熟悉东道国当地的政治、社会、法律环境，利用本地化思维进行管理。在东道国和我国的制度环境不同的情况下，管理本地化要求我国园区企业利用当地员工人才，并培养人才。

例如投资建设泰中罗勇工业园的华立集团聘用了许多泰籍的管理人员，实现"以泰治泰"。建立我国的企业员工与泰国员工平等的沟通机制，更好地了解员工动态。另外一个例子是作为入驻越南龙江工业园首批企业的海亮铜业有限公司，该公司620多名员工，越南本地员工就占了600多名。[①]

（三）战略价值

一是对我国"走出去"企业价值。一方面，当我国企业采取高集聚战略和本地化战略"走出去"时，东道国政府向我国企业提供土地和税收等方面的优惠政策来吸引投资，规避了近些年来我国跨国企业在东道国经营时所面临的重重贸易摩擦和壁垒，降低了我国企业的交易成本。

另一方面，企业可以利用集群式的知识资源从而形成所有权优势，各个主体运营企业间的信息交流能使单个企业快速学习跨国经营的先进管理经验，企业之间的技术、资源的合作也能大大降低单个企业的学习成本。

二是对中国价值。我国企业采取的高集聚和本地化战略，除具有经济意义外，还具有文化意义。因为我国企业高集聚性抱团"走出去"要比单个企业"走出去"更能输出我国企业的管理文化，展现出我国海外企业的良好形象和合作共赢、相互包容的发展理念。

以柬埔寨西哈努克港经济特区为例，入区企业在柬埔寨当地组织了很多的民间交流活动，例如安排中国员工在当地小学进行中文教学，在学成中文后当地人可以进入到特区担任翻译。这些活动产生的效应作为海外园区发展的副产品，不仅能够促进两国的民间交流，也提升了中国企业的对外形象，展现出中柬两国之间的友好合作。

三是对东道国价值。我国大量企业"走出去"，可以填补东道国某些产业的

---

① 张广荣：《民营企业与境外经贸合作区建设——基于温州地区民营企业的思考》，《国际经济合作》2008年第8期。

空白。以泰中罗勇工业园为例，我国光缆企业富通集团入驻泰中罗勇工业园，既可以扩展企业的海外市场，也填补了泰国光缆技术的空白。

我国企业"走出去"还可以使东道国在就业、人才培养等方面受益，可以为东道国带来大体量的固定投资、税收。以中国－印度尼西亚青山工业园为例，2015 年园区为印度尼西亚提供直接和间接的就业岗位达 2 万多个。在我国入驻企业以及海外园区的协同效应下，仅用 3 年时间让该园区所在的县城中苏拉威西省摩罗瓦里县成为全球重要的不锈钢和镍铁基地。

## 二、参与分工

我国企业在海外园区建设和发展过程中，根据其职能分工的不同，分为主导投资企业和园区入驻企业两类。其中，最关键的是主导投资企业，也是在投资海外园区时向商务部申报负责领头的企业，在园区建设、园区招商、管理运营起着主导推动作用。

### （一）主导投资企业

具体来讲，园区主导投资企业参与到园区建设主要有四个方面：

一是负责集资开发园区。在园区项目签订之后，主导企业主要负责整个园区的建设情况，例如厂房的租用、基础设施的建设等。但是，园区开发通常需要大量的资金，单个企业无法承受。从目前已有园区建设经验来看，大多数投资企业以入股的方式进行合资，而经营业务和管理授权交由一家企业负责。少数企业通过融资的手段单独开发筹集建设资金。

二是负责园区招商。园区的招商业务也是园区建设中重要的一环，从园区建设的前期、中期、后期均有涉及。由于每一个海外园区都有自己的产业定位，园区主导企业一般会公开招收能够服务于园区主导产业价值链上下游的企业，以形成规模优势。

三是负责园区的管理和服务。主导企业除了负责自身的经营管理，还对园区的基础物业服务、员工服务生活保障负有管理责任。

四是负责同东道国政府建立关系。主导企业不仅需要和当地的政府建立起良好的关系，还需要在当地环境保护、就业等方面积极履行社会责任，融入东道国的社会环境中。

（二）园区入驻企业

及时缴纳各种相关费用。入驻企业的厂房租金、管理费、水电费等是主导投资企业成本回收的重要组成部分，因此要按合同的要求及时足额缴纳。

服从园区的日常管理。主导企业主要负责园区的日常管理和公关事务，入驻企业应该遵守园区的管理规则，保障园区的经营稳定。

企业多层次的交流互动。获得园区的外部合法性、实现相关产业融合是入园企业的重要动因之一，因此企业间的联动、多层次的交流互动是很有必要的。

符合园区产业定位。入驻企业入园之后要保证从事的行业符合园区定位要求。

## 三、能力提升

### （一）提高海外企业在经营成本上的优势

我国海外园区的主导投资企业和东道国政府达成协议后，东道国政府往往会给予园区相应的优惠政策，如在税收、基础设施配套以及土地等方面提供便捷，园区入驻企业审批手续简单化，减少了复杂的交易成本，整个投资环境也得到良性的发展。海外园区是企业出海的首选，因为企业在境外建设产业园区时可以大大降低企业在东道国投资时所面临的高额成本。

企业入园除了可以享受到税收优惠，大多数海外园区还都建立了一站式服务中心，能够为入园企业提供各种投资配套服务，这对于一些发展中国家来说，可以说是一个真正的"特区"。表 6-1 展示出几个具有代表性的入驻国家级境外合作区的相关优惠政策和配套服务。

表6-1　入驻国家级境外经贸合作区的优惠政策和配套服务①

| 国家级境外经贸合作区 | 优惠税收政策 | 配套服务 |
|---|---|---|
| 泰中罗勇工业园 | 自投资之日起8年内免缴企业所得税；继免税期过后另予5年期限减半缴付企业所得税；自投资之日起5年内为外销目的，进口原材料免缴关税。 | 园区客户可享受泰国工业区管理局提供的园内"一站式"服务，以及园区提供BOI证书、法律政策咨询、员工培训等服务。 |
| 越南龙江工业园 | 入驻企业自取得收入之年起享有15年的企业所得税优惠期，优惠税率为10%；自赢利之年起前4年免税，后续9年税率减半。 | 提供投资咨询服务，代办投资执照，招聘工人，提供24小时安保等服务。 |
| 柬埔寨西哈努克港经济特区 | 产品出口免征出口税；无外汇管制；外汇资金可自由出入；无土地使用税。 | 为企业提供"一站式"服务，提供投资申请、登记注册、报关、商检、核发原产地证明等服务；以优惠的价格租赁或出售土地及标准厂房。 |

### （二）信息与资源共享，快速学习先进的经验

相较于单个企业直接从事海外投资，海外园区模式为企业提供了信息与资源共享平台，能够使企业及时了解东道国的政治体制、商业规则、社会习俗、法律法规等，使企业能够在发展的过程中更好地应对海外风险与挑战，在降低企业投资风险与发展成本的同时，还能提升企业的生产效率。在企业高度聚集的海外园区内，由于地理邻近性的影响，园区内的企业信息与资源交流的便利性与频率大大增加，通过企业间对行业信息与本地化发展经验的共享，可以有效缓解由于信息不对称带来的企业风险问题。

由于这些企业信息与资源共享形成协同效应，帮助企业快速学习先进的管理经验和技术，及时并有效解决在海外园区建设过程中面临的一系列难题，最终提

---

① 沈铭辉、张中元：《中国境外经贸合作区："一带一路"上的产能合作平台》，《新视野》2016年第3期。

高其在市场上的核心竞争力，进一步开拓市场。[①]

## （三）对提升企业的生产率具有明显的正向效应

从知识溢出的角度来说，企业内部的知识资源储备和从东道国获取的知识溢出效应共同作用于园区企业生产率的提升。园区企业主要通过两个路径影响园区企业的生产率：一是扩大对东道国投资的广度，即增加对不同东道国的"知识"范围的熟悉程度，在更多的东道国建立海外园区，这样能够整合不同差异化市场的信息和知识要素，将我国园区企业的生产研发活动分布于全球"知识海"中，加强企业在不同区域内的知识传导与信息共享，进而提升我国海外企业的生产率；二是增加对东道国投资的深度，我国园区企业通过更加熟悉东道国的投资环境，可以更有效、稳定地获取知识，降低出现虚假性消息的可能性，园区企业的资源聚集能力和获取能力越强，我国园区企业获取东道国的知识资源溢出效应能力也就越强，进而影响我国海外企业的生产率。[②]

另外，由于各个国家出于政策限制、保护本国企业的目的，常常将企业锁定在只能从某些特定的东道国环境中获取"新知识"，也就是说知识的溢出效应有区域限制的作用。因此，我国园区企业从东道国获取的知识溢出效应源于东道国特定的"知识海"，东道国的"知识海"是否可以满足我国园区企业技术创新所需的新知识，从而影响到我国园区企业的生产率提升。一般认为，知识密集度越高的发达国家，园区企业就更容易获得科研创新所需的新理念、新知识，企业生产率提升的正向效应也就越明显。

## 四、社会责任

当前经济全球化引发了很多全球性问题，比如环境、劳动力等方面的问题日益严峻，受到各个国家的重视。我国海外企业在跨国经营时，有的企业不注重环

---

① 张晓静、王康妮、李姣、宋荟柯：《"一带一路"高质量发展背景下中国企业"走出去"的战略思考》，《国际贸易》2020年第1期。

② 张海波：《对外直接投资能促进我国制造业跨国企业生产率提升吗——基于投资广度和投资深度的实证检验》，《国际贸易问题》2017年第4期。

境保护、不尊重当地人权，进而引起东道国人民的不满。企业的社会责任的概念就在这种背景下应运而生。海外企业的社会责任已成为国际社会上的焦点问题。

什么是海外企业的社会责任？从全球化角度来说，海外企业的社会责任是一种经营理念，也是企业维护自身利益而自我约束的管理行为准则。通俗来讲，跨国企业的社会责任是企业在海外园区经营管理中所需要承担对东道国的社会责任，要求企业促进当地经济发展并遵守当地法律法规，注重道德，具体包含有促进东道国经济发展责任、环境保护责任、当地员工利益保护责任和其他责任。

（一）海外企业履行社会责任的主要内容和特点

在"一带一路"倡议下，我国园区企业实施"走出去"战略，积极参与经济全球化进程，加强同世界各国间的经济合作和文化交流。但是，东道国出于对我国海外企业可能造成的经济、环境和社会等方面问题的考虑，对我国园区企业也提出了明确要求。从利益相关方的角度来看，我国园区企业在海外园区所履行社会责任的主要内容见表6-2。

表6-2　我国海外园区企业在园区所履行社会责任的主要内容[①]

| 利益相关方 | 履行社会责任的主要内容 |
|---|---|
| 东道国政府 | 遵守东道国政府当地法律法规及政策，主动纳税，响应东道国政府倡导的产业援助、基础建设、慈善公益等活动。 |
| 企业员工 | 签订法律规定的劳动合同，按时发放工资，制定健康、科学、安全的管理制度，依法维护企业员工利益。 |
| 消费者 | 提供合格、符合质量要求的产品与服务。 |
| 生产供应商 | 依法公开采购原则并签订执行采购合同，制定合理采购价格，按约付款。逐步将道德、环境要求纳入采购合同，通过持有或增加订单来鼓励负责任的供应商。 |
| 环境 | 注重环境保护，不得超标使用有毒有害物质，支持可再生能源的研发，使用可再生原料与能源。依法回收处理废旧物品。 |
| 当地企业竞争者 | 依法与当地企业同行公平竞争，禁止价格垄断，共同维护公平的竞争环境。 |
| 园区管理者 | 遵守当地园区管理标准与相应的规范准则，建立实施园区管理标准和规范的预算，积极资助当地园区发展的活动。 |

---

① 殷格非、管竹笋：《海外运营中的企业社会责任》，《WTO经济导刊》2013年第4期。

海外园区中的中方企业履行社会责任，主要有以下两个方面的特点：

第一，社会责任实践内容具有丰富性，海外企业的重点关注领域是尊重人权和环境保护方面。在海外园区经营过程中，一方面，企业应根据东道国当地社会制度环境实际情况，消除种族歧视、开展人权教育。另一方面，企业应走绿色发展路线，减少对东道国当地生态的污染，保护生物的多样性是我国园区企业履行社会责任的重要内容。

第二，社会责任实践区域和领域具有广泛性、复杂性。我国的海外园区建设遍布全球多个国家和地区，导致我国海外园区企业社会责任实践的区域也随之扩大。根据商务部统计，截至 2017 年 4 月，我国在 36 个国家在建合作区 77 个，累计投资 185.5 亿美元，入区企业 1082 家，总产值 506.9 亿美元。[①] 从区域性看，我国海外园区主要集中分布在东欧、南亚、北非和东南亚地区，基本上覆盖了"一带一路"六大经济走廊所覆盖的亚非欧地区；从产业性来看，海外园区企业涉及的产业领域同样也分布广泛：资源开发利用、农业、纺织、家电、机械、电子、建材、化工等；从产业类型看，主要有加工制造型企业和资源开发利用型企业。这些中国的海外企业在尊重各个国家和地区在法律、文化、宗教等差异性的基础上，积极开展社会责任实践，已成为中国园区企业的重要特色。[②]

### （二）海外企业履行社会责任面临的挑战与问题

各国法律不同，遵守当地法律法规的挑战。"一带一路"沿线国家制度环境具有很大的差异性，各国的立法标准、法律体系不一，应对海外运营过程中潜在的法律风险是我国海外企业面临的重大挑战之一。当前导致园区企业法律风险增加的诱因主要体现在两个层面：一是园区企业对东道国的法律法规不熟悉，导致经常无意识地违反东道国法律；二是园区企业的守法意识不够强。少数企业缺乏商业诚信，不履行合约，漠视当地法律，因此受到当地政府的惩罚，让我国形成

---

① 张崴：《"一带一路"背景下中国企业海外产业园区投资与运营研究》，《商业会计》2017 年第 16 期。

② 范黎波、刘佳、施屹舟：《论我国海外经贸园区高质量发展》，《开放导报》2019 年第 2 期。

了一个负面的印象。

文化价值观方面的挑战。我国与东道国不仅在法律法规上存在巨大的差异，在文化价值观上也有着很大的不同。比如当地员工和我国园区企业管理人员的价值观、生活习惯、信仰等不同，导致发生了文化冲突和矛盾，不利于企业内部跨文化管理和适应东道国经营环境，双方很难协调沟通，从而增加了园区运营成本。

管理方面的挑战。从劳资方面来看，我国园区企业的外派员工大多主要担任管理岗位，而类似于搬运工这样的基层岗位基本都是当地人。由于我国员工与东道国本地员工之间存在的语言与文化的差异，导致遇到问题时难以进行有效的沟通，进而使劳资关系紧张。少数园区企业一味地追求市场利益，为节约成本而降低工资标准，引发工人们的抱怨。

从环境方面来看，部分园区企业在环境保护方面缺乏严格规范的监督管理程序，对东道国当地的环境破坏程度较为严重，受到了东道国政府的警告和处罚。然而，在世界各国环保意识的加强和全球资源短缺的情形之下，东道国政府对保护资源和环境的标准和要求越来越高，这也增加了我国海外园区企业承担当地环境责任而付出的成本。

（三）海外企业在社会责任实践中的具体建议

重视加强企业守法意识和水平。海外中国企业在园区运营中获得了东道国政府提供的各种政策支持的同时，应当熟悉并遵守东道国当地有关社会、经济、环境等方面的法律法规，积极提升守法意识，以此降低我国海外企业在园区运营中的法律风险，以实现企业的长远健康发展。

主动融入当地社会。海外中国企业不应只顾及自身，必须融入当地社会，与当地政府、园区管理者、企业员工、生产供应商等利益相关方建立长期稳定的沟通交流机制。比如，可以实施本地化政策，雇用本土员工、本地化采购；认识并尊重当地文化风俗和习惯，增强彼此互信力，扎根于当地市场；加强与当地媒体组织的沟通互动，使当地居民了解我国海外企业的具体状况，促进企业与当地文化的融合。

建立适合当地的社会责任组织管理体系。我国园区企业应建立适合完善的社

会责任组织管理体系，包括社会责任报告制度、社会责任日常信息披露机制等多层次制度，同时，在尊重当地法规的基础上，按照相关国际标准，建立良好的企业文化和人事制度，鼓励外派人员和本土员工在工作中互动互助，以减少文化价值观的摩擦与冲突。[①]

## 五、典型案例

现以华立集团投资开发泰中罗勇工业园作为典型案例进行分析。

### （一）华立集团发展历史

华立集团是一家多元化的民营股份制跨国企业，已有 40 多年的发展历程，是我国实施"走出去"战略的最早一批企业之一。华立集团涉足房地产、制药、信息电子和仪表系统等多个领域，除了在国内建立多个生产基地，在泰国、阿根廷、印度、美国、加拿大等国家也设有研究机构和制造工厂。

华立集团在泰国起步，积累了国际化经验，从最初的一家仪表工厂发展到拥有合资公司、贸易公司在内的 5 家跨国企业（见图 6-1），历经了我国海外企业的各种困难和需求，由此产生了专门为我国企业搭建一个产业集群平台的想法。华立集团不但拥有丰富的在国内开发工业园区的经验，而且在泰国具有一支熟悉跨国经营、熟悉当地文化的团队，因此，华立集团最终选择将第一个境外产业园区设置在制度环境较为完善的泰国，随即与泰国政府签订了一系列协议，投资建设泰中罗勇工业园。

2000年，华立集团在泰国曼谷投资建设电能表组装工厂，实施"销地产"战略 → 2005年，华立集团与泰国安美德集团合作开发及建设泰中罗勇工业园，助力中国制造业"抱团出海"更便捷 → 2010年，泰中罗勇工业园完成一期 1.5 平方千米开发建设，启动二期 2.5 平方千米建设 → 2017年，泰中罗勇工业园入园企业数突破 100 家，总开发面积超 6 平方千米

图6-1 华立集团开发泰中罗勇工业园历史发展状况

---

① 殷格非、管竹笋：《海外运营中的企业社会责任》，《WTO 经济导刊》2013 年第 4 期。

## （二）泰中罗勇工业园区

泰中罗勇工业园坐落于泰国东部海岸，与泰国首都曼谷相邻，总体设计规划面积为 12 平方千米，包含一般工业区、物流仓储区、商业生活区和保税区，主导产业为汽配、机械、家电。

泰中罗勇工业园被我国商务部评定为首批"境外经济贸易合作区"，也是我国传统产业在泰国的制造出口基地和产业集聚中心，是一个将制造、仓储物流和商业生活区融于一体的现代化综合产业园区。长期以来，其凭借完善的基础设施、优越的区位优势、良好的市场辐射能力、稳定的社会制度环境、宽松的投资环境和丰富的文化，吸引世界各国的投资者。

## （三）"本地化"战略

华立集团在泰国发展的 17 年间，不断落实"本地化"战略。泰中罗勇工业园建立了一支由泰国员工与中国员工组成的、精通中英泰三语的强大服务团队。华立集团董事长表示，在泰国要继续贯彻本地化战略，实现人才本地化、研发本地化、市场本地化、融资本地化、投资本地化。华立集团在泰国得到了良好的投资机会，就要带动当地就业、税收甚至 GDP 增长，实现华立集团与泰国的"双赢"，并且工业园更要协助"走出去"的企业在泰国生根发芽，全方位融入泰国，适应泰国的经济环境和市场环境。

## （四）与泰国政府、企业加强合作

与东道国政府加强交流、与当地企业积极合作是园区实现发展的关键环节，这能够提升其外部合法性，降低交易成本。泰中罗勇工业园是华立集团积极与泰国政府和企业进行交流协商后，决定由华立集团与泰国的安美德集团共同建立的。安美德集团作为泰国甚至东南亚房地产最早的开拓者，不但在泰国房地产行业独树一帜，而且对工业园区的开发建设也有着丰富的经验。安美德集团在泰国建设的工业园区年产值约占泰国国内生产总值的 8%，实力非常雄厚。

同时，华立集团也与泰国政府及社会各界有着广泛的联系，在资金、技术、

管理等方面得到了很多的优惠与支持。华立集团与这样的政府和企业建立联系，能提升其外部合法性，降低跨文化交流造成的很多不必要且烦琐的交易成本，对华立集团长期稳定地扎根于园区具有重要意义。

华立集团开创"以点到面"模式，提升企业全球化视野。近些年来，华立集团不断在海外园区投资与经营，企业对各个东道国制度环境的了解进一步加深，积累了较为丰富的建园经验。泰国是华立集团最早进入、熟悉程度最高的国家，华立集团至今在泰国扎根发展已有 30 多年，赢得了泰国市场中同类产品大约 1/3 的市场占有率。华立集团充分利用泰国这一个"点"，在泰国成功经验的基础上，"以点带面"地不断扩大其在全球市场的投资份额，打通柬埔寨、菲律宾等周边东南亚国家的市场，还将产品远销至北美、南美等地。例如 2017 年在美国投资建设的华富山工业园，就是借鉴在泰国的经验所取得的成就。华立集团在东南亚、中亚、欧洲、美洲的制造工厂投资活动都做得很好，这正是通过在多个国家建设海外园区，提高其全球化视野，实现其在海外资源和生产要素上的高效配置。

### （五）积极履行社会责任提升软实力

华立集团积极履行社会责任，提升了其软实力，这主要体现在华立集团所建立起的优质企业文化。"促进社会福利，实现人生价值"是华立集团的文化基础，"共识、共创、共享"是华立集团的价值观，这都反映出华立集团不仅仅是一家追求赢利的集团，更是一家实现自身社会价值，引导社会风气向更好的方向发展的企业。优质的企业文化为华立集团在东道国建立了良好的企业形象。

在此基础上，华立集团还重视能保障企业文化健康发展的企业氛围。宽松活泼的渠道、上下亲和的交流方式，这都是华立集团为了更好弘扬企业文化所做出的努力。同时，企业每年都会通过工会开展各式各样的特色文化活动，为了更好拓展地员工兴趣面，还开创了形式各异的俱乐部。除此之外，华立集团也不忘初心，使用华立集团的内部网络，定期举行帮扶社区等活动，履行自身的社会责任。

# 第七章
## 中国海外园区建设关键驱动因素：制度视角和资源视角

　　我国海外园区投资企业是实施海外园区建设的重要市场主体。在新一轮的全球价值体系重构和东道国复杂动荡的制度环境背景下，很多海外园区投资企业可能会运营失败。因此，研究我国海外园区投资企业在东道国建设海外园区取得成功的关键因素具有重要的现实意义。从制度视角和资源的整合性视角分析海外园区建设投资绩效尚存在理论研究缺口，探讨其具有重要理论意义。

　　基于宏观上的制度视角和企业的资源视角，采用案例分析法，结合华立集团股份有限公司、中工国际工程股份有限公司（简称"中工国际"）、天津泰达投资控股有限公司的成功经验，可总结出我国企业成功建设海外园区的关键因素，并分析各个因素成功的作用机制。

　　按照"提出问题—分析问题—解决问题"的研究思路，在阅读国内外关于海外园区研究的文献后，对制度距离、资源基础观进行梳理，提出基于制度视角和资源视角对中国企业海外园区建设成功的关键因素研究这一理论框架。然后，选择了三个建设成功的海外园区投资企业案例，采用案例分析法，运用扎根编码对案例数据进行分析处理，提炼出核心范畴，与理论框架进行检验对比、分析完善。再根据扎根分析，详细阐述中国企业建设海外园区项目建设成功的关键因素的实现机理。最后，总结构建模型框架，得出结论与思考。中国海外园区建设技术路线图如图 7-1 所示：

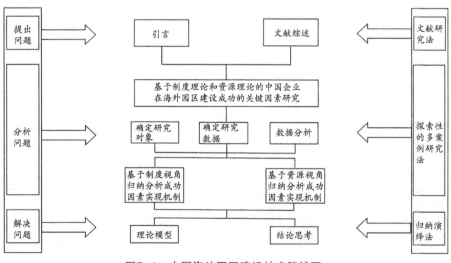

图7-1　中国海外园区建设技术路线图

## 一、资源基础观与制度理论

### （一）制度理论

制度理论源于经济学、政治学和社会学，制度是一种社会游戏规则，主要目的是规范和塑造社会成员的行为关系（North，1990），微观层面的组织受到国家层面的制度环境影响（Busenitz 等，2000）。制度环境主要研究国家层面的制度环境对跨国界组织行为产生影响（Kostova，1996）。经济学视角的制度理论核心基础是制度环境对经济活动和公司行为具有重要作用。不同国家之间的制度差异会对企业的跨国经营产生深刻的影响（Peng，2002），制度距离更加详细地体现了国家层面的文化因素差异，这就要求企业具有一定的应变管理能力（Xu 和Shenkar，2002）。以往研究中，学者们主要提出了制度理论的二分法、三支柱、四象限这 3 种分类方法。

在西方转型经济情境下，制度理论二分法是指制度理论可以划分为正式制度和非正式制度。正式制度是经济活动参与者需要遵守的规章制度和法制规则；非正式制度是日常生活中人们交往形成的规范限制（North，1990）。正式制度和非正式制度共同构成二分法制度理论，并且指出制度环境差异会影响经济组织劳动生产率。

Scott（1995）提出的三支柱制度理论分析框架，将制度划分为管制制度、规范制度和认知制度三个维度。其中，管制制度表现了国家环境内现有的法律和规章制度；规范制度指国家内人民的价值观和行为规范（Kostova，1996；Xu等，2004）；认知制度体现了同一国家环境内人们认知层面的知识活动（Rotting，2008）。其中，管制支柱与正式制度类似，规范制度和认知制度类似于非正式制度（Scott，1995），详见表 7-1。由此可见，制度距离的不同维度主要反映国家层面不同文化要求下的差异（Kostova，1999）。

表7-1　制度的分类、特征及其构成要素

| 制度三支柱 | 构成要素 | 特征 | 制度二分法 |
|---|---|---|---|
| 管制支柱 | 规章、规则、法律 | 可以/不可以 | 正式制度 |
| 规范支柱 | 规范、信仰、价值观、假设 | 应该/不应该 | 非正式制度 |
| 认知支柱 | 共享的社会知识、认知结构、文化 | 能/不能 | 非正式制度 |

　　Scott 首次提出将管制、规范和认知维度所构成的三支柱制度理论应用于国际商务研究之中。Kostova 在三支柱理论基础上，提出了制度距离的概念，指出国家制度环境是由管制、规范和认知三个维度构成，制度距离是指国家之间在管制、规范和认知制度环境上的差异或相似程度。Xu 进而将制度距离分为管制距离、规范距离和认知距离。Berry 等从制度视角探究跨国界差异时，指出了九种距离。Estrin 等提出二分法，即制度距离构成要素为正式制度距离和非正式制度距离，正式制度距离包括法律法规制定的规则和标准、法律执行以及调解纠纷三个方面的内容，主要分为政治距离、经济距离和法律距离。非正式制度距离则主要指的是 Scott 的规范和认知两个方面，分为文化距离和心理距离。Salomon 和 Wu 认为制度距离应由多维度制度距离构成，其中 Wu 的四维度制度距离理论将制度距离分为政治距离、管制距离、经济距离和文化距离。政治距离是政府政策和法治环境的差异，管制距离是社会行业规范和规章制度的差异，经济距离是交易方式、市场导向以及企业性质的差异，文化距离是社会认知、信仰个性以及日常行为的差异。

　　制度距离描述了国家或者地区的制度差异，这种差异不仅是大小的差异，还应体现在方向性上，即制度距离应考虑两个国家或地区制度质量差异。按照制度质量与方向的差异可以分为制度顺差与制度逆差，制度顺差指的是东道国对母国有正向的制度落差，制度逆差则是负向的制度落差。就中国而言，中国企业在进入西方发达国家市场时则需面临制度逆差带来的东道国劣势，而进入亚非拉一些国家则存在制度顺差，拥有一定的东道国优势。李康宏（2016）首次提出制度落差这个概念，其理论是建立在规制、规范和认知的三支柱之上的，但由于规范制度与认知制度的边界问题学界迄今尚未明确，可暂不考虑。李康宏（2017）又采用应用十分广泛的二分法，即正式制度距离和非正式制度距离，但是在衡量非正式距离时，对客观认知和文化制度的决策往往是决策主体主观感知起作用，制度落差是衡量两个国家或地区间由于客观制度而对企业、海外团体或海外园区的客观影响，也可不考虑。Phillips 将制度环境中的不确定性也纳入制度落差的重要构成因素，提出四象限法，指出制度环境带来的不确定性会增加企业运营的复杂性和危险性，进一步提高企业运营的成本，形成制度落差。

　　通过对包含制度距离在内的制度理论在国际商务运用的相关研究梳理，学者

将制度距离构成维度划分为二分法、三支柱以及 Phillips 的四分法。二分法中关于认知距离涉及管理者差异化难以衡量；三支柱理论中，学界对于规范制度与认知制度的边界问题尚未达成统一；Berry 提出的九种距离只是对现象的简单汇总，不具有普适性；Phillips 提出的四分法视角下制度距离测定难以实施，制度落差评判缺乏现实操作性。可沿袭 Wu 提出的四维度制度距离理论进行案例研究，在衡量东道国和母国的政治距离、管制距离、文化距离和经济距离四种距离后，得出综合的制度落差评价。

目前国内外学者对于距离理论的研究仍遵循国家层面的分析框架。海外园区是国内企业在国（境）外投资并控股后建成的具有相应基础设施、配套产业功能的集聚产业园区。国内学者对海外园区的研究处于起步阶段，主要偏重于定性研究，聚焦海外园区发展历程、驱动因素以及面临的问题与挑战三个方面。随着"一带一路"建设不断推进，海外园区已成为中国企业出海经营国际化的重要形式，海外园区面对的多元制度环境更加复杂，现有制度理论分析框架对海外园区制度环境微观形成机理解释力度不足。因此，从海外园区层面深入拓展传统制度理论维度框架，对于解释海外园区组织层面的建设成功因素具有重要意义。

（二）制度理论和资源基础观双重视角

目前，我国正处于经济转型的关键阶段，海外工业园区正是我国企业寻求转型的重要模式。我国企业作为经济转型的重要载体，如何选择成长战略、成长路径是目前社会关注的焦点。西方理论界就企业成长战略选择方面总结出两个理论视角，分别是微观上的企业资源基础观和宏观上关注制度环境的制度理论。但是，如果从单一理论视角研究，通常会忽略其他关键理论视角因素的影响，就会造成缺失必要的变量和理论支撑的问题，即理论不能够充分说明实践。曾萍（2015）提出任何一种理论视角都存在瑕疵，但每一种理论视角都具备较强的解释力。因此，研究企业的成功因素，必须构建整合性视角——制度理论和资源基础观视角，其中制度视角为主体，资源视角为重要补充。

由于东道国与母国的制度环境不同，企业所需要的核心资源也存在着差异，但是学术界对于在不同制度环境下企业组织获取关键资源的差异以及这种差异对提升企业竞争优势的影响给予充分解释。然而，有学者已经注意到在理解海外园区投资企业的行为时，将制度理论和资源基础观结合能够在一定程度上解释这种影响。

Peng（2002）表明资源基础观强调企业拥有的资源禀赋差异是造成企业经营绩效差异的根源。IBV 关注国家、政府、社会文化等制度因素对企业战略行为的影响，首次提出了基于资源基础观、制度理论相结合的理论视角。Meyer 等人（2009）将制度理论和资源基础观整合起来解释企业组织在进入新兴经济体的模式时发现，市场效率无法得到保证的原因在于东道国制度体系不够完善，企业更加依赖于自身的资源能力。Zhang 等人（2012）运用扎根理论以及制度理论和资源基础观结合的视角对到国（境）外投资的企业进行研究，指出我国企业出海成功获取资源的关键是中国的计划经济和市场经济共存的双元制度环境。颜建国（2017）认为制度和资源两个理论视角是相互依赖的。制度因素能够丰富或补充企业资源，反之更好的资源也能让企业更有效地利用制度优势或者构建一个对制度需求有着更低依赖的竞争位置。余珮、彭思凯（2021）基于资源基础观和制度基础观相结合的视角，认为相对于跨国并购方式的 OFDI 企业，东道国良好的金融生态环境会正向调节企业内部融资约束对企业绩效的负向抑制作用。

近年来学术界对资源基础观的讨论呈逐渐减弱的趋势，制度理论的讨论却始终呈上升趋势。新旧理论视角的结合不但可以重新激活资源基础观在我国海外园区投资企业的跨国经营问题上不可替代的作用，也有助于丰富制度理论，找到企业组织层面分析的关键支点。

## 二、研究设计

### （一）案例选择

本书将泰中罗勇工业园投资企业——华立集团、中白工业园投资企业——中工国际和中埃泰达合作区投资企业——天津泰达三家企业的海外园区成功建设的案例作为研究分析对象（见表7-2）。案例选择主要有以下四个具体标准：一是理论抽样原则，遵循理论抽样原则满足了构建理论的需要；二是多样性原则，本书选取了民营企业和国有企业两种类型的企业，使得研究更具普适性，所选取的园区在东道国、规模、建设模式等方面，体现了多样性特点；三是案例典型性原则，

所选取的三家企业的海外园区建设均取得显著成效，企业实力雄厚，具有典型性；四是数据准确性原则，在采取扎根编码时搜集的数据均从企业官网、国内外期刊、国内外主流媒体报道、高管讲话等公开渠道获得，确保研究数据的可搜集性和结论的稳健性。

表7-2　中国海外园区投资企业案例概况

| 企业名称 | 园区名称 | 企业性质 | 园区建设模式 | 东道国 | 园区建设成效 | 案例目的 |
|---|---|---|---|---|---|---|
| 华立集团 | 泰中罗勇工业园 | 民营企业 | 政府高层推动建设 | 泰国 | 成为中国传统产业在泰国产业集群中心与制造出口基地。成功吸引入园企业118家，累计工业总值超120亿美元，是"一带一路"上中国的新名片。 | 建构理论 |
| 中工国际 | 中白工业园 | 国有企业 | 政府高层推动建设 | 白俄罗斯 | 中国开发面积最大的境外经贸合作区，被誉为"一带一路"的明珠项目，属于"一带一路"沿线国家跨境园区中发展最顺利的园区之一。 | 建构理论 |
| 天津泰达 | 中埃泰达合作区 | 国有企业 | 园区开发公司主导 | 埃及 | 被誉为"中埃合作之城"，园区共吸引中外企业68家，实际投资额超10亿美元，年产值约8.6亿美元，直接解决就业3500余人，产业带动就业约3万人，对中东、北非及其邻近地区均有巨大的影响力和示范作用。 | 建构理论 |

（二）数据搜集

根据三角验证要求，从多个渠道如高管讲话、新闻稿、国内外主流媒体报道、国内外期刊、企业官网资料等搜集相关文献及数据，以减少信息偏差，提高案例研究的信度和效度。

（三）数据编码

本文数据扎根理论编码分为开放性编码、主轴性编码、选择性编码三步，现分别对上述三个案例企业材料进行编码研究。在编码之前已对搜集的案例材料进行筛选和分类，确保所选材料与三个案例相关，并去除关联性不强、重复以及不正确的材料。

## 1. 开放性编码

开放性编码是对搜集到的原始资料进行比较分析，将与研究主题有关的数量分解、分析、比较，再以正确的概念和范畴重新组合起来的操作化过程。先从制度和资源两个视角，对三家企业在国（境）外建设的海外园区的案例材料进行逐字逐句分析，得出所需要的分析框架。接着，按照复制逻辑，对三家企业分别进行开放性编码，以补充和校正有关理论。最后，按照原始数据贴标签、概念化和范畴化三步走，进行开放性编码。具体操作如下：

第一步，贴标签。逐字逐句地对案例材料原始语句进行比较分析，标记与研究与主题有联系的词句，并尽量用原始词句中的词语概括该句的核心意义。第二步，概念化。对概括的标签语句，按照其体现的含义和行为现象进行比较、抽象、合并，从而归纳得出概念。通过归纳分析三家企业，共得到70个概念。第三步，范畴化。在繁多的概念基础上，对从不同案例得到的概念进行分析，从而形成副范畴。表7-3和表7-4分别从制度视角和资源视角展示出部分开放性编码过程。

表7-3　制度视角展示开放性编码情况（部分）

| 参考来源 | 部分原始数据 | 贴标签 | 概念化 | 范畴化 |
|---|---|---|---|---|
| 中国政府网 | 2005年泰中罗勇工业园正式建立。2012年《中华人民共和国和泰王国关于建立全面战略合作伙伴关系的联合声明》，标志着中泰全面战略合作伙伴关系正式建立。 | A1建立全面战略合作伙伴 | A1政治协作 | AA1政治距离相近 |
| 新华社 | 加里宁兰天在视察中白工业园时表示，白中两国关系日益密切，两国在政治、经贸等方面开展了卓有成效的合作。在双方共同努力下，工业园建设快速推进，白俄罗斯政府对工业园的建设进度感到满意，对其发展前景充满期待。 | A2白俄罗斯政府对园区建设感到满意 | A2政策引导 | AA1政治距离相近 |

续表

| 参考来源 | 部分原始数据 | 贴标签 | 概念化 | 范畴化 |
|---|---|---|---|---|
| China Daily Global | During his latest and sixth visit to China in April, Egyptian President Abdel Fattah El-Sisi asserted that his many visits are the best proof of the deep and growing ties between the heirs of the two oldest civilizations. | A3埃及总统对中国的第六次访问 | A3政治纽带 | AA1政治距离相近 |
| …… | …… | …… | …… | …… |
| 地理学报 | 罗勇公司方面向中资企业提供全流程落户泰中罗勇的一站式服务，包括为入园企业办理公司注册、税务、开户和BOI资质证书的申领等，提供目标市场、产业政策、法律法规、优惠政策、税务金融、劳动力招聘等方面的咨询服务。 | A10流程落户服务 | A10流程优化 | AA2管制距离相近 |
| 白俄罗斯共和国2017年第166号总统令 | 在根据附件所确定的面积和土地构成的边界内成立"巨石"中白工业园特别经济区，实施特别经济区特殊法律制度，该制度在税务特别调整的部分的有效期为自本总统令生效之日起50年。 | A11东道国实行特殊法律制度 | A11东道国优惠制度 | AA2管制距离相近 |
| China daily（North American ed.） | However,for the investments to succeed, companies must develop a culture of cooperation, build good brands and obey local laws and conventions, according to a report Zhang wrote last year that was posted on the embassy's website. | A12遵守当地法律和惯例 | A12遵守制度 | AA2管制距离相近 |
| …… | …… | …… | …… | …… |
| 新浪财经 | 150多家企业入驻泰中罗勇工业园，创造3万多个就业岗位，累计工业产值逾160亿美元。 | A19拉动当地就业 | A19市场稳定 | AA3经济距离相近 |
| 地理学报 | 招商局于2017年8月成立中白产业投资基金（5.85亿美元），以支持入园企业发展。在中白产业投资基金的带动下，中国欧亚经济合作基金、白俄罗斯创新基金、白俄罗斯对外经济银行和俄罗斯达芬奇资本管理公司等多家投资基金也加入中白工业园项目的投资合作。 | A20共投基金 | A20金融合作 | AA3经济距离相近 |

续表

| 参考来源 | 部分原始数据 | 贴标签 | 概念化 | 范畴化 |
|---|---|---|---|---|
| 新浪财经 | 截至2020年12月底，中埃·泰达苏伊士经贸合作区项目共吸引96家企业入驻，实际投资额超12.5亿美元，累计销售额超25亿美元，缴纳税费近1.76亿美元。 | A21园区经营绩效 | A21经济合作 | AA3经济距离相近 |
| …… | …… | | | |
| 新华网 | 新泰公司总经理刘珂说，企业一直秉持"做受泰国人民和政府尊重的企业"理念，"尊重泰国员工，对两国员工一视同仁，不搞差异化对待是公司管理准则，同时还要建立一套让泰国员工能够感受到文化交融氛围的管理体系"。 | A31建立管理体系 | A31尊重泰国员工 | AA4文化距离相近 |
| China Global Daily | In the five years since its establishment, the BNTU Confucius Institute on Science and Technology has contributed to the communication of the Chinese language cooperation between the two universities and scientific and cultural exchanges between China and Belarus, according to local officials. | A32孔子学院为国化变作献 | A32两国文化交流 | AA4文化距离相近 |

表7-4　资源视角展示开放性编码情况（部分）

| 参考来源 | 部分原始数据 | 标签化 | 概念化 | 范畴化 |
|---|---|---|---|---|
| 搜狐新闻 | 汪力成提出了"创全球品牌、树百年华立"的企业愿景。"本世纪初，我们制订了一个未来的发展规划，第一，我们的企业要成为一家国际化的公司，实现资源配置全球化；第二，我们一直想寻找新产业来替代已经遇到发展'天花板'的仪表主业。"汪力成说道。 | A34企业愿景 | A34企业高管的战略视野 | AA5人力资源 |
| 商务部 | 考虑到埃及劳动力非常充足，普通技工平均年工资仅为800美元左右，合作区对当地雇员的薪金支付已经相当友善。 | A35劳动力充足 | A35员工资源 | AA5人力资源 |

续表

| 参考来源 | 部分原始数据 | 标签化 | 概念化 | 范畴化 |
|---|---|---|---|---|
| 新华网 | 我们视员工为公司最宝贵的财富，愿意吸纳世界上最优秀和最有潜力的人才，并希望每一位员工都能在公司得到良好的发展。为人才提供广阔的发展空间，完善识才重才的用人机制，尽展拼搏进取的人生风采。把员工个人的职业生涯规划同公司的发展相结合是中工国际与员工共同成长的核心价值观。 | A36为人才提供广阔的发展空间 | A36公司管理者重视人才 | AA5人力资源 |
| …… | …… | …… | …… | …… |
| 余杭新闻网 | 目前华立集团已在泰国、印度、阿根廷、约旦、坦桑尼亚、乌兹别克斯坦等国投资建立了各类生产基地，集团培育孵化的产业涉及医药、医疗健康服务、能源物联网、新材料等众多领域。 | A45多国建立各类生产基地 | A45境外分支机构覆盖程度 | AA6声誉资源 |
| 人民日报 | 2021年2月1日，以《将挖掘更大合作潜能》为题报道了中工国际承建的乌兹别克斯坦PWC生产综合体项目。其中介绍了项目对改善乌国产品市场、出口创汇、增加就业、培养工业化人才等重要经济和社会意义。 | A46项目对乌国存在重要意义 | A46对乌兹别克斯坦的影响力 | AA6声誉资源 |
| 华立集团官网 | 在11月27日揭晓的"中国智造·世界影响——寻找具有世界影响力的中国品牌"活动上，华立集团入选"2015年度最具世界影响力的中国品牌榜"。 | A47年度最具世界影响力的中国品牌 | A47国际影响力 | AA6声誉资源 |
| …… | …… | …… | …… | …… |
| 中工网 | 华立集团在逐步优化核心经营资产的业务，逐步打造"一主二翼一平台"的产业格局。即以医药为主业，以新材料、电能计量仪表为二翼，加上正在打造的全球"三大三小"境外工业园服务平台。在未来2～3年中，华立集团将继续聚焦提升硬实力，同时抓住"数字化转型"这个切入口，以"数字化"彻底地改变过去传统的生产制造方式。 | A56"一主二翼一平台"、数字化转型 | A56打造全新的产业格局 | AA7运营能力 |
| 天津泰达官网 | 融资服务中心聚集投资机构、科技企业和各专业服务机构，为企业提供"一站式"系统集成服务，包括机构创设代办、项目对接、投融资培训等服务。 | A57融资服务中心为企业提供服务 | A57融资服务中心 | AA7运营能力 |

续表

| 参考来源 | 部分原始数据 | 标签化 | 概念化 | 范畴化 |
|---|---|---|---|---|
| 中工国际董事会经营评述 | 随着业务的发展，公司建立了一套完整的EPC项目全生命周期管理体系及配套的管理信息平台IFS系统，并在实践中不断完善和优化。公司根据全流程的合作伙伴选择及考核评级体系，实现了公司项目合作逐步向优质合作伙伴集中，从而最大限度地减少来自合作伙伴的风险。在日常执行过程中，充分利用项目管理信息系统、各种例会制度和报表，实时监控项目执行状态，加强项目风险监控。 | A58建立了完整的项目全生命周期管理体系及配套的管理信息平台 | A58建立综合管理体系平台 | AA7运营能力 |
| …… | …… | …… | …… | …… |
| 搜狐新闻网 | 开发公司主要由华立集团进行技术层面攻坚，具有同业难以复制的经验性与技术性。目前华立集团拥有3个博业技术中心。博士后工作站、3个国家级技术中心、6个产业研究院、8个中国驰名商标、8个升级企业12个高新技术企业、拥有一支总人数达到数千人的科研团队，在科学技术方面华立集团具有深厚的底蕴，这为华立集团进入泰国市场建立了扎实的技术基础。 | A69华立集团在科学技术方面具有深厚的底蕴 | A69先进的科学技术 | AA8创新能力 |
| 董事长兼总经理罗艳采访稿 | 企业通过"林浆纸一体化、投建营一体化"的发展模式，为国内制浆造纸行业"走出去"提供了参考方向，利用中国的市场和需求，拿出企业自身可以提供的资源，和"一带一路"沿线国家现有的资源进行有机整合，对存量的资源进行增量改造，实现共同增长，同时促进欧洲国家将微晶纤维素等先进技术产业化。 | A70"林浆一体化、投建营一体化" | A70全新的发展模式 | AA8创新能力 |

## 2. 主轴性编码

主轴性编码是在开放性编码的基础上，对副范畴进行分析和聚合，发现案例材料中的共性，从而建立不同范畴之间的关系，形成更大的类属。不同的范畴可以通过因果、情境、时间、语义、结构、并列等关系建立有效联系，从而确定主范畴和副范畴（见表7-5）。

表7-5　主轴性编码过程及结果

| 编号 | 主范畴 | 包含的副范畴 | 主范畴的内涵与说明 |
|---|---|---|---|
| AAA1 | 制度距离 | 政治制度距离相近 | 制度距离是国家间在政治、管制、经济和文化制度环境上的异同。 |
| | | 管制制度距离相近 | |
| | | 经济制度距离相近 | |
| | | 文化制度距离相近 | |
| AAA2 | 资源能力 | 人力资源 | 资源能力指企业的资源利用能力及其具备的资源禀赋，反映该企业不同于其他企业特有的优势。 |
| | | 声誉资源能力 | |
| | | 运营资源能力 | |
| | | 创新能力 | |

## 3. 选择性编码

选择性编码是对所得到的范畴进行系统分析，选择提炼出与范畴相联系的核心范畴，从而将相联系的概念范畴集中在较宽泛的理论范围内，建立起一个理论框架。将两个主范畴归纳为一个核心范畴，即中国企业海外园区建设成功的关键因素。选择性编码结果如图 7-2 所示：

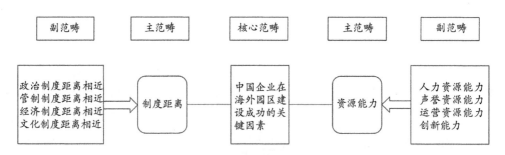

图7-2　选择性编码结果图

## 4. 理论饱和度检验

在分析华立集团、中工国际和天津泰达三个案例的扎根编码之后，得到中国企业海外园区建设成功的关键因素的理论模型。但是，归纳出来的范畴是否已达到饱和状态尚不能确定。因此，可通过举例来验证是否达到饱和，可我国的跨境园区项目在欧美等发达国家的号召力不强，主要的区位集中在东南亚和非洲的发展中国家。一方面，这些发展中国家和地区的总体发展水平不高，自然资源很丰富，我国的企业在当地具有很大的优势，可以充分发挥其资源利用能力和企业的资源禀赋（AA5 人力资源、AA6 声誉能力、AA7 运营能力、AA8 创新能力）；另一方面，由于这些国家在较长时期内，与中国一直都保持着相对友好稳定的政治经济互动，因而能够以积极的态度帮助中国企业参与到园区的投资建设中。除了上述三家企业，还有越南龙江工业园投资企业——前江投资管理有限责任公司和西哈努克港经济特区投资企业——西港公司等在我国的"一带一路"沿线中合作的跨境园区项目中园区建设绩效都很显著。

　　由于在欧美国家建设园区，我国与这些发达国家的制度存在逆差，制度距离相对较远（AA1 政治制度距离、AA2 管制制度距离、AA3 经济制度距离、AA4 文化制度距离），且我国企业的竞争优势无法得到充分发挥，所以极少有企业在发达国家进行投资建设。综上所述，可以认为上述理论模型是饱和的。

### 三、中国企业海外园区建设机理分析

#### （一）制度视角

　　通过研究制度因素来分析海外园区投资企业成功的机理。根据制度距离的四维度定义，将制度距离分为母国与东道国在政治、管制、经济和文化四个方面的差异。不同国家的制度情况存在着很大的差异，不仅体现在制度距离上，也体现在制度的质量上，因此我国制度和东道国制度质量的不同会构成制度落差。当我国的制度质量比东道国的制度质量高，则构成了制度顺差；反之，当我国的制度质量比东道国的制度质量低，则构成了制度逆差。

##### 1. 泰中罗勇工业园投资企业——华立集团

　　从政治制度距离来看，2012 年中泰两国发布联合声明标志着我国和泰国建立了全面战略伙伴关系。2017 年，中泰两国共同签署了《共同推进"一带一路"建设谅解备忘录》，泰中罗勇工业园成功列入"一带一路"合作项目清单。

　　从企业角度来看，华立集团通过组建商会的形式，提高中资企业在泰国的组织化程度，有效缓解了中资企业在泰国的本土化经营问题。例如，华立集团邀请

泰国税务、海关、劳工等政府部门的人员来园区交流，以促进集团与这些东道国相关部门的经验交流、企业自律及权益保护。为更好地融入东道国制度环境，华立集团在当地充分承担了社会责任，帮助中资企业缩小与泰国本土企业管制和经济层面的制度距离。

在价值观建设方面，泰中罗勇工业园建园之初，为表达对当地佛教文化的尊重，华立集团在园区建立了一些小型佛像，使泰方员工能充分融入新的工作环境。截至 2019 年底，泰中罗勇工业园已有近 120 家中资企业入园，为泰国解决本地 3 万余人的就业问题。华立集团从规章制度、价值观方面缩小文化方面的制度距离，有利于融入东道国当地文化。

### 2. 中白工业园投资企业——中工国际

2014 年 1 月，中国和白俄罗斯宣布将共同推动中白两国全面战略伙伴关系发展，让中白工业园在周围地区环境中发挥示范作用。两国领导人的政治互信，都看好中工国际建设的中白工业园，吸引了更多我国优势企业入驻园区。

中白工业园建设过程中，中工国际通过本土化经营获得外部合法性，如扩大招商引资力度，重点遴选产业技术先进、当地配套能力强、具备品牌知名度的高科技企业入园，从经济和管制方面使得制度距离更为接近。中白工业园定期组织国际论坛、入驻企业培训交流等文化建设活动来提高园区知名度。中工国际尊重白俄罗斯的宗教习惯，遵守当地的法律法规，同时也雇用白俄罗斯员工参与园区的规划和管理，进一步缩短了中白之间的文化距离。

### 3. 中埃泰达合作区投资企业——天津泰达

2008 年，在中非合作论坛上我国提出在非洲建立六个境外经贸合作区，其中最有代表性的就是埃及的中埃泰达合作区。

在管制制度距离方面，天津泰达认识到合法性的重要程度，通过在埃及树立一个负责任的企业形象，以达到在东道国市场获取外部合法性的目的。从建园初期到 2020 年 12 月底，已经有 96 家企业入驻中埃泰达合作区，为当地提供了大量的就业岗位，市场的稳定性进一步拉近了两国之间的经济距离；与此同时，园区也成立了孔子学院培训中心，对当地员工进行汉语和中国文化培训，深化了中埃两国的文化交流与人员交流。

通过不断缩短东道国和我国之间的制度距离，泰中罗勇工业园、中白工业园和中埃泰达合作区在取得一项项成绩的同时，也不断总结出具有可复制性的中国海外园区建设模式。

表7-6为制度视角下华立集团、中工国际和天津泰达的具体措施：

**表7-6　制度视角下案例企业的具体措施**

| 企业名称 | 华立集团 | 中工国际 | 天津泰达 |
|---|---|---|---|
| 园区所在国 | 泰国 | 白俄罗斯 | 埃及 |
| 制度距离 | 较小 | 较小 | 较小 |
| 制度落差 | 顺差 | 顺差 | 顺差 |
| 具体措施 | 组建商会，邀请泰国政府部门的官员来园区与企业交流；在园区建立小型佛像，尊重当地宗教文化。 | 每年组织年度国际论坛和园区内企业培训等文化建设，实施本土化策略；尊重白俄罗斯的法律法规和宗教习俗；雇用白俄罗斯员工；产品采购以本地采购为主。 | 成立孔子学院培训中心，为埃及员工提供公共汉语、专业汉语和中国文化等方面的培训。 |

### 4. 机制分析

我国企业海外园区建设成功的一个主要原因就是我国与东道国间存在制度顺差和制度距离都较小，海外园区投资企业对东道国的环境适应性强，也就是说海外园区投资企业在东道国获取合法性的程度高。但是，我国海外园区投资企业在东道国所面临的环境复杂性和不确定性，使得其在东道国需要先克服外来者劣势再获得合法性，从制度角度来说，企业能否成功建设海外园区本质上取决于能否获得合法性。如果园区投资公司的性质和行为符合东道国现有制度内的价值观、期望和社会标准，那么该公司就能处于合法地位。

从制度的质量优劣和距离大小两方面进行解释海外园区投资企业成功的原因：

一是制度顺差对海外园区投资企业获取合法性有明显的正向效应。通过与东道国相关政府部门建立各种联系，我国海外园区投资企业获得他们的认可，可提高园区的合法性。国家层面上中国与东道国制度环境的差异造成了海外园区投资企业竞争有不同的优势和劣势，进一步说，海外园区投资企业的优势和劣势受到东道国和中国制度落差的影响。

当存在制度顺差时，东道国制度的标准化、透明化程度较低，我国海外园区投资企业具有先进的管理经验和组织机制，在东道国相关政府部门的帮助下能更快地适应当地环境，合法性也能得到提高。

当存在制度逆差时，东道国往往是高度民主化的发达国家，这些国家通常具有完善、高标准化的制度环境。园区投资企业面对东道国复杂成熟的制度环境时，必须与东道国的利益相关者建立起联系，才能掌握东道国的制度环境，获取合法性。而且制度成熟的东道国市场的"关系"机制也与我国不同，若想通过使用传统方法和东道国利益相关者建立非正式的"关系"来获取合法性，其成效会大大降低。因为在这种完善的制度环境之下，企业若严格遵守当地的制度，将会一定程度地限制海外园区投资企业获取最大利益。因此，即便存在制度逆差，企业也倾向于通过和东道国当地组织建立起社会关系来提高合法性，只不过相比较制度顺差国家来说，效率更低、作用不明显。

二是制度距离越小越能提高海外园区投资企业的外部合法性。东道国与中国之间的制度距离可以影响海外园区投资企业在东道国获取合法性的难度。制度距离大小直接影响着海外园区投资企业与东道国企业组织之间的交流与联系，进而影响我国海外园区投资企业的外部合法性。

若东道国和中国的制度距离较近，有利于我国海外园区投资企业与东道国利益相关者构建外部合作网络，帮助中国海外园区投资企业获得所需要的资源和信息，提高企业的学习能力和环境适应能力，使企业更容易融入东道国环境。通过跨国学习和影响机制，提高东道国利益相关者对企业的评价。与东道国政府建立各种联系，帮助企业获得必要的资源和信息，从而提高其经营合法性。

我国许多成功的海外园区投资企业往往通过和东道国当地合法性程度高的企业建立联系，克服外来者劣势，提高其外部合法性。也就是说，东道国当地合作方和我国海外园区投资企业的合法性有着正相关性，合作方本身在当地的合法性越高，对中国的海外园区投资企业获取合法性的促进作用就越大。因此，海外园区投资企业通常选择与当地规模大且历史悠久的企业建立联系。

相反，当东道国和中国的制度距离增大，我国海外园区投资企业适应东道国制度环境的成本越高，所面临的情况更加复杂，外部不确定性越大，外来者的劣势越突出，我国海外园区投资企业想融入东道国制度环境，获取所需的技术、管理经验、资源等的难度会加大，获得当地合法性也愈加困难，这会导致园区的建设效果大打折扣，企业投资者的预期收益也会降低。图7-3为影响中国海外园区投资企业成功的制度因素模型图：

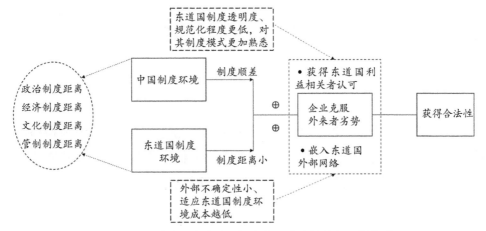

图7-3　影响中国海外园区投资企业成功的制度因素模型图

总之，从制度距离来讲，制度距离的不同使得合法性对我国企业的影响作用机制产生差异，如果中国与东道国之间的政治立场、法律环境、文化传统、市场环境相近，中国海外园区投资企业更容易适应当地的制度环境，从而提高经营管理的合法性；如果中国海外园区投资企业在与中国着存在较大制度距离的东道国进行投资，则企业无法完全适应东道国的制度环境，所面临的风险会更高，这将阻碍企业在当地获得合法性。

制度距离对我国海外园区的影响主要有两方面。一方面，我国海外园区投资企业必须花费额外的成本，增加对当地市场、人际行为、沟通和洽谈方面信息的了解等，这些成本无疑会增加投资成本，降低投资者的预期收益率，从而阻碍投资者建设绩效；另一方面，我国海外园区投资企业母公司会要求其海外子公司保持内部管理一致性，但是为了在东道国市场获得合法性，海外子公司又必须遵守当地的行为准则和规范。因此，制度距离的不同，导致制度对我国海外园区投资企业在国（境）外建设经营的成本作用机制也会产生差异。在我国制度距离相近的东道国进行投资，企业不需要支付上述额外成本，也就更容易促进投资的实现。

从制度质量上来看，东道国和中国在制度质量上的差异会影响我国海外园区投资企业海外建设成败。东道国与中国政治、法制和市场经济自由度等方面的差距越大，在东道国建设海外园区的成功率就越低，这在与法制健全、市场化程度高的西方发达国家对比时尤为突出。

因此，中国与东道国的制度距离越近，制度顺差越小，企业建设海外园区的阻碍和成本就越小，建设成效就越显著，更容易达到我国出海投资企业的预期收益目标。

（二）资源视角

资源理论强调企业发展的内生性，认为企业的成长依赖于企业内部所拥有的资源与能力，企业拥有的资源禀赋差异是造成企业经营绩效差异的根源。因此，可将成功建设海外园区的企业资源划分为人力资源、声誉资源、运营能力和创新能力四大类（见图7-4）。

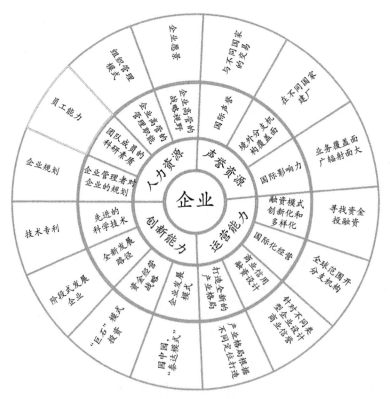

图7-4　企业基于基础资源理论分析图

企业能成功建立并运营工业园区，离不开企业正确的战略目标与清晰的自我定位。当企业选择的技术与自身要素禀赋结构相匹配时，技术变迁更顺畅，技术进步更快（林毅夫等，2006）。企业在制定投资决策时，客观分析东道国的生态环境，与企业自身的资源相结合，能提升企业的生存能力（余珮等，2021）。企业内部具有的异质性资源是竞争优势的来源（Wernerfelt，1984），从企业异质性资源的角度分析工业园区成功运营，能为国内相关行业的企业战略制定与发展方向带来一定的启示。

一是人力资源。投资企业与目标东道国合作建立园区需要拥有足够的专业人才储备以及成熟的管理层团队。三个工业园区的中方企业，在制定企业战略目标与选择园区东道国方面都有清晰的定位。华立集团作为民营企业的代表，能成功为中国制造业企业创造"航母模式"（陶莹等，2019），立足于华立集团高层汪立成管理团队对企业的战略目标设定。拉动中国制造业企业抱团出海的战略从华立集团踏出国门开始，就已定好了规划。为此，华立集团一直在有目的地为企业积累相关人才，配合成熟的管理层团队积极运营，形成良好的人才资源系统。中工国际、天津泰达身为国有企业，积极迎合国家"走出去"战略与"一带一路"倡议，及时按照国家的政策方向，部署工业园区的创建准备计划。两家公司的管理团队结合企业自身专业对口的技术人才团队与东道国开展合作，利用企业多年的区域开发管理经验，一举建立起目标定位清晰的工业园区，为后续工业园区的招商引资奠定了良好的基础。综上所述，企业的人力资源越强，企业在国（境）外建立工业园区并成功运营的可能性就越大。

二是声誉资源。投资企业除在国内需要有一定的知名度外，在国际上也需要有一定的国际影响力且拥有覆盖面积足够广的境外分支机构。三个工业园区的中方企业不仅在国内享有很高的知名度，而且在国际上已负盛名。除在各大洲建立了相应的境外分支机构，他们还在境外与当地政府合作运作企业，带动当地的经济发展，创造就业机会与管理平台。这使得这三家企业在国（境）外的知名度不断积累，为后续建立工业园区获得东道国的认可提供了良好的声誉基础。此外，工业园区的招商引资成功，也离不开企业在国（境）外的辛勤耕耘，计划入园的企业不仅仅会参考园区给予的政策优惠与园区的区位条件等，还会考虑投资企业运营的稳定程度与声誉。综上所述，投资企业在国（境）外建立工业园区时，积极建立并积累自身在国（境）外的声誉是必不可少的，一家企业在国（境）外享有的知名度越高、声誉越好，其能成功招商引资的可能性就会越大。

三是运营能力。投资企业需拥有成熟的运营系统为企业在建立园区后正确执行企业的战略计划提供保障。园区建设的产业链包括前期的定位研发、产业和园区规划，中期融资开发建设和后期的营销招商、物业管理、生产性服务等。前后端均属于智力输出的高附加值产业（詹晓宁，2021）。在"一带一路"倡议提出的背景下，这三个工业园区都是目前国内成功运营工业园区的案例，在国（境）外创立工业园区的浪潮下，三个工业园区的企业做足了功课，在运营方面交出了满分答卷。现阶段下，我国大多数工业园主要停留在中段传统工业园区"五通一平"的基础设施建设上，而中工国际充分利用东道国的资源，达到国内超一等的"七通一平"的基础设施建设并向"九通一平"（通市政道路、雨水、污水、自来水、天然气、电力、电信、热力及有线电视管线，土地平整）方向进发。三个工业园区的中方企业的积极运营极大地促进了园区发展，使得现有园区的基础设施基本完善，相关法律和激励政策配套确立，投资成本要低于新建园区，在提高高附加值产业部分的同时也为园区企业提供完整的产业链服务和投资融资解决方案，逐渐从重资产经营向轻资产管理发展，实现多元化经营和管理模式的输出。综上，企业在园区的运营能力方面越强，园区能建立并发展成功的可能性就越大。

四是创新能力。三个工业园区背后的中方企业都拥有完备的海外扩张能力，并在以此为基础的条件下发展出企业运营工业园区的创新能力。华立集团在泰国创造出泰中罗勇工业园"园中园"模式（孟广文等，2020）；中工国际中白工业园"巨石"投资形式（Trubarova Viacheslava，2018）；中埃泰达合作区的"泰达模式"（六层21式金字塔模型）都是目前国内绝无仅有的海外园区运营模式，园区的成功离不开企业的创新能力。在拥有创新能力的前提下，面对不同的投资环境，企业能根据实际情况做出最契合的选择。创新性的发展战略，往往是企业运营工业园区的关键能力。综上，投资企业拥有的创新能力越强，园区能建立并发展完善的可能性就越大。

（三）制度与资源因素的关系

通过用制度理论和资源理论对中国企业在海外园区建设项目的关键因素作用机理进行分析，发现这两个因素之间存在一定的联系：制度因素通过作用于资源因素来间接影响海外园区投资企业的成功绩效（见图 7-5）。

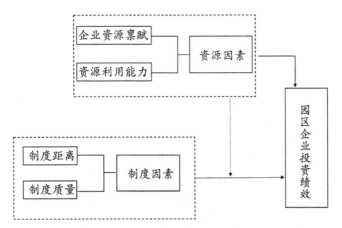

图7-5 制度因素作用于资源因素对园区企业投资绩效的间接影响

第一，投资企业获取东道国优势资源和目标资源会受到东道国制度的影响，原因在于东道国会通过设置制度环境吸引或阻碍这些投资企业入园，从而影响企业投资的优势和企业目标资源的获取。具体来讲，东道国制度环境可以间接影响到投资企业的合法性获取。一方面，东道国政府通常会给投资者发布"正面投资清单"以及"负面投资清单"，清单会规定企业在东道国被准许进行投资的领域，引导企业进行规范性投资。另一方面，东道国制度环境还能影响园区投资公司的投资行为。例如，东道国政府也会制定吸引外资的行业指导清单，对投资企业在资金、税收、人才、资金支持等方面产生积极的影响，使企业能够更好地在东道国获取资源并进行进一步投资。

企业跨国经营的核心目标是获取东道国目标资源。投资企业的目标资源越能适应东道国的外部制度环境，企业越不容易受制度环境所干扰。例如，某些产业或项目在东道国属于国家安全层面上的，东道国严格限制对其投资，但在其他的国家可能属于高科技创新领域，能吸引更多的外国企业投资。由此可以看出，东道国的制度环境可以与企业目标资源相互作用，这对于企业的东道国的选择具有重要影响，因此，投资企业建设园区的规划和执行必须考量到东道国的外部制度环境。

第二，我国的制度因素也能直接影响园区投资公司的运营成效。我国制度因素能够与企业的优势资源和资源利用能力相互作用，使企业形成互补要素或更有效地利用资源进行对外直接投资。例如，我国政府出台了一系列的政策，通过影

响企业人才、技术、资金方面的优势来影响企业的所有权优势。

## 四、理论模型与结论思考

整合资源和制度因素的理论模型图如图 7-6 所示：

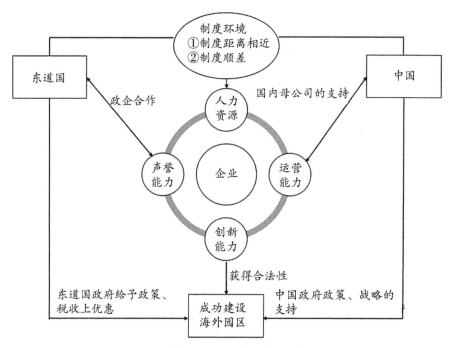

图7-6　整合资源和制度因素的理论模型图

从上图可以看出，东道国、中国、园区和投资企业之间形成一个闭环，我国海外园区投资企业在海外园区建设中处于枢纽位置。从资源角度分析，企业所具备的人力资源、运营能力、声誉能力和创新能力四种资源能力是海外园区建设的成功因素。从制度角度来看，和东道国的制度距离相近、存在制度顺差也是海外园区建设成功的关键因素，企业需要克服外来者劣势来获得东道国经营合法性。企业母公司的战略支持帮助海外园区投资企业提升内部合法性，而东道国政府和企业之间的合作帮助投资企业提升外部合法性。具体到园区建设上，需要东道国政府给予园区税收、政策上的优惠，并且得到中国政府的支持，当企业都具备这些内外部要素时，就能够推动投资企业成功建设海外园区。

# 第八章

# 海外园区建设的
# 国际经验借鉴与启示

在我国大力发展建设海外园区的同时，不少国家和地区也在海外园区建设的道路上取得了不错的成绩。这些国家和地区关于海外园区的建设步伐领先于中国，而我国进行海外园区建设经验的学习和借鉴有利于筑牢我国建设海外园区的路径和方向。新加坡、日本、美国和德国海外园区建设的成功范例不少，学习这些国家海外园区建设的先进经验对我国海外园区建设会有所启示。

## 一、新加坡

### （一）新加坡海外园区的建设背景

新加坡建设海外园区最开始是为了将零碎的贸易集散地升级为生产基地，促进集聚效应的产生。随后，新加坡海外园区的建设模式在东亚地区迅速普及，从而为其海外园区的建设奠定了良好基础。新加坡是继中国和日本之后世界上海外园区建设总量排名第三的国家，截至2018年，新加坡海外园区总量为25个。[①]新加坡凭借本国在资金、技术、管理等方面的优势，充分利用了周边国家的资源和市场建设海外园区。

### （二）新加坡海外园区的建设模式

#### 1. 园区建设参与主体

新加坡海外园区建设参与主体主要有政府、海外园区开发商及入驻企业。其中，政府在园区开发阶段呈现出主导作用，具体表现为依照园区发展需求，为园区提供政策支持和优惠，由政府出面，进行招商引资，帮助本国企业进行对外投资。国际园区的开发商包括胜科工业（Sembcorp Industries）与星桥腾飞集团（Ascendas-Singbridge）等具有丰富园区开发经验的企业。入驻企业主要以海外园区为平台，通过"抱团走出去"实现产业集聚并加速企业国际化进程。

---

① 詹晓宁、李婧：《全球境外工业园区模式及中国新一代境外园区发展战略》，《国际经济评论》2021年第1期。

### 2. 园区发展动因

根据园区的发展动因，将新加坡海外园区划分为四类：贸易壁垒规避型、区域合作联动型、发展援助导向型和资源寻求扩张型。其中，贸易壁垒规避型主要是指母国为规避高额的关税壁垒或严格的非关税壁垒，降低贸易成本，通过建设海外园区的方式，进行直接投资或贸易活动；区域合作联动型主要是指母国被东道国优势所吸引，具体包括东道国的资源优势或向东道国学习技术及管理经验等，在东道国建设海外园区，增进区域合作，做到区域内的联动发展；发展援助导向型主要是指发达国家向欠发达国家以国际援助的方式进行海外园区的建设，在履行国际援助责任的同时，通过建立海外园区推动东道国的生产发展，促进双方的经济发展；资源寻求扩张型是指母国为寻求东道国的丰富资源或降低成本，建设海外园区作为国家对外发展的契机。

外向型经济是新加坡经济发展过程中最为重要的特点，其海外园区的发展动因可以总结为区域合作联动型和资源寻求扩张型。从 20 世纪 60 年代起，新加坡就迈入国际化联合发展的阶段，开始加大国际贸易、增加国外投资。同时，新加坡国土面积狭小，国内开发资源并不丰富，积极寻求海外资源、促进工业化发展成为其建设园区的主要动因。近年来，新加坡根据其区域化战略进行海外园区的建设，主要集中在周边的东南亚国家及中国、越南、印度等国家，呈现出全球化趋势，这具有区域合作联动型和资源寻求扩张型发展动因的特点。例如，新加坡在越南建设的工业园（VSIP），主要借助了东南亚国家的快速发展；在苏州建设中新苏州工业园，通过与中国合作寻求中国的劳动力及其他资源；在印度班加罗尔建立的国际科技园，在进行海外投资的同时也进一步以产业园合作的形式扩大了新加坡的海外竞争力。

### 3. 园区开发模式

根据不同园区开发模式，将新加坡海外园区项目模式分为政府间合作项目、外方独资、合资以及 PPP（公私合营）四类。

截至 2018 年，新加坡在国外建立海外工业园区具体建设概况见图 8-1。从图 8-1 可以看出，新加坡海外园区建设数量集中在越南、中国和印度尼西亚三个国家，且新加坡园区开发以合资为主要模式，其次是政府间合作项目。新加坡在越南、马来西亚和菲律宾的海外园区开发均是以合资的形式进行，在印度尼西亚除部分是政府间合作项目外，其余海外园区以合资为主要形式。新加坡最早在印度尼西亚以政府间合作形式进行巴塔明多工业园区（Batamindo Industrial Park）的建设；随后在越南以合资的形式进行园区 VSIP（Vietnam Singapore Indusitrial Park I）的建设；新加坡在天津、成都、苏州等地先后进行园区的投资建设，具体包括天津生态城、新川（成都）创新科技园、中新苏州工业园。

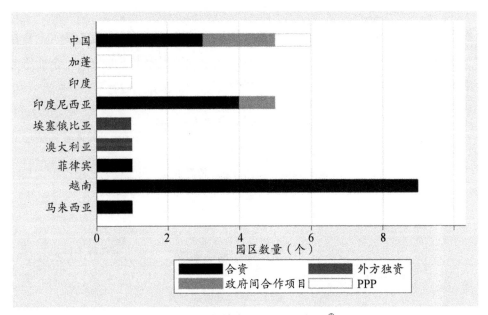

图8-1　新加坡海外工业园区概况[①]

### 4. 园区运营模式

基于运营模式，新加坡海外园区按照参与对象和业务范围可以分为母国企业服务输出型、企业"一站式"运营型和政企联合运营型三类，详见图 8-2。母国企业服务输出型是指在海外园区运营过程中，母国企业为方便园区管理，为园区建设和运营提供母国的管理和服务理念，为园区企业组织具有母国文化特色的相关活动，促使同母国总部的协同发展；企业"一站式"运营型是指开发企业除为园区提供基础设施外，还为其提供园区规划、招商和后期运营等"一站式"运营体系，通过专业化服务实现赢利；政企联合运营型是指在海外园区运营过程中，

---

① 詹晓宁、李婧：《全球境外工业园区模式及中国新一代境外园区发展战略》，《国际经济评论》2021年第S1期。

通过母国企业和东道国政府的相互合作，在双方共同管理模式下进行园区的运营和发展。

新加坡建立的海外园区，运营模式属于企业"一站式"运营型，参加主体主要是开发企业。新加坡通过为入驻企业提供"一站式"服务来进行园区的运营，并促进产业集聚。裕廊集团是初创"一站式"园区服务的公司，而此模式重点在于工业园区前期的充分准备和服务式管理。例如，为满足园区内企业的需求，裕廊集团为园内企业提供便利服务，切实解决了企业的实际困难。资料显示，在裕廊工业园区实施"一站式"服务之后，其行政审批管理效率不断提高，企业服务效率也有明显的提高。[①]

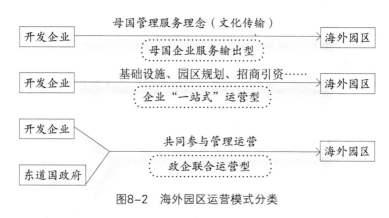

图8-2    海外园区运营模式分类

对于新加坡海外园区建设模式的分析，分为园区建设参与主体、园区发展动因、园区开发模式及园区运营模式四方面进行，其逻辑框架如图 8-3 所示。一方面，园区开发主导者包括政府、开发商和入驻企业，共同推进园区的开发建设，而园区运营主要由开发企业来负责海外园区的运营管理，裕廊集团作为新加坡著名的海外园区开发企业，在园区的运营方面也张弛有度，体现了园区参与主体对开发模式的主体领导性和对运营模式的主体调动性；另一方面，新加坡海外园区的发展一是为了发展区域经济，二是为了寻求资源，二者分别和开发、运营模式结合，形成了以企业合资建设和政府合作为主的开发模式，促进了企业"一站式"运营模式的形成。

---

① 关利欣、张蕙、洪俊杰：《新加坡海外工业园区建设经验对我国的启示》，《国际贸易》2012年10期。

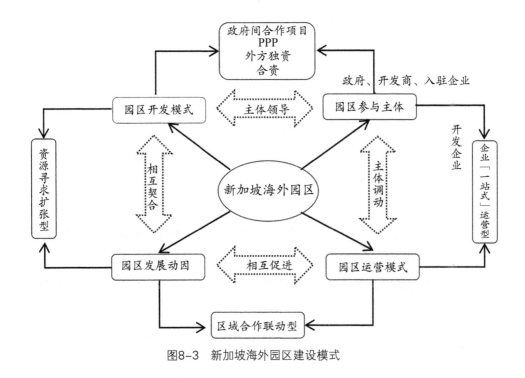

图8-3　新加坡海外园区建设模式

## （三）新加坡海外园区建设成功案例

中新苏州工业园区由开发集团开发，其中包括中国和新加坡双方的企业集团，属于合资建设。中方企业有 14 家，例如中粮、中远、中化等；新加坡企业包括一些跨国公司、新加坡政府控股公司和部分私人公司。中国与新加坡在苏州工业园区的管理上建立了从上到下三个层次的工作管理层级，三个层面分别拥有不同的管理限权，第一层面是双方政府层面，负责重大政策建设事宜；第二层面是双边工作委员会，负责园区开发建设中相关事宜；第三个层面是联络机构，负责日常联络工作。通过不断发展，苏州工业园区在 2020 年的地区生产总值达 2907.09 亿元，进出口总额达 941.77 亿美元。园区 2016—2021 年连续在国家级经济开发区综合考评中位列第一，在国家级高新区综合排名中位居第四。[①] 园区发展迅速，在中国乃至世界都占据领先地位。

① 资料来源于苏州工业园区管理委员会，http：//www.sipac.gov.cn/szgyyq/yqjj/common_tt.shtml.

（四）新加坡海外园区成功经验及启示

**1. 政府主导建设，企业主导运营**

新加坡海外园区的建设过程由政府主管机构负责，而运营过程由企业负责。与中国海外园区建设模式不同，新加坡海外园区多由政府机构主导，同时其运作趋向企业化。这为中国乃至世界各国海外园区的建设运营提供了新的路径。

**2. "一站式"园区服务优势明显**

新加坡海外工业园区的开发模式为国际上的各国海外园区提供了宝贵的经验。裕廊集团是初创"一站式"园区服务的公司，而此模式重点在于工业园区前期的充分准备和服务式管理。为满足园区内企业需求，裕廊集团组织利用各种形式为园区内企业提供便利服务，切实解决企业的实际困难。资料显示，在裕廊工业园区实施"一站式"服务之后，其行政审批管理效率不断提高，企业服务效率也有明显的提高。

**3. 与东道国的友好合作**

新加坡与东道国的友好合作为海外园区的发展提供强劲动力，也是园区蓬勃发展的基本保障。新加坡选择值得信任的东道国进行海外园区建设，选择交好国家及地区进行海外园区的开发，母国对园区所处环境把握相对准确，让园区处于友好交流的环境中，这有利于园区长远发展。

# 二、日本

（一）日本海外园区的建设背景

日本是亚洲最早实现工业化的国家，其海外园区的建设进程自然也走在世界前列。20世纪80年代末，日本便开始在东南亚地区进行海外园区的建设。除中国外，日本是国际上海外园区建设数量最多的国家，截至2018年，日本海外园区建设数量为49个。[①] 园区建设的参与主体主要包括日本的私营部门和东道国当

---

① 詹晓宁、李婧：《全球境外工业园区模式及中国新一代境外园区发展战略》，《国际经济评论》2021年第1期。

地的财团。同时，日本政府也对海外园区进行主导型建设，早期通过国际援助和战略性考虑，在巴勒斯坦、印度、柬埔寨等地积极建设政府间合作的海外园区。值得一提的是，近年来，日本在印度等亚洲国家建设仅服务于日本企业的日本工业城，其建设目的主要是为了推动本国企业抱团"走出去"，建立国际上的产业链，从而实现产业集群，为日本企业提供投资和出口的海外平台。

## （二）日本海外园区建设模式

### 1. 园区建设参与主体

政府和专业工业地产开发商是海外园区建设的主要参与者。日本海外园区的建设参与主体主要是日本政府、专业工业地产开发商和入驻企业，开发商包括三菱集团（Mitsubishi）、双日株式会社（Sojitz）和住友商事（Sumitomo）等国际园区开发商。日本双日株式会社投资开发的越南隆德工业园区，为日本提供有关采购原材料和零部件的信息服务及物流功能。同时园区内也存在大量入驻企业，企业将海外园区作为一种绿地投资的平台，为自身的下游供应商提供生产场地，扩宽产业链，形成产业集群。并且，日本园区建设参与主体具有园区建设运营一体化的特征，主体参与度在园区开发和运营两方面均较强，大多由园区开发商建设和运营。

### 2. 园区发展动因

依据主要动因，可以将日本海外园区划分为贸易壁垒规避型和发展援助导向型。以日本纺织品为例，20 世纪 70 年代，受欧美保护主义的影响，日本为规避贸易壁垒，迫使日资企业向亚洲地区转移，包括韩国、中国台湾和中国香港等，随后开始建立海外园区，这是贸易壁垒规避型。另一方面，日本通过官方援助机构与日本财团的合作，为履行国际援助责任，在孟加拉国和缅甸建立了多个海外园区，这是发展援助导向型。

### 3. 园区开发模式

日本从 1988 年开始进行对海外园区的建设，初期主要集中在泰国、菲律宾和印度尼西亚，且都以合资的方式进行。随后，在柬埔寨和印度出现以日方独资为主要形式的园区项目建设，而值得注意的是，日本在印度主要选择政府间项目合作的方式进行开发建设，主要是出现在日本政府与印度合作的日本工

城（Japan industrial township）项目中。根据双方的合作安排，12 个日本工业城中有少数工业城为印度自行开发，但仅服务日本企业。[①] 其中建设的园区包括日本丰田集团旗下核心企业在柬埔寨独资建设的波比德佐科技工业园（techno park poipet），主要产业是服务业，专门为汽车零件、电器与半成品生产厂家提供服务；日本通过 PPP 的方式在老挝建设了帕克斯中小特别经济区（Pakse Japan SME special economic zone），在缅甸建设了提拉瓦经济特区（Thilawa special economic zone）；在合资建设的海外园区中，泰国的那瓦纳空工业园和洛乍纳工业园是最具代表性的园区，此外还有日本禧玛诺（Shimano）公司与第一菲律宾控股公司合资开发的第一菲律宾工业园区（first Philippine industrial park），这是日本在菲律宾建设的第一个海外园区，主要进行自行车零件生产等。日本从开始建设海外园区至 2018 年的开发建设类别概况如图 8-4 所示。

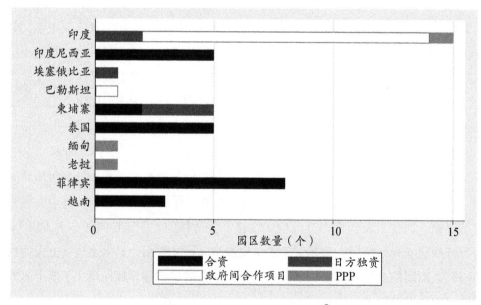

图8-4　日本海外园区建设概况[②]

---

① 日本工业城的介绍详见印度工业和贸易促进部网站，https://dipp.gov.in/japan-plus/japaneseindustrial-townships［2020-06-20］。

② 詹晓宁、李婧：《全球境外工业园区模式及中国新一代境外园区发展战略》，《国际经济评论》2021年第S1期。

#### 4. 园区运营模式

日本建设的海外园区有着鲜明的国家特征，主要遵从母国企业服务输出型运营模式。由于日本的服务业较为发达，海外产业园的建设和运营也具有完善的服务体系。日本始终坚持"工业园区就是一个服务业，顾客至上"的原则，实现保姆式的贴心服务，这受到入园企业的高度认可。例如，在日本索米金公司经营管理的泰国罗加纳工业园，索米金公司成立专业部门专门负责园区内约60%的日本企业的管理，并定期组织日本工厂在园区举办信息交流会。随着会议活动的不断成熟，其被称为"罗加纳会议"，其中会有日本数百家企业参加。另外，园区内部建有可供园区人员和国外专家居住的公寓，公寓基础设施齐全，这体现了日本人性化的服务理念。

对日本海外园区建设模式的分析主要从园区建设参与主体、园区发展动因、园区开发模式及园区运营模式四个方面进行。从图8-5可以看出，一方面，园区建设参与主体在园区开发模式和运营模式两方面进行干预，是"建设运营一体化模式"，园区建设主导者包括政府、开发商和入驻企业，这三个主体推进了园区的开发建设，而园区运营主体包括企业或者专业的运营机构来负责日本海外园区的运营管理；另一方面，日本海外园区的发展动因作为重要推力，影响到园区的开发和运营。日本海外园区的发展是为了规避贸易壁垒，这促进了园区开发模

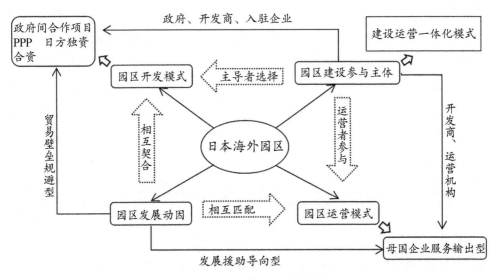

图8-5　日本海外园区建设模式

式的形成，与具体包括政府间合作项目、PPP、日方独资及合资建立的开发模式相互契合。发展援助型海外园区的动因与母国企业服务输出型的运营模式相互匹配，日本在越南建立的隆德工业园就是这一现象的典型园区。

（三）日本海外园区建设成功案例

随着越来越多的日本制造业在国（境）外进行市场扩张，日本建设海外园区的需求也日益增长。其中，日本双日集团在越南建立隆德工业园区是具有代表性的日本海外园区。隆德工业园区由双日株式会社、大和房屋工业株式会社、神钢环境舒立净株式会社 3 家公司联合设立在越南南部的同奈省。3 家公司在工业园区内设立的事业公司 Long Duc Investment Joint Stock Company 占股份的 88%，其余由越南当地合作伙伴 DONAFOOD 公司取得。拥有股份的 4 家公司的出资比率分别为：双日株式会社 57.3%，大和房屋工业株式会社 22%，神钢环境舒立净株式会社 8.7%，DONAFOD 公司 12%。[①]

园区的运营管理主要由上述三家企业合作运营，双日株式会社拥有开发运营园区的丰富经验，负责园区主要事务；大和房屋工业株式会社主要为园区提供房屋建筑方案及后续相关服务；神钢环境舒立净株式会社充分发挥在日本积累的水处理及环保设备相关专有技术，在该工业园区内，提供适合越南环境且顾及环境负荷的设备及后续服务的一揽子解决方案。这符合母国企业服务输出型运营模式。双日集团为确保总部与海外园区一线的顺畅沟通，要求隆德园区一线员工每周与总部所有项目成员召开一次电话会议，针对开发、销售、资金等情况进行讨论。这体现了其把总部和前线作为一个团队的良好协同管理理念。隆德工业园的优势包括日本公司的建设和运营所带来的安全性以及从启动到运营的一体化支持系统。双日株式会社员工总是驻扎在工业园区，以日本的运作方式迅速而准确地满足客户的需求，日本员工能够以日语对日本租户做出正确回应，就像海外医院有日本医生一样，这也是隆德工业园能吸引外资，获得园区企业的认可的原因。

---

① 商务部跨国经营管理人才培训教材编写组编：《中外境外经贸合作园区建设比较》，中国商务出版社，2018年，第129页。

## （四）日本海外园区成功经验及启示

### 1.打造完善的园区服务体系

日本的海外产业园基本上是建设和运营一体化的模式，具有完善的服务体系，得到入园企业的高度认可。例如，在日本索米金株式会社经营管理的泰国罗加纳工业园有专人负责园区的管理工作，提供优质的配套服务；双日株式会社在印度开发的共同建设产业园内设立管理办公室等以满足不同需求。这些都有利于吸引企业入驻，提高海外园区建设成功的概率。

### 2.建设良好的协同机制

海外工业园区建设过程由多个国家的企业参与，容易受到经济形势变化的影响。拥有与母国企业良好的协同机制，对园区建设来说，在降低了相关风险的同时也保障了其顺利完成建设运营的过程。双日株式会社要求隆德工业园区一线职工与总部召开电话会议，要求日本员工用日语回应日本租户的做法都是建设良好的协同机制的做法。

# 三、美国

## （一）美国海外园区建设背景

美国海外园区的建设相较于日本和新加坡起步晚且园区数量较少。1996年，美国在菲律宾建设了第一个海外园区 Light Industry & Science Park II，主导产业为高端装备制造、物流配送及轻工业。随后，美国还在菲律宾、阿富汗、海地等国家进行海外园区建设，且园区建设多出于国际援助。美国作为世界强国，在国内工业园的建设方面是良好的学习样本，且重点在科技领域、工业发展方面，但在海外园区的建设方面，并没有达到日本和新加坡的发展程度。

## （二）美国海外园区建设模式

### 1.园区建设参与主体

与日本、新加坡相同，美国海外园区建设的参与主体也有政府、海外园区开

发商及入驻企业。而不同的是，美国政府在海外园区建设过程中主导性更强，作为世界最大的经济体，其建设海外园区是为了履行国际责任，援助欠发达国家或地区。以政府为主导的海外园区建设，在帮助本国企业进行对外投资的同时，也为东道国的工业化进程提供支持和帮助。另外，美国也存在"政府＋企业"形式的海外园区，如具有 25 年美式工业厂房开发管理经验的凌志集团与我国江门市政府联合建立的中美（江门）合作园，就是一个美式国际化专业合作园。

**2. 园区发展动因**

美国海外园区的发展动因可以总结为发展援助导向型和资源寻求扩张型。近年来，随着工业园区对吸引外国投资、创造就业岗位和提高工业化水平的作用得到广泛认可，建立工业园区也与援建基础设施和学校、医院等民生项目一道，成为对发展欠发达地区提供官方援助的重要形式。2004 年，美国在阿富汗建立了三个海外园区，援助阿富汗基础设施的建设，促进其经济的发展；2012年为海地提供 1.2 亿美元，通过和美洲开发银行合作，援建纺织工业园区，支持海地的地震震后重建工作。同时，美国选择在石油资源富足的海地、阿富汗以及矿产资源丰富的菲律宾建立海外园区，也是为了寻求更丰富的资源。

**3. 园区开发模式**

美国海外园区的开发模式以政府间合作为主，合资建设为辅。2004 年，美国在阿富汗建立的海外园区均以政府间合作的形式建设完成；2012 年建设的海地卡拉科尔工业园是海地北部地区一个混合用途的轻型制造工业园，也是政府间合作项目，美国政府还资助建设了一座 10 兆瓦的电厂来支持卡拉科尔为园区提供可靠的电力，美国国际开发署在三年内支持该工厂的运营和维护；2016 年建立的中美（江门）合作园，设立了多元战略开发、吸引开发战略结盟者和带入多元企业联合开发等多元开发机制。

**4. 园区运营模式**

美国海外园区运营模式符合政企联合运营型的特征，在园区运营过程中由美国企业与东道国政府合作运营。企业在东道国投资，若没有当地政府的帮助，将很难在东道国立足，园区的发展也会受到一定的限制；如果当地政府加入运营并和开发企业共同建立专门的运营管理机构，对园区的招商引资和后续发展相关服务都有一定的促进作用。其中，中美（江门）合作园是政企联合运营型的典型案例园区。

美国海外园区建设模式的逻辑框架如图8-6所示。美国模式与日本模式相似，不同的是，园区建设主体和运营主体有较大的差别，园区运营主体包括母国企业和东道国政府共同来负责美国海外园区的运营管理，属于政企联合运营型；在发展动因方面，美国海外园区的发展动因一是寻求海外资源，二是发展国际援助，这两个动因共同影响着园区的开发模式和运营模式，而日本模式是两类发展动因分别影响着开发模式和运营模式。

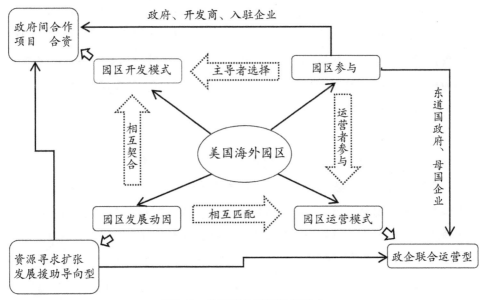

图8-6 美国海外园区建设模式

### （三）美国海外园区建设成功案例

中美（江门）合作园是广东江门市政府与美国合作的省级国际合作园区，由中美（江门）合作园有限公司推动建设。合作园由江门市政府作为统筹指导，中美（江门）合作园有限公司建设管理和运营，它是拥有美国丰富园区开发经验和先进开发理念的园区。园区通过吸引优质美国企业项目入园，以共同搭建满足企业发展，带动经济进步的中美经济合作平台。目前，中美（江门）合作园已引进3家世界五百强企业和3家国际型企业，希望通过不断发展，力争成为华南地区优秀园区，为中美双方经济发展贡献力量。

### （四）美国海外园区成功经验及启示

#### 1. 积极履行社会责任

美国建立海外园区多出于国际援助的责任。作为最大的发达国家，美国工业化水平高、科技发达，履行社会责任、建立海外园区进行国际援助是它的主要动因。园区企业需要积极主动履行社会责任，与当地分享发展成果，便可能实现双赢和可持续发展。而中国海外园区在履行社会责任方面仍存在不足，在园区建设过程中，企业要获得东道国的认可，要尊重当地文化，保护生态环境，不可以为图便利而破坏当地生态环境。企业还要关注当地民生，帮助当地扩大就业，改变当地群众的谋生渠道，提高他们的生活水平。企业应进行相关的公益慈善活动，与当地员工和社区居民和谐共处，从而为园区的长期可持续发展奠定基础。

#### 2. 加强园区融资能力

美国主要通过引导民间资本和风险投资进行融资，由银行建立小企业投资公司并以私营风险投资公司进行风险投资。同时，美国作为世界经济强国，融资能力强、信贷信用高、金融机构发达，在园区开发建设过程中，拥有其自身的优势。而中国海外园区的融资模式主要依靠吸引外资投资和国际组织援助，采用开发企业直接投资、资本市场融资、项目融资、企业自筹等方法进行，资金压力已成为合作区建设和持续发展的制约因素，融资能力较美国仍有较大的差距。中国海外园区要利用好国家层面已经建立的"丝绸基金""中国-东盟投资合作基金""中非发展基金"等国家级优惠贷款或基金，切实推进与金融机构的合作。

## 四、德国

### （一）德国海外园区建设背景

德国海外园区的建设起步于20世纪80年代初期，到20世纪90年代中期达到发展的顶峰。德国较为注重科技园区的开发与发展，在德国国内建立科技园区多达270家，涉及产业包括现代通讯、计算机及软件、生物工程及制药等。德国在中国建立的海外园区也以高端制造业为主，且为实现转移生产和对外投资，"走出去"企业多为中小企业。中国已成为德国中小企业海外直接投资中最重要的亚洲目标市场，建立的园区包括太仓德资工业园、成都中德（浦江）中小企业合作园。

## （二）德国海外园区开发建设模式

### 1. 园区建设参与主体

与上述国家相同，德国海外园区建设的参与主体也有政府、海外园区开发商以及入驻企业。而不同的是，德国政府在海外园区建设过程中主导性没有美国政府的强，在海外园区开发建设方面主要采取的是东道国政府主导模式，即由当地政府为投资国企业建设海外园区，吸引投资国企业前来投资，形成产业集群。

### 2. 园区发展动因

与美国相同，作为欧美地区传统制造业强国，德国建设海外园区很大一部分是为了履行国际责任，援助欠发达国家或地区，在帮助本国企业进行对外投资的同时，也为东道国工业化进程提供支持和帮助。另一方面，德国考虑国内中小企业的跨国发展问题，降低企业向外发展的难度，积极建设海外园区，为本国企业进行跨国生产活动提供出海平台，为推动本国中小企业的国际化发展提供便利，让中小企业"抱团出海"，形成产业集群。因此，德国的海外园区发展动因可以归结为发展援助导向型和产业集群联动型。

### 3. 园区开发模式

德国海外园区的开发模式有许多种。2007 年德国在巴勒斯坦以政府间合作的形式建立了以工业发展为主要导向的海外园区（Al-Jalama Industrial Park），2009年以合资的形式在菲律宾建立了以工农产业为中心的海外园区（Balo-I Agro-Industrial Economic Zone）。而德国在中国的海外园区建设模式总体可以归结为东道国政府主导模式，即由当地政府为投资国企业建设的海外园区，吸引投资国企业前来投资，形成产业集群。例如，1991 年中国建立太仓经济开发区，1993 年第一家德资企业——全球著名弹簧制造商克恩—里伯斯（太仓）有限公司以独资的形式入驻太仓经济开发区；2006 年，江苏省太仓德资工业园正式设立，成为德资企业投资中国市场的首选地。

### 4. 园区运营模式

为吸引德国制造企业从而带动本地发展，中国的德国工业园不断涌现，其主要运营模式为中德双方政府引导，中国地方政府或企业投资并运营。根据不同的产业定位可以将其运营模式分为综合类园区运营模式和专业类园区运营模式。

（1）综合类园区运营模式。这类园区主要吸引德资企业落户并形成产业集群，对落户企业的经营范围没有限制，产业没有具体边界，属于综合型的产业园区。同时，德国政府或企业也参与部分园区的招商引资、生态建设和环境保护等工作。典型的德国工业园如太仓德资工业园、昆山张浦德国工业园、成都中德（浦江）中小企业合作园等。

（2）专业类园区运营模式。为了吸引德国大型知名制造企业来华投资，经中德双方政府的引导，中国一些地方政府专门为这些企业量身定做单一型的工业园区，由中国地方政府根据德资企业的要求投资兴建并运营管理，同时为该类德资企业招商配套生产企业，形成某一产业集聚的专业型工业园区，典型工业园有上海大众工业园区。对于德国海外园区的建设模式总体框架如图8-7所示。德国模式与美国模式相似，不同的是，园区建设主体和运营主体有较大的差别，园区开发建设主体主要为东道国政府，东道国政府负责吸引投资国企业前来投资，形成产业集群；园区运营主体包括母国企业和东道国政府，且专门划分为综合类和专业类两种园区来运营；在发展动因方面，德国海外园区发展动因一是发展国内中小企业、形成产业集群，二是为了发展国际援助，在这两方面的共同作用下，影响着园区的开发模式和运营模式。

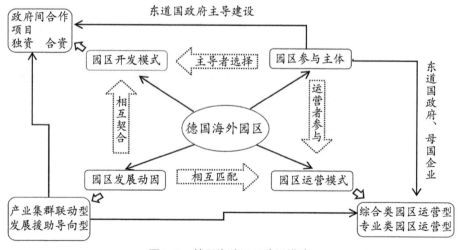

图8-7　德国海外园区建设模式

## （三）德国海外园区建设成功案例

除中德太仓合作园外，德国还在中国建立了中德中小企业合作园。2014 年，中德中小企业合作园在四川省浦江县寿安新城建立，旨在吸引德国中小企业落户浦江。2017 年，园区被工业和信息化部授予"中德（浦江）中小企业合作区"，是西部地区唯一一家国家级中德中小企业合作园区。园区由浦江县政府主导开发，德国政府和企业不参与开发建设，园区全面对接"中国制造 2025"和"德国工业 4.0 战略"，通过加强与德国在先进制造业领域的合作，加快推动中小企业的产业升级和结构调整。

## （四）德国海外园区成功经验及启示

### 1. 加强园区生态管理

德国海外园区的生态环保意识较强，德资企业在进入园区时，把德国环保标准、环保设备和环保理念也同步引入园区，园区内所有德资企业工业排放全部达到国家标准。我国在建立境外工业园区时，需要向德国学习相关生态管理经验，做到园区设备达到相关环保标准、环保理念深入园区建设、园区生态发展达到可持续发展。

### 2. 注重人才培养引进

德国注重教育发展，在园区内建有学校等教育机构，通过引进和吸收德国职教体系，提高园内人才的素质。我国海外园区虽然可以充分利用东道国丰富的劳动力资源，但仍然缺乏高素质的国际化人才。由于我国海外园区大多位于发展中国家，对高级人才的吸引力较小；同时，我国海外园区尚未建立科学有效的人才供给机制，针对具体领域的人才吸引体系也尚未完善。因此，我国的海外园区可以通过发展产学研一体化，系统培养和储备相关人才，也可以通过提供的更高的工资福利、优惠待遇来吸引全球的高素质人才，这对园区建设运营发展起到至关重要的作用。

# 第九章
# "一带一路"倡议下中国海外园区高质量发展展望

1992 年越南铃中加工出口区的建立开启了中国投资建设海外园区的历程，2013 年"一带一路"倡议的提出，是海外园区的建设上浓墨重彩的一笔，"一带一路"倡议下，我国于 2016 年在境外建立了 26 个园区，海外园区的建设迎来了高峰。在经过了萌芽阶段、休眠阶段、加速阶段和试水阶段，来到趋稳阶段的海外园区把建设重心放在了质量与效益上，在经济逆全球化和贸易保护主义抬头的国际背景下，加上加速阶段园区开发运作遗留问题的局限，我国海外园区的建设需要进行休整，逐步从量的快速增长向质的提升转变。为协调步伐、汇聚能量，对中国海外园区的高质量发展展望如图 9-1 所示。

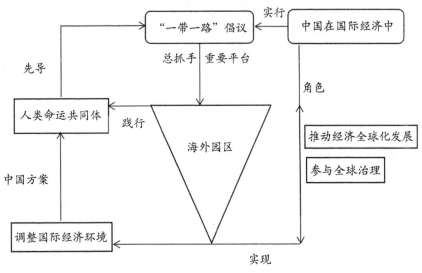

图9-1　中国海外园区高质量发展展望

## 一、中国海外园区高质量发展的必要性

现在，中国海外园区来到了新的历史节点，从建设提速转变为寻求质量上的突破，海外园区的高质量发展是国际经济环境调整的需要，也是中国在世界经济中所扮演的角色的需要。

（一）国际经济环境调整的需要

纵观世界，在经济全球化形成的内在动力不断驱动之下，各个国家间联系紧

密，彼此间已是相互依存、相互融合。但是在享有更多发展机遇的同时，各类全球性经济问题涌现出来。首先是经济风险呈现出由点及面覆盖的特点，一个国家的经济风险，会牵一发而动全身，演化为全球性的风暴，直接导致国际经济环境的动荡；其次是全球化进程加快，相对应的是全球的分配不平等问题进一步发酵，发达国家与发展中国家之间经济水平的差距在不断拉大，贫富差距引发的各种争端，严重限制了国际经济健康发展。长远来看，经济全球化是世界趋势所在，如何面对全球经济风险增加的难题，如何让全球化驶向更加合理的航道，维持国际经济环境的健康稳定，值得世界各国人民共同思考。人类命运共同体，是中国为助力创造合理经济全球化的中国智慧在"百年未有之大变局"的特定历史时期为应对全球性问题、实现合作共赢而提出的新的全球治理模式。"一带一路"是人类命运共同体的重要先导，海外产业园区则是其总抓手。2013 年以来，随着"一带一路"倡议的提出和不断深入，秉持"共商、共建、共享"的合作理念，"一带一路"建设的朋友圈子日益扩大，中国海外园区在"一带一路"沿线国家的接受度和认可度越来越高，成为中国应对经济全球化背景的下财富分配不平等现象，助力弱势发展中国家自身经济发展的重要举措。近年来，中国海外园区的建设取得了很大的进展，在国际经济形势动荡的情况下，海外园区是各国企业的避风港，为园区东道国企业谋发展提供了相对稳定的经济环境，特别是在复杂的环境中，各国企业在影响机制作用下，聚集资源，利用大量优惠政策和制度集中实现"抱团出海"，大大拉动了当地的经济发展，同时也解决了当地就业难的问题，对于广大发展中国家来说，这是促进经济发展和加强国际交流的重要且可借鉴的经验。中国在"一带一路"沿线国家大力建设海外园区，有效扶持发展中国家的经济发展，用中国方案为缓解经济全球化背景下的不平等分配出力。

可以看出，人类命运共同体是应对国际经济环境调整提出的中国方案，而"一带一路"作为构建人类命运共同体的重要先导，坚持"一带一路"倡议，高质量发展海外园区这个重要平台，能最大化地践行人类命运共同体理念，以中国之力推动全球经济健康发展，以中国智慧应对全球经济调整困境，是国际经济环境调整的需要，对国际经济具有积极调节作用。

### （二）中国在国际经济中扮演的角色的需要

当前，中国作为主张开放发展理念，并在世界经济中具有重要影响力的经济体，在国际经济社会中全方位多维度地担任着重要角色。

#### 1. 中国是全球经济治理中的参与者、开拓者、协调者

在国际经济治理中，中国的影响力正处于稳步上升的阶段。中国积极参与全球经济治理并不断提升话语权，在中国经济稳定发展的同时，世界经济也因中国经济的腾飞得到发展。从为清迈倡议多边化提供资金，到"一带一路"倡议的提出，再到举办二十国集团杭州峰会，中国逐渐成为一个成熟的和负责任的大国。新冠肺炎疫情的肆虐让逆全球化和保护主义进一步被激化。当前"一带一路"沿线国家大多还处于工业化发展的前中期，其发展诉求往往被发达国家所忽视，达成自贸协定（FTA）和投资协定（BIT）的案例寥寥无几。中国为解决这一困境提供了一个可行方案——建设海外园区。与自由贸易协定和双边投资协定不同，中国海外园区基于"共商共建共享"的理念，借鉴中国"经济特区""开发区"等地方园区的发展经验，[①] 通过建设海外园区，为园区内企业提供基础设施、安全保障、政策优惠等支持，极大地促进了中国的资本输出。同时，它也保护了中国投资者在相对落后的发展中国家的投资安全和利益。中国对外直接投资 80% 以上位于发展中国家（地区），为东道国的经济发展和就业创造了许多机会。由此可见，中国的海外园区开发计划为资本输出国与东道国的产能合作搭建了便利的渠道，有效缓解了国际治理失灵。

#### 2. 中国是经济全球化发展的同行者、推动者、引领者

随着对外开放政策被确立为我国的基本国策之一，我国以经济特区为起点，对外开放的区域从沿海拓展到全国，对外开放的大门越开越大。今天的中国在经济建设上获得的傲人成绩，是世界经济的奇迹。1978 年中国经济总量为 3678.7 亿元，人均 GDP 为 385 元；2010 年中国经济总量为 412119.3 亿元，人均 GDP 为 30808 亿元，已超过日本成为世界第二大经济体；2019 年中国经济总量为

---

① 张晓涛：《加强海外产业园区建设为"一带一路"命运共同体贡献中国智慧》，《国家治理》2018年第28期。

990865.1 亿元，人均 GDP 为 70892 元。改革开放 40 多年来，中国经济总量增加了近 270 倍，人均 GDP 增加了近 184 倍。

融入经济全球化以来，我国国民经济持续快速增长，经济总量连上新台阶。我国经济转型升级将为世界经济发展带来重大机遇。在经济全球化进程中担任重要角色的中国，躬体力行地以构建命运共同体，引领全球治理改革，坚定建立新型的全球伙伴关系，本着更为开放的心态去进行国与国之间的合作。在"一带一路"建设的带动下，将沿线国家的经济发展紧密联系起来，成为利益共同体，通过海外园区这一重要抓手扎实推进"一带一路"建设的发展，让中国的开放成果惠及更多国家，实现国与国的优势互补、互利共赢，不断朝着人类命运共同体方向迈进。海外园区的高质量发展，将中国在经济全球化中谋共同发展的效益最大化，能更好地彰显中国作为世界经济发展浪潮引领者的姿态，具有必要性。

## 二、中国海外园区高质量发展面临的挑战

以海外园区为载体进行对外投资，优势在于加快适应海外投资环境，更好实现对"一带一路"沿线国家的投资并从中获取更多投资回报。然而，伴随"一带一路"建设的不断深入，中国海外园区在发展初期和高速发展时期的遗留问

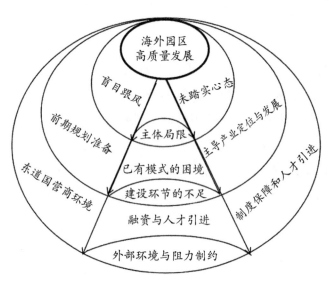

图9-2　中国海外园区高质量发展面临的挑战

题涌现，以及新的国际背景下催化产生的摩擦等，都将限制海外园区的高质量发展。中国海外园区建设面临的挑战分为园区主体自身局限、现行建设环节的不足、外部环境和阻力制约三个方面，如能进行总体梳理，集聚性地审视海外园区发展的阻碍和通病（见图9-2），将有利于及时有效地解决问题、规划方案。

## （一）园区主体自身局限

在"一带一路"倡议的带动下，国内企业对建设海外园区的热情已然全面激发，各类开发主体"抱团出海"之心萌发。然而实际上，企业有的是高涨的热情，却缺乏与之相匹配的条件，这让海外园区的高质量发展面临考验。

### 1. 盲目跟风

海外园区建设的浪潮一波接一波，国内企业都争先恐后地想要加入海外园区建设的行列，但物极必反，当下已出现园区建设过热的现象。其实园区建设过热早有先例。在1990年的苏联、2000年的印度和2010年的孟加拉国，都曾发生过在短时间内大规模上马，最后不了了之的园区建设经历。从国内各地的规划建设情况看，海外产业园区"过热"的苗头已见端倪，没有清晰战略定位的加持，将会对后续园区健康发展埋下隐患。

企业"抱团出海"，进行海外园区投资建设本应是规避贸易壁垒，抵抗国际经济动荡等具有一系列积极效应的事情，但却因建设主体的急躁心理，致使海外园区建设出现消极效应。

企业关注园区成功案例带来的红利，寄希望于"一带一路"建设下开发海外园区的短期获益，这种过于乐观的心态不利于园区的建设。部分企业认为，相对落后的发展中国家劳动力成本必然低廉，但其实可能并非如此。在非洲国家，由于没有现成的、可以直接开展工作的人才队伍，前期需要耗费财力、物力对人员进行培训，增加了人力成本。

### 2. 缺乏建设及运营经验

海外园区投资企业自身"出海"前，根据其对园区的开发经验和对东道国的了解程度可分为三个梯度，第一梯度是欠缺系统了解，第二梯度是具备前期海外投资经验，第三梯度是兼具海外投资经验和国内园区开发经验。

对于海外投资环境和法律法规等，中国不少企业还是欠缺系统了解，没有足够的能力去应对异国错综复杂的各类情形，有关园区合作的谈判应对机制也因此未能完善。在"园区热"带动下，部分经验和实力都不足的企业贸然加入园区行列，基本上是从谈判环节就开始出现问题。例如，安徽农垦集团公司在政府的要求下决定出海发展。初次谈判时，津巴布韦方面就和中方人员周旋到农垦集团回国飞机起飞前两小时仍无结果，后来双方依然很难调和在合同条款、股权占比上的分歧。从"零经验"到充分了解对方，其间经历多次交锋，耗费很多成本，安徽农垦集团才突破限制，奠定了现有的合作框架。

有些企业虽然已经具备了前期海外投资经验，但园区建设不同于企业运营与投资运作，就此而言仍是"新手"，从谈判到规划耗费大量时间，面对复杂情形缺乏应变能力。

即使是兼具了国外投资经验和国内园区开发的经验，面对截然不同的国外环境，企业仍然需要花较长时间去重新适应。有的与当地合资企业的开发理念、运作模式不合，最后导致不欢而散，甚至遭受经济损失。例如，1999 年天津泰达和 4 家埃及公司合资组建了埃中投资公司，共同开发因苏哈那港边 20 多平方千米的地块，其中天津泰达占 10% 的股份。但是合作过程不太顺利，天津泰达不仅因为没有决策权无法贯彻自己的园区规划，而且当地的官僚腐败作风严重影响到了正常经营。2003 年，埃中投资公司基本停止开发并将大部分土地退回给当地政府。此后，天津泰达另行成立一家独资企业自办中小企业工业园，并在此基础上中标了重新启动的中埃泰达合作区。

## （二）现行建设环节的不足

### 1. 前期规划准备不足

现在，我国的海外园区建设到了新的发展阶段，国内企业对园区的开展推进都积累了一定的经验。但园区建设环境复杂多变，难免会存在不足。园区参与主体在建设前期规划上还会受限，这体现在缺乏统一的规章制度，在前期进行选址容易出现不够严谨的情况。海外园区总体数量上增长较为迅速，但因为事前没有进行系统规划，导致园区集聚在不发达地区，这会放大园区建设的局部风险，园区的招商绩效等指标也因此受影响,限制了园区的发展。

此外,我国海外园区的前期运营模式没有经过系统规划。开发主体在建设初期会借鉴甚至直接照搬国内园区的经验,根本没有考虑东道国的地域特点和相关的制度环境情况等。还有部分园区的发展建立在企业自身发展和战略能力上,这样达到的效果其实并不理想。

由此可见,以"海外风险多样—园区经验欠缺"分析是"挑战—回应"惯性思维模式的翻版,不足以充分揭示并阐明中国海外产业园区发展的复杂情境,更难以真正洞察中国海外园区的建设与发展前景。实际上,中国海外园区进入新的发展阶段,不仅要面对世界产业园区普遍存在的问题,同时还要直接面临着世界产业园区激烈竞争的新挑战,未来发展道路仍然任重而道远。因此,对各种影响发展的不利因素作出必要的剖析,才能更好把握海外园区再出发的方位和航向。

### 2. 现有运营模式存在缺陷

首先,中国海外园区现有的运营模式,在产业布局上存在相当程度的随意性,某种意义上显现出战略能力的不足。仅以战略布局而言,相同产业类别的园区在同一个国家中扎堆出现,加剧了园区之间及与东道国同类园区的竞争;有些园区没有长远的规划;有的园区为了快速招商而放弃自身特色和行业优势,造成了园区功能混杂的局面;有的产业未能应当地需求和市场的变化作出相应调整;等等。[①]

其次,由园区负责的招商引资则过分依靠开发企业的关系和影响力,长远的战略考量存在缺憾,尤其是高水平专业运作团队成为短板;招商对象主要着眼于国内同一地区的企业或关联企业,缺乏产业链招商和国际视野。特别是民营企业牵头建设的园区,招商更为困难。例如,华凌集团在格鲁吉亚的园区已经投入运营,但目前观望和商谈的企业多,真正投资落地的企业却很少,前往东部沿海招商时,并没有明显优势。目前,许多海外园区购置的土地仍闲置较多,有的贪图大面积土地的开发利用,却因招商不理想而陷入困境。[②]

---

① 李嘉楠、龙小宁、张相伟:《中国经贸合作新方式——境外经贸合作区》,《中国经济问题》2016年第6期。

② 丁悦:《我国境外经济贸易合作区高质量发展对策思考》,《青海社会科学》2019年第4期。

### 3. 主导产业定位与发展存在短板

园区在产业层次和战略考量等方面的短板，压制着园区企业的利润空间，对企业销售采购造成不利影响，是制约园区高质量发展的一大阻碍。

一是产业层次低且较为单一，赢利水平不高。现有的海外园区里，大多以单纯的工业园区为主，主导的基本上是加工制造、资源利用和商贸物流等产业，入驻企业大部分也是劳动密集型产业。表面上企业的大量集聚，能集中资源促进发展并带动园区当地的就业，但现实是中国海外园区投资企业利润空间极其有限，想要持续实现赢利非常困难。

二是产业雷同诱发恶性竞争，导致要素价格上升。一些资源优势相近的国家与地区，工业发展也相对落后，以低端产业为主，与我国海外园区的主导产业相近、产业结构雷同，会导致争夺市场资源，诱发恶性竞争。如有多个中资企业同时在埃塞俄比亚建设海外工业园区，基本集中在服装纺织、皮革和家居建材产业。

三是主导产业不突出，投资回报不高。许多中国海外园区进行主导产业选择时缺乏充分考量，使得部分园区产业缺乏发展主线，产业层次不统一，产业间关联性较低，进而导致经济效益不高。同时，由于企业引资力下降，无法形成具有竞争优势的产业链和产业集群，难以实现园区的高效率投资回报。

四是主导产业过于超前，本土化采购销售困难。部分海外园区主导产业选择超出了园区东道国的经济发展水平，如中埃·泰达苏伊士经贸合作区、中国印尼经贸合作区等，其在进行主导产业选择时并未对当地经济水平进行全面的评估，导致企业在进行产品销售和采购配套产品时遇到困难。

### （三）外部环境和阻力制约

### 1. 东道国营商环境

中国海外园区主要集中于"一带一路"沿线国家。首先，必须肯定这些国家在资源要素和市场潜力等方面的优势，为园区的发展带来了机遇，但也必须指出，由于园区东道国在政治、经济和文化等方面的差异化阻碍，未能为园区开发建设提供和谐高效的营商环境，制约着我国海外园区高质量发展。

现从海外园区东道国的政治、经济、社会三大要素切入分析非优良的营商环境对园区的制约。

政治方面,"一带一路"沿线国家多是发展中国家或地区,社会经济发展水平滞后,政府治理能力弱,法制化程度普遍较低,我国企业在对海外园区进行投资的过程中会遭遇政权不稳、项目搁置、政府不批准、市场消纳能力不足、战乱频发及治安、金融、社会信誉较低等国内没有遇到过的政治环境风险,使得园区开发建设陷入僵局。主要表现:一是会因政府换届交接而撤销或更改原有优惠政策;二是外国势力会干涉或为占利益延滞海外园区项目,甚至撕毁中标合同,如巴基斯坦瓜达尔自由贸易区和缅甸皎漂特别经济区等;三是许多发展中国家政局不稳、社会动荡,种族、宗教等冲突问题突出,给海外园区稳定发展带来威胁。

在社会环境方面,海外产业园区作为一种外来经济形态,本身就容易与当地企业、居民发生矛盾和纠纷。而中国一些海外园区又不善于与当地居民、团体打交道,形成自我封闭的"孤岛";有的因担心安全问题,建造高大的围墙,与当地社会环境隔离开来;有的只注重改善园区内基础设施的条件,未能与周边道路、水电有机联通;有的致力园区内经济繁荣,但与当地社会经济缺乏紧密联系,不能带动东道国整体发展。以上诸多原因导致海外园区与当地的纠纷时有发生,主要体现在三个方面:一是征地问题。园区动建之前往往先有地价飞涨,如果未能满足当地居民的要价,园区征地工作将因之受阻。例如,海尔–鲁巴集团曾要求巴基斯坦政府为经贸合作区提供约 16.19 平方千米的优惠用地,而巴政府却要求海尔–鲁巴集团向该国工业区公司租赁用地,用地问题一度影响了合作区的建设进度。二是劳动力问题。那些从国内外迁的传统产业依赖大量廉价劳动力,但有时因当地风俗、法律等条件的制约而难以获取;不少当地劳动力素质不高,但园区也得接收;国外关于劳动就业的法律规定与国内差别较大,有的园区未能遵守当地法规,便导致了工人罢工现象的出现。例如,越南法律规定工人可以罢工,政府部门也会予以支持,铃中加工出口区中已经爆发了好几次罢工事件,且伴随连带效应,只要一家企业的员工罢工,其他企业的员工也立即跟着罢工。三是环境问题。在生态环境方面,国外民众或社团的环保意识较强,对环境污染问题比较敏感,一些园区项目因环评问题长期延宕,建设中、投产后一旦排污不过关,就会立即招致抗议和抵制,有的国内污染企业入驻海外产业园区也容易招致强烈的抵制。例如,一份对中国在越南产业园区的考察报告表明,越南对印染项目的准入标准设定较

高，其工业排放统一标准相对于国内的染整污水排放标准更为严格，项目种类更多，在部分入园企业看来，园区内的排污指标难以满足实际生产的要求。

### 2. 融资与人才引进

在海外园区的融资层面，虽然从表面上来看，海外园区有着母国和东道国双方优惠政策的支持，但实践中园区筹措资金仍面临着巨大阻力。国内园区前期建设的资金供给通常是依靠政府和企业，民营企业"出海"基本上是自家企业投入，使得其背负着很大投资风险和资金压力。资金来源上，因为是境外资产，发放债券和抵押融资等受限，企业大多选择银行贷款，但中国实行外汇限管制，缺乏"外保外贷"和"外保内贷"等服务，境外资产在国内获得贷款难度很大；且国外贷款限制较高、利率高企；股票市场融资门槛较高；融资渠道和融资工具有限，导致园区的建设融资难上加难。企业依赖于国内公司输出资金的形式，实质上供给量受限。例如赞比亚农业合作区，依靠开发公司自筹资金解决高达2000多万美元的基础设施投入，每到每年的农产品收购时节，该合作区便要为筹集大数额的收购资金伤透脑筋。海外园区各路融资通道均受阻，出现通过出租场地服务等方式勉强维持周转的情况。"亚洲之星"农业产业合作区已经投建五年，但因资金制约，合作区的研发防控等多个方面仍尚待完善。缺乏资金的支持，极大地限制了园区的发展，园区高质量发展进程"亮红灯"。

我国海外园区的开发建设过程中，专业人才匮乏这个痛点一直困扰着园区主体，影响着发展动力的持续与转换，制约园区的进步。人才之于项目开展推进的重要性溢于言表，相关人才的引进，关乎园区各个环节的建设，是园区发展动力源泉所在，对园区持续性运营和转型升级有着重大意义。目前，园区无论是在市场研究、运营管理和技术建设方面都面临巨大的人才漏洞，深刻影响了海外园区的发展，这与两个方面的原因有关。一方面，多数东道国作为发展中国家，当地科技、管理人才稀缺，无法满足园区和企业的需求；另一方面，海外园区前中期的发展环境也无法吸引国内高层次人才。很多进入园区的企业只能在建设过程中，逐步培养符合要求的相关人才，这会使得园区运作衔接滞后，影响园区原定计划及后续发展。

### 3. 国外园区竞争

对于正在积极开发建设产业园区的东道国而言，任何有意参与本国园区建设的外国资本都在受欢迎之列。随着中国成为世界第二大经济体，与中国企业合作建设产业园区成为许多国家的偏好选择。然而，不少国家又担心中国海外园区仅会利用特殊优惠政策把中国生产的商品在园区内贴上当地制造的标签出口，不能真正带动当地制造业发展，或者将商品以低价倾销到本国市场，冲击当地工业。鉴于东道国这种复杂的心态，中国海外产业园区尤为需要处理好与当地园区的合作竞争关系，但在这方面却遭受到成熟园区的挤压。当前，一些发展中国家通过多年的特殊经济区实践，已经形成相对完善且富有前瞻性的园区布局。例如，在20世纪下半叶发达国家掀起的产业转移浪潮中，亚洲许多国家通过建设出口加工区、保税区、自由贸易区等，作为实行对外开放、承接产业转移的载体。经过20世纪七八十年代的蓬勃发展后纷纷升级换代，由简单组装转向独立制造和高级装配，提高了对先进适用投资和技术的吸纳能力，新加坡化工园区、泰国汽车园区、马来西亚电子信息园区均吸引了大量欧美日的跨国公司集聚。目前，中南半岛国家之间正在通过园区合资合作，推进跨境经济区、经济走廊建设；印度尼西亚的查答贝卡，泰国的阿马塔、赫马拉等实力强大、拥有丰富园区运作经验的公司，已在周边的东盟国家投资建设了不少海外园区；日本通过政府援助和亚洲开发银行支持，广泛参与泰国、缅甸、柬埔寨、印度等国家的开发区建设；等等。所有这些，都对中国海外园区的建设、招商构成了很大的挤压。

无论是园区开发主体自有局限性、建设过程各环节存在不足还是外部环境与阻力的制约，都是海外园区为实现高质量发展所要——攻克的难关，海外园区这一多元化、复杂性色彩的对外投资形式，其内在实力还是要在长远的发展中慢慢强化和壮大，在多方力量的整合支持下，海外园区的建设和发展会越来越好。

### 三、中国海外园区高质量发展的未来转向

未来，海外园区将以新的速度推动六大经济走廊沿线的国家与地区间合作，以新的姿态拓展东道国与投资国的经济空间。海外园区的高质量发展意味着园区建设将朝着更科学、更合理、更全面的方向迈进。现通过定位、功能和作用三大方面对海外园区未来的转型升级进行展望（见图9-3）。

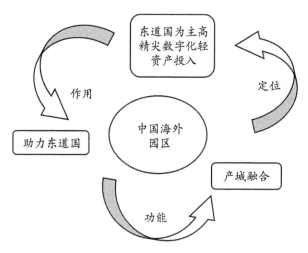

图9-3　中国海外园区高质量发展的未来转向

（一）定位转向

首先，把园区建设的着力点从投资国稍微转向东道国。相对来说，现有海外园区的建设参与主体还是以投资国的企业为中心，园区的运营与管理主要还是仰靠企业，但企业在对东道国的政治、经济制度和人文环境的把握上仍然不足。现在随着海外园区的成功个例增多、受认可程度不断提高，东道国相关部门也会更加重视与企业共同携手，为园区成长助力，从本地视角去推进园区建设各个环节的开展，便于做好园区产品类型结构、物业功能分区、分类组团关联等细节，精准对接当地和周边国家市场需求，让园区运作更贴合当地情况，为高质量发展提高效率。

其次，园区产业要向数字化转型。海外园区要进行高质量发展，相关产业水平要与其匹配，低层次且种类单一的产业显然已经不适用了。现今产业数字化是全球趋势，我国不断推进数字化进程，扩大数字经济规模，园区的相关产业也必须跟上步伐，向高精尖靠拢。作为产业集聚的载体和区域产业经济发展的动力，园区的数字化转型，从解决投资运营过程遇到的问题和改善营商环境，到提高自身的核心竞争力，以达到增强园区招商引资吸引力的目标，具有重大意义。

最后，企业要从重资产转向轻资产。在我国制造业地位逐步提升的背景下，中国企业"抱团出海"建设园区逐渐常态化，而且开始以"轻资产"的合作模式为主导，无论是与海外的科技园区合作，还是进行旧园区改造，"轻资产"的海外合作园区建设更凸显高效性，投入成本的减少能降低投资风险、提高回报，重资产投入比例的降低，也可避免资本运作变数。

## （二）功能转向

在与东道国当地深入合作的过程中，中国海外园区不断发展，园区的功能形态呈现多样化，大量的生产活动在园区进行，推动园区城市化进程，实现"产城融合"。所谓"产城融合"，就是指产业与城市融合发展，以城市为基础，承载产业空间、发展产业经济，驱动产业发展与城市功能提升相互协调，以产业发展促进城市发展，让城市发展带动产业发展，园区经济与城区经济融合发展。

当下中国海外园区的建设重心是与园区所在地的城市规划和发展功能需求相匹配，与当地政府对接功能定位和项目配置，统一规划布局，避免资源浪费，同时由注重功能分区、注重产业结构向关注融合发展、关注创新发展转型，[①] 实现从单纯的工业园区向具有产业支撑的城市发展形态迈进。

## （三）作用转向

现阶段海外园区的含义不仅是中国企业对外投资的方式，还会向发展中国家辐射红利，助力东道国发展。

改革开放以来，园区的成长一直与我国的经济发展息息相关，我国经济高速发展和转型升级得益于园区战略的成功实施，而经济长期稳定增长也为园区的成长提供保障，海外园区的建设把我国的园区发展经验向外推广，在发展中国家受到广泛赞誉。在单边贸易保护主义持续升级的背景下，中国以境外投资和园区运营的经验优势，组织国内优质产业企业"抱团出海"，在境外构建上下游完整产业链，在园区建设高速发展阶段实现规避贸易摩擦与贸易壁垒的目的。当下，园区已来到高质量发展的关口，"一带一路"沿线合作园区的蓬勃发展，逐步催化了东道国本土园区的兴起，实现了内外园区协调联动、协同共进。未来园区的高

---

① 刘佳骏：《"一带一路"沿线中国海外园区发展趋势与政策建议》，《发展研究》2019年第8期。

质量发展，将愈发彰显海外园区建设对园区东道国的积极作用和对本土经济社会发展的促进作用。随着园区的高质量发展，东道国将会进一步掌握主动权，整合园区资产要素，结合所在环境优势，助力当地基础建设，延展深化园区市场实力，促进本土就业，增加园区东道国红利。

## 四、中国海外园区高质量发展的支持体系

基于海外园区建设对于"一带一路"沿线国家乃至世界的经济发展带来的积极效益，中国从建设初期就整合多方力量推动园区发展，当下园区建设进入新阶段，中国更是以国家、社会、企业三个层面全力支持，为海外园区高质量发展保驾护航（见图9-4）。

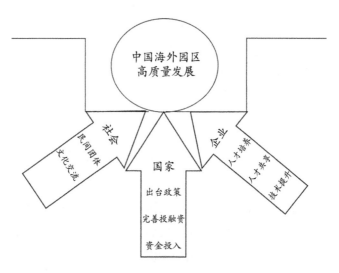

图9-4　中国海外园区高质量发展支持体系

### （一）国家层面

国家层面给予的支持一直是园区发展最坚实的后盾、最扎实的推动力。国家首先做的就是通过出台政策整合力量支持园区建设。2006年商务部正式出台政策，鼓励企业到国（境）外建设海外园区，并统一命名为"境外经贸合作区"，开启了国家引导推动海外园区建设新篇章。第三届中国-东盟博览会，温家宝总

理对博览会的推进建设表示了肯定，赞誉其为企业搭建了良好境外合作平台，经贸成果取得新突破。第三届中国-东盟博览会为园区落户东南亚起到了顶层推动作用，随之而来的一系列优惠政策为园区"走出去"提供了多方面支撑。2007年中国在东南亚地区建设境外产业园区达到了第一个高峰，6年间在东南亚地区共有8个境外产业园区启动建设。巴基斯坦海尔-鲁巴经济区成为我国商务部认定的首个境外经贸合作区，随后又有近20个国家级境外经贸合作区挂牌运营。在国家的引导和推动下，我国兴起建设境外园区的热潮，境外产业园区成为跨国经济合作的重要载体。

现阶段，中国海外园区的高水平建设和转型升级同样需要国家层面的强力支持。当前，国家以海外园区高质量发展为突破口，从完善投融资体系配套和加强资金投入两方面支持海外园区高质量发展。海外园区的发展面临着融资困难的巨大挑战，资金投入贯穿海外园区建设运作的各个环节，是海外园区维持稳步持续发展的立足点和前提条件。

针对海外园区融资难的情况，我国政府鼓励国内民营机构加强与海外产业合作，在园区提升计划的支持下，加强民间资本的注入。增加资金是基础，增加融资渠道则是关键，政府通过建立扶持海外园区相关项目提升计划基金，根据本土的实际境况，提供个性化配套金融方案，全力推动海外园区高质量发展。政府从资金投入方面探索海外园区升级路径，为海外园区的高质量升级提供金融配套，对海外园区的高水平转型建设具有战略性意义。国家加强中国进出口银行、国家开发银行等在金融咨询、现金汇率管理方面对海外园区的金融支持。此外，政府可以借助自身资源整合高位，向"出海"的企业提供有价值的投资信息，帮助海外园区建设立足于当地具体环境，实现长足发展。完备的信息平台也可以促使企业有效避免"一带一路"沿线国家的政治、法律政策等风险。譬如，2015年我国商务部设立的"走出去服务平台"，可以促使民营企业更好的对接"丝路基金"，为民营企业提供政策性引领。政府为民营企业提供信息，不仅缩短了企业与政府之间的距离，也促使了政府政策能更好地落实。

## （二）社会层面

海外园区建设所处的环境复杂多变，需整合多方力量的支持，除了由政府部门做主体，民间组织等也是重要的参与者。民间组织可以促进母国与东道国之间的民间合作，增强民间的文化交流，增进人民友谊，对于突破园区建设发展面临的国情差异，实现园区高质量发展具有重大意义。

"一带一路"沿线国家在政治文化制度上的差异性，对实现社会融合和民心相通形成相当的负面阻力。以东南亚国家为例，一是因其特殊的地理位置，在历史上受到中国、西方和中西亚文化不同程度的影响；二是东南亚国家是多民族聚集地，各个国家的民族政策不同，难以避免部分国家的居民对华人存在排斥；三是东南亚国家的宗教信仰也呈现多样化的特征，除了佛教、伊斯兰教和基督教作为东南亚国家三大主要宗教，还有众多位于边缘位置的非主流宗教。这三个因素导致我国海外园区难以很好地融入当地。

综上，我们应当整合社会力量，民间团体应致力消除文化屏障和历史偏见，消灭园区高质量发展的"拦路虎"。目前，中国与东盟国家之间的交流合作已经取得了一定成效，譬如，广西与部分东盟国家相接壤，与东盟国家拥有相近的风俗习惯，一直保持良好合作，如中国－东盟艺术品交流博览会等。民间交往促进了民心相通，更推动了广西与东盟国家经贸领域的合作，据相关数据显示，2010 年至 2019 年，广西与东盟国家的双边进出口总额达 2119 亿美元，年均增长 19.9%，高于同期全国对东盟贸易年均增速 10.7 个百分点。保持国家之间友好交流，积极互动，拉近距离，也是从社会层面对海外园区建设提供最坚实的力量。

（三）企业层面

企业自身要通过组织机构建设，建立人才培养、信息搜集等方面的交流共享平台，助力企业"走出去"，积极支持海外园区发展。首先，企业自身要全面评估东道国的政治稳定性和银行系统等政治经济方面的风险以及文化习俗、宗教信仰等文化差异对企业的影响，有针对性地建立一套精简高效的组织机构和管理制度，从企业内部提升企业的抗风险能力。其次，企业要积极主动对接国家现有的信息平台。一方面，企业要做好在我国境内的人才储备工作，培养精通外语，了解国外风俗习惯、宗教文化、政治体制、法律体系等知识的国际化复合型人才。另一方面，要建立东道国本土化的人才供应链，由于我国境外园区多设于发展中国家，劳动力素质不高，因此企业需要加强当地员工的就业培训工作，并与当地政府部门、高等院校、研究机构保持密切合作，努力培养当地高素质人才。最后，企业要及时了解海外投资信息。通过政府文件、商会、企业合作等途径获得海外投资信息，在国家制定的战略、提供的便利出现时，企业要积极主动地去进行对接。面对现有的"走出去服务平台"，企业要学会使用并进行有效利用。

## 五、中国海外园区高质量发展的期待

高质量发展是中国式现代化的首要任务。我国的新发展阶段，要求构建以国内大循环为主体、国内国际双循环相互促进的新发展格局，这就要求推动高水平对外开放体系的建设，在高水平对外开放中促进我国经济发展水平的提升，塑造我国国际经济合作和竞争新优势。自 1978 年改革开放以来，我国提出"走出去"战略并成功加入 WTO，我国各级经济特区通过结合外国投资和国内资源，极大地促进了我国技术和产业的发展。2013 年"一带一路"倡议的提出催生了建设中国海外产业园区的热潮，海外产业园区建设是"一带一路"建设的重要组成部分，也是中国与东道国合作新形式、促进包容性全球化的现实途径。中国的海外产业园区为母国与东道国的政治经济合作、文化交流做出了重要的贡献。海外产业园区是推动中国经济发展的重要动力，亦是开展国际产能合作的重要平台，还是中国企业组团"走出去"、融入世界的必由之路。推动中国海外园区高质量发展是建立高水平对外开放体系的内在要求，研究中国海外园区高质量发展，有助于解决当前我国海外园区建设过程中面临的东道国风险、信息不对称、园区产业低效、园区人才供给不足等问题，对建设"双循环"新发展格局、高水平对外开放体系、深入落实"一带一路"倡议等具有重要意义。

从中国海外园区建设的历程展开，对中国海外园区建设的萌芽、休眠、酝酿、加速和趋稳等五个阶段历程进行回顾，可发现中国海外园区速度呈现出一定的差异且具有鲜明的时代特征，设立海外园区是国内经济增长新旧动能转换，资源在全球范围内重新分配的一种重要体现。党的十八大以来，我国经济增长由过去高速增长向中高速增长转变，进入产业转型升级的关键时期，自然而然地出现了一定程度的产能过剩现象。2013 年中国政府结合国内国际经济形势，提出共建"一带一路"倡议。中国海外园区作为一种新的经济发展动能促进着中国的境外市场开发和全球企业网络及价值链的建构。以世界银行编制的营商环境指标观之，中国海外园区建设并没有完全明显的投资环境"歧视"。而且从绝对数量来看，中国在营商环境得分较低的国家设立海外园区的数量还高于在营商环境得分较高的国家。中国海外园区东道国投资环境较为良好，但仍然需要防范应对投资风险。

基于以上分析，可以从东道国、母国、企业、资源基础观和制度理论整合性四个视角进一步讨论中国海外园区发展的功能作用与发展路径，同时对相关域外实践进行检视。

从东道国的视角来看，首先，海外园区发展与东道国影响机制包括要素集聚、制度改进、基础设施改善、提高人力资本含量四个方面。其次，中国海外园区建设的实践经验证明，海外园区建设能有效推动东道国就业，其理论机制具体可归为生产率效应渠道、技术溢出渠道、产业规模效应渠道、替代效应渠道四个方面。最后，使用 DID 方法评估中国境外经贸合作区建设对东道国就业的影响。研究表明，境外经贸合作区的建设显著降低了东道国的失业率。

从母国的视角来看，海外园区布局的合理与否直接影响到中国境外市场的未来可利用空间。海外园区建设与中国企业对外投资分布的匹配性，需要了解园区所在洲的地理位置和所在国家的发展水平、园区类型、参与企业性质等。通过中国在各大洲建立的海外园区进行区域比较，可以发现，中国在对外投资区域和投资产业都涉及广泛，除南极洲外的六大洲都有中国海外园区的分布，但仍呈现出分布不均衡的特点。目前对外投资主要流向亚洲地区，且亚洲地区的海外园区建设数量最多，大部分都在新兴经济体和发展中国家，其市场准入要求比较宽松，文化差异较小，因此海外园区的运营在克服外来者差异方面较之欧美国家要小。而在北美洲、欧洲等较为发达的洲际投资流向较多的国家却并未建设有海外园区，究其原因是发达国家贸易保护主义倾向较强，投资审查措施日趋严格，对中国企业对外投资形成诸多压力。

从企业的视角来看，我国企业在海外园区建设过程中企业战略主要包括高集聚战略与本地化战略。首先，一方面，高集聚战略通过规模优势、贸易便捷、降低成本等优势，能够释放集聚经济效应，相较于单个企业单枪匹马式的直接投资，企业在园区内集聚所形成的"抱团出海"，有助于形成企业集聚经济效应，能够更好地应对复杂多变的外部环境。另一方面，本地化战略则包含文化本地化、技术标准本地化、产品本地化、管理本地化四个方面的内容，体现为积极融入东道国文化环境、产品达到符合东道国规定的标准、生产满足当地差异化特征的产品、利用本地化思维进行企业管理等内容。其次，从海外园区为企业带来的优势来看，海外园区的建设能够提升企业在经营成本上的优势，例如东道国在税收、基础设施配套以及土地等方面提供的便捷。同时，可以为企业提供信息与资源共享平台，通过企业间相互学习先进经验，可以有效缓解由于信息不对称带来的企业风险问题。此外，企业内部的知识资源储备和从东道国获取的知识溢出效应共同作用于园区企业生产率的提升。最后，企业需要在海外园区内履行一定的社会责任，与当地政府、园区管理者、企业员工、生产供应商等利益相关方建立长期稳定的社会责任日常信息披露机制等沟通交流机制，同时建立社会责任报告制度等多层次制度。

从资源基础观和制度理论整合性视角来看，资源因素与制度因素皆是影响我国海外园区企业发展的重要因素。具体来说，一方面，从制度角度来看，制度顺差对海外园区投资企业获取合法性有明显的正向效应，制度距离越小越能提高投资企业的外部合法性。因此，中国和东道国的制度距离相近、制度顺差也是海外园区建设成功的关键因素，投资企业需要克服外来者劣势来获取东道国经营合法性。投资企业母公司的战略支持帮助投资企业提升内部合法性，而东道国政府和企业之间的合作帮助投资企业提升外部合法性。具体到园区建设上，东道国对园区税收、政策上的优惠加上中国政府的支持，当投资企业都具备这些内外部要素时，能最终推动投资企业成功建设海外园区。另一方面，从资源角度分析，投资企业所具备的四种资源能力——人力资源、运营能力、声誉能力和创新能力是海外园区建设的成功因素。

从域外经验来看，新加坡海外园区的经验在于通过构建企业"一站式"运营体系，能够为园区提供基础设施、发展规划、招商和后期运营等一站式服务。同时，选择交好国家及地区进行海外园区的开发。日本的海外园区建设的经验在于要注重对园区的地理位置和物流服务的考量，政府、开发商和入驻企业要共同参与园区开发和运营体现的建设，打造建设和运营一体化的模式。同时还要建立与母国企业良好的协同机制。美国海外园区的经验在于积极承担社会责任以加快融入当地社会，同时，建立引导民间资本模式、风险投资模式等多层次融资体系。德国海外园区的经验在于要注重园区的生态管理，同时需要建立完善的人才储备池。

　　总体上看，一方面，中国海外园区的发展势头较好，前景广阔；但另一方面，在逆全球化的背景下，国际营商环境日趋复杂，海外传统风险与新型风险交叉叠加。因此，中国企业在"走出去"的过程中，需要更加注重国家风险的评估和防范，同时还需要加强园区与企业的内部建设。具体而言，可以从国家、社会、企业三个层面采取相应措施推进我国海外园区高质量发展。从国家层面来看，我国需要完善投融资体系配套和加强资金投入支持园区高质量发展，譬如建立扶持海外园区相关项目提升计划基金，根据本土的实际境况，提供个性化配套金融方案。同时，完备的信息平台也可以促使企业有效避免"一带一路"沿线国家的政治、法律、政策等风险。譬如，2015 年我国商务部设立的"走出去服务平台"，可以促使民营企业更好的对接"丝路基金"。从社会层面来看，民间团体、民间组织等社会主体也是海外园区建设的重要的参与者，譬如广西民间组织通过举办中国－东盟艺术品交流交易博览会等活动，促进了我国与东盟国家的民心相通，更推动了广西与东盟国家经贸领域的合作。从企业层面来看，企业自身要通过组织机构建设提升自身实力，企业间要通过建设人才培养、信息搜集等方面的交流共享平台助力企业抱团"走出去"。

　　与此同时，由于中国对外投资起步晚，其他发展中国家也有自己的发展诉求，中国的海外产业园区发展需结合自身实际，走一条中国特色的园区发展道路。通过梳理中埃泰达合作区朝着产城融合的方向发展、埃塞俄比亚政府推动园区政策助力东方工业园的发展、柬埔寨西港特区内企业承担社会责任与打造园区生态的努力等实际案例及发展经验，能看到中国企业海外园区开发时的模式选择与注意事项。首先，政府推动产业园区建立的必要性并不意味着海外园区开发过程中企业可以过度依赖政府政策，企业应该合理、充分利用优惠政策，自主创造运营空间；其次，海外园区的长远发展仍然要以市场化为目标，以市场为主，遵循目标国市场发展的规律；最后，海外园区的开发与经济模式需要详细考察当地情况，选择商业型园区或以政策开拓性园区作为突破口，避免急于政治、商业一把抓，以致两头无法兼顾，从而得不偿失。中国经济发展的成功或园区发展的成功根本上还是要依靠市场化的运作，海外园区的开发并非要遵循某种特定的模式，模式本身只是作为一种参考，海外园区能否获得长远的发展取决于开发者是否精准把握了目标国市场的发展机遇，是否坚定选择市场化的道路。

综上所述，海外园区的投资、建设、运营及管理需要多方参与者协同联动，保证园区的健康、稳定发展。相较于国内园区的开发模式，海外产业园区的建设与运营所涉及的参与者更多，利益纠葛更为复杂。因此，要实现海外产业园区高质量发展，必须扎根于东道国的政治、经济、社会和文化，嵌入当地社交网络，平衡各利益相关者的权益，形成政治互信、经济融合、文化包容、社会和谐的利益共同体、命运共同体、责任共同体，为我国高水平对外开放体系的建设注入强劲动力。

# 参考文献

## 中文专著

[1] 刘卫东，田锦尘，欧晓理."一带一路"战略研究[M].北京：商务印书馆，2017.

[2] 小岛清.对外贸易论[M].周宝廉，译.天津：南开大学出版社，1987.

[3] 商务部跨国经营管理人才培训教材编写组编.中外境外经贸合作园区建设比较[M].北京：中国商务出版社，2018.

[4] 中国国际经济交流中心"一带一路"课题组."一带一路"合作与互鉴："一带一路"视角下的国际地缘关系[M].北京：中国经济出版社，2019.

[5] 黄烨菁，金芳，周大鹏，等."一带一路"建设与中国开放型经济新阶段[M].上海：上海社会科学院出版社，2018.

[6] 中国（深圳）综合开发研究院."一带一路"倡议下的中国境外园区开发运营[M].北京：中国经济出版社，2019.

[7] 权衡，苏宁."一带一路"支点国家与支点城市分析框架和实践路径研究[M].上海：上海社会科学院出版社，2019.

[8] 林俐，余官胜，周欢怀.民营企业集群式海外投资模式研究[M].杭州：浙江大学出版社，2021.

[9] 曾刚，赵海，胡浩."一带一路"倡议下中国海外园区建设与发展报告（2018）[M].北京：中国社会科学出版社，2018.

[10] 林拓，蔡永记.打造"一带一路"前行航标新时代中国海外园区再出发[M].北京：中国社会科学出版社，2018.

[11] 张明，王碧珺.中国海外直接投资的利益保护机制研究[M].北京：中国社会科学出版社，2018.

[12] 沈桂龙，张晓娣.中国一带一路跨境园区发展报告[M].上海：上海社会科学院出版社，2018.

[13] 任保平.从经济增长质量到高质量发展[M].北京：经济科学出版社，2022.

[14] 余淼杰.解读中国经济高质量发展[M].北京：高等教育出版社，2022.

[15] 张志祥.园区经济高质量发展研究[M].北京：经济管理出版社，2022.

[16] 王兴平.非洲产业园区发展与规划[M].南京：江苏人民出版社，2019.

[17] 王兴平.中国开发区在非洲中非共建型产业园区发展与规划研究[M].南京：东南大学出版社，2015.

[19] 赵晋平.重塑"一带一路"经济合作新格局[M].杭州：浙江大学出版社，2016.

[20] 刘祥."一带一路"倡议下中国企业"走出去"[M].北京：中国经济出版社，2018.

[21] 黄玉沛，段文奇.中国民营企业投资非洲宝典[M].北京：中国商务出版社，2016.

[22] 祁苑玲.国内外产业转移的理论与实践：基于"一带一路"沿线国家的研究[M].北京：经济管理出版社，2020.

[23] 张中元.全球价值链视角下的产能合作：以中印（尼）为例[M].北京：中国社会科学出版社，2019.


## 中文期刊

[1] 杨瑞龙，刘刚.企业的异质性假设和企业竞争优势的内生性分析[J].中国工业经济，2002（1）：88-95.

[2] 邹国庆，于桂兰.企业竞争优势理论综述[J].经济学动态，2004（8）：104-107.

[3] 张广荣.中国境外经贸合作区发展政策探析[J].国际经济合作，2013（2）：40-42.

[4] 刘琼，邓亚中.基于资源基础观的企业多元化理论现状与展望[J].云南财经大学学报，2015，31（2）：82-89.

[5] 刘力钢，刘杨，刘硕.企业资源基础理论演进评介与展望[J].辽宁大学学报（哲学社会科学版），2011，39（2）：108-115.

[6] 郭毅夫，赵晓康.资源基础论视角下的商业模式创新与竞争优势[J].贵州社会科学，2009（6）：78-82.

[7] 郭毅夫,赵晓康.商业模式创新与竞争优势:基于资源基础论视角的诠释[J].理论导刊,2009(3):69-71.

[8] 黄晓卫.高科技产业园区知识创新的动力机制分析[J].统计与决策,2012(7):59-61.

[9] 蓝海林,汪秀琼,吴小节,等.基于制度基础观的市场进入模式影响因素:理论模型构建与相关研究命题的提出[J].南开管理评论,2010,13(6):77-90,148.

[10] 蒋冠宏.制度差异、文化距离与中国企业对外直接投资风险[J].世界经济研究,2015(8):37-47,127-128.

[11] 李新剑,胡存梅,江梅霞,等.基于制度基础观的中国企业海外并购合法化研究[J].湖北经济学院学报(人文社会科学版),2021,18(1):56-59.

[12] 李康宏,林润辉,宋泾溧,等.制度落差与中国跨国企业海外进入模式关系研究[J].运筹与管理,2017,26(12):189-199.

[13] 李康宏,林润辉,李娅,等.管制制度落差对中国跨国公司进入模式的影响[J].中国科技论坛,2016(9):78-84.

[14] 陈怀超,范建红.制度距离构成维度的厘定和量表开发[J].管理评论,2014,26(9):69-77,159.

[15] 吴晓云,陈怀超.制度距离在国际商务中的应用:研究脉络梳理与未来展望[J].管理评论,2013,25(4):12-22.

[16] 施一峰,王兴平.境外园区与地方城市互动发展及影响因素研究:以中国—白俄罗斯工业园为例[J].城市发展研究,2019,26(3):49-58,124.

[17] 孟广文,赵钏,周俊,等.泰中罗勇工业园"园中园"模式与效益评价[J].地理科学,2020,40(11):1803-1811.

[18] 曾萍,吕迪伟.中国企业成长战略选择:基于三种基础观的分析[J].科技进步与对策,2015,32(4):51-57.

[19] 余珮,彭思凯."一带一路"沿线国家金融生态环境与中国OFDI企业"走下去":基于资源基础观和制度基础观相结合的视角[J].技术经济,2021,40(1):70-81.

[20] 李鲁,赵方.中国园区经济的国际认知与新使命[J].改革,2017(7):

119-127.

[21] 曾智华.经济特区的全球经验：聚焦中国和非洲[J]．国际经济评论，2016（5）：123-148，8.

[22] 刘晨，葛顺奇.中国境外合作区建设与东道国经济发展：非洲的实践[J]．国际经济评论，2019（3）：73-100，6.

[23] 严兵，谢心荻，张禹.境外经贸合作区贸易效应评估：基于东道国视角[J]．中国工业经济，2021（7）：119-136.

[24] 洪联英，张云.我国境外经贸合作区建设与企业"走出去"战略[J]．国际经贸探索，2011，27（3）：48-54.

[25] 董千里.集成场视角：两业联动集成创新机制及网链绿色延伸[J]．中国流通经济，2018，32（1）：27-37.

[26] 詹晓宁，李婧.全球境外工业园区模式及中国新一代境外园区发展战略[J]．国际经济评论，2021（1）：134-154，7.

[27] 张寅.中国境外经贸合作区发展现状研究[J]．中国商论，2018（22）：66-67.

[28] 李丹，陈友庚.对外援助与我国境外经贸合作区建设[J]．开放导报，2015（1）：51-53.

[29] 马学广，鹿宇.尺度重组视角下我国海外园区空间治理体系重构研究[J]．中国海洋大学学报（社会科学版），2021（5）：88-99.

[30] 沈铭辉，张中元.中国境外经贸合作区："一带一路"上的产能合作平台[J].新视野，2016（3）：110-115.

[31] 余晓钟，刘利."一带一路"倡议下国际能源产业园区合作模式构建：以中亚地区为例[J].经济问题探索，2020（2）：105-113.

[32] 王建华."一带一路"区域建设境外产业园区的战略思考[J]．技术经济与管理研究，2018（1）：122-127.

[33] 赵胜波，王兴平，胡雪峰."一带一路"沿线中国国际合作园区发展研究：现状、影响与趋势[J]．城市规划，2018，42（9）：9-20，38.

[34] 董千里.境外园区在"一带一路"产能合作中的新使命及实现机制[J]．中国流通经济，2018，32（10）：26-38.

[35] 茹蕾，姜晔，陈瑞剑."一带一路"农业产业园区建设：趋势特点与可持续发展建议[J].世界农业，2019（12）：21-26，70，133.

[36] 卢进勇，裴秋蕊.境外经贸合作区高质量发展问题研究[J].国际经济合作，2019（4）：43-55.

[37] 李金叶，李春莹.境外经贸合作区对"一带一路"沿线国家的经济效益研究[J].商业经济研究，2020（2）：147-151.

[38] 柏露露，赵胜波，王兴平，等.撒哈拉以南非洲城镇化与制造业发展关系研究[J].国际城市规划，2018，33（5）：39-45.

[39] 徐俊，李金叶."一带一路"沿线境外经贸合作区的贸易效应及其实现路径研究[J].新疆大学学报（哲学·人文社会科学版），2020，48（4）：11-18.

[40] 李嘉楠，龙小宁，张相伟.中国经贸合作新方式：境外经贸合作区[J].中国经济问题，2016（6）：64-81.

[41] 李金叶，沈晓敏.境外园区对中国对外直接投资的影响研究：基于"一带一路"沿线国家面板数据的分析[J].华东经济管理，2019，33（12）：20-27.

[42] 许培源，王倩."一带一路"视角下的境外经贸合作区：理论创新与实证检验[J].经济学家，2019（7）：60-70.

[43] 支宇鹏，陈乔.境外产业园区、制度质量与中国对外直接投资[J].国际经贸探索，2019，35（11）：97-112.

[44] 余宗良，张璐.全球疫情下推进国际产能合作的政策思考[J].开放导报，2020（2）：89-94.

[45] 沈国兵.疫情全球蔓延下推动国内国际双循环促进经贸发展的困境及纾解举措[J].重庆大学学报（社会科学版），2021，27（1）：1-13.

[46] 丁悦.我国境外经济贸易合作区高质量发展对策思考[J].青海社会科学，2019（4）：99-105.

[47] 王志芳，杨莹，林梦，等.中国境外经贸合作区的发展与挑战：以赞比亚中国经济贸易合作区为例[J].国际经济合作，2018（10）：83-87.

[48] 孟广文，杜明明，赵钏，等.中国海外园区越南龙江工业园投资效益与启示[J].经济地理，2019，39（6）：16-25.

[49] 尤宏兵，成楠，杨蕾.境外产业园区建设特点与发展建议[J] .国际经济合作，2017（2）：36-41.

[50] 沈正平，简晓彬，赵洁.“一带一路”沿线中国境外合作产业园区建设模式研究[J] .国际城市规划，2018，33（2）：33-40.

[51] 郝旭，刘健，陈宇倩，等.“一带一路”背景下海外产业园区开发运营模式[J] .水运工程，2016（S1）：1-6.

[52] 张宁宁，张宏.“一带一路”东道国制度环境与中国企业对外直接绩效研究[J] .商业经济与管理，2020（12）：73-87.

[53] 姚沣格.制度距离及境外产业园区的建立对对外直接投资的影响：以“一带一路”沿线国家为例[J] .投资与合作，2021（2）：68-71，88.

[54] 郭树华，郑宇轩，郑媛.境外经贸合作区直接投资效率估算及影响因素研究[J] .云南社会科学，2020（6）：93-101.

[55] 陈衍泰，齐超，厉婧，等.“一带一路”倡议是否促进了中国对沿线新兴市场国家的技术转移？：基于DID模型的分析[J] .管理评论，2021，33（2）：87-96.

[56] 张菲.中非经贸合作区建设模式与可持续发展问题研究[J] .国际贸易，2013（3）：34-39.

[57] 梁育填，周克杨，张家熙，等.中国境外经贸合作区的“园中园”发展模式与案例研究[J] .地理科学，2021，41（6）：980-988.

[58] 严兵，齐凡，程敏.中国境外经贸合作区区位选择研究：基于制度风险偏好视角[J] .国际商务（对外经济贸易大学学报），2022（2）：68-86.

[59] 李祐梅，邬明权，牛铮，等.1992-2018年中国境外产业园区信息数据集[J].中国科学数据（中英文网络版），2019，4（4）：68-78.

[60] 王永进，盛丹.社会信任与出口比较优势：基于IVTSLS和PSM方法的实证研究[J] .国际贸易问题，2010（10）：64-71.

[61] 盛斌，吴晓雯.数字经济背景下全球价值链对性别收入分配的影响[J] .求是学刊，2022，49（1）：42-55.

[62] 陶莹，项丽瑶，俞荣建.中国企业出海“航母”模式：泰中罗勇案例研究[J].商业经济与管理，2019（7）：39-49.

[63] 张广荣.民营企业与境外经贸合作区建设：基于温州地区民营企业的思考[J].国际经济合作，2008（8）：31-35.

[64] 张海波.对外直接投资能促进我国制造业跨国企业生产率提升吗：基于投资广度和投资深度的实证检验[J].国际贸易问题，2017（4）：95-106.

[65] 范黎波，刘佳，施屹舟.论我国海外经贸园区高质量发展[J].开放导报，2019（2）：19-22.

[66] 殷格非，管竹笋.海外运营中的企业社会责任[J].WTO经济导刊，2013（4）：84-86.

[67] 关利欣，张蕙，洪俊杰.新加坡海外工业园区建设经验对我国的启示[J].国际贸易，2012（10）：40-44.

[68] 张晓涛.加强海外产业园区建设为"一带一路"命运共同体贡献中国智慧[J].国家治理，2018（28）：16-20.

[69] 丁悦.我国境外经济贸易合作区高质量发展对策思考[J].青海社会科学，2019（4）：99-105.

[70] 刘佳骏."一带一路"沿线中国海外园区发展趋势与政策建议[J].发展研究，2019（8）：63-67.

[71] 陈果，陈汉林.中国服务业FDI对服务业就业影响的实证研究[J].对外经贸，2014（10）：37-39，45.

[72] 陈培如，冼国明.中国对外直接投资的就业效应：基于扩展边际与集约边际视角的分析[J].商业研究，2018（6）：161-169.

[73] 陈伟，叶尔肯·吾扎提，熊韦，等.论海外园区在中国企业对外投资中的作用：以柬埔寨西哈努克港经济特区为例[J].地理学报，2020，75（6）：1210-1222.

[74] 陈衍泰，厉婧，程聪，等.海外创新生态系统的组织合法性动态获取研究：以"一带一路"海外园区领军企业为例[J].管理世界，2021，37（8）：161-180.

[75] 程大为，樊倩.民营企业投资建设"一带一路"境外经贸合作区的挑战与对策[J].经济纵横，2021（7）：64-72.

[76] 范平平，陈明.中国境外经贸合作区存在的问题与对策建议：以中埃泰达苏

伊士经贸合作区为例[J].对外经贸实务，2020（6）：29-32.

[77] 冯凯，李荣林，陈默.中国对非援助与非洲国家经济增长的动态关系研究[J].经济学（季刊），2022，22（1）：175-196.

[78] 冯锐，陈蕾，刘传明.自由贸易区建设对产业结构高度化的影响效应研究[J].经济问题探索，2020（9）：26-42.

[79] 高连和.中国在非境外经贸合作区升级的困境应对及风险防范[J].国际贸易，2021（3）：11-18，43.

[80] 厉婧.境外经贸合作区与东道国SDGs的实现：基于基础设施建设的准自然实验研究[J].技术经济与管理研究，2021（2）：123-128.

[81] 马学广，鹿宇，张钊.我国海外园区的全球空间布局及其网络联系[J].青岛科技大学学报（社会科学版），2021，37（1）：41-48，83.

[82] 肖文，周君芝.国家特定优势下的中国OFDI区位选择偏好：基于企业投资动机和能力的实证检验[J].浙江大学学报（人文社会科学版），2014，44（1）：184-196.

## 学位论文

[1] 王颖飞."一带一路"战略下我国境外经贸合作区发展研究[D].沈阳：辽宁大学，2017.

[2] 刘丹.我国园区小微企业成长动力机制研究[D].湘潭：湖南科技大学，2017.

[3] 颜建国.中国制造企业为什么会产能过剩[D].武汉：武汉大学，2017.

[4] 袁菊莲.中老—万象赛色塔综合开发区建设现状与发展对策调查报告[D].昆明：云南财经大学，2014.

[5] 屈秋邑.产业链视角下中国境外经贸合作区发展模式研究[D]．成都：西南财经大学，2019.

[6] 金辉.境外经贸合作区发展的动力机制研究[D].温州：温州大学，2019.

[7] 秦艳艳.境外经贸合作区对中国对外直接投资的影响研究[D].武汉：华中师范大学，2020.

[8] 李思思.中国境外经贸合作区发展历程与战略初探[D].南京：南京大学，2014.

[9] 董琪.我国境外经贸合作区的建设与发展研究[D].镇江：江苏大学，2009.

[10] 王梦倩.中国境外经贸合作区建设的影响因素研究[D].天津：天津师范大学，2018.

## 外文文献

[1] CARRASCO J A, MILLER E L. Exploring the propensity to perform social activities: A social network approach [J] . Transportation, 2006, 33 (5): 463-480.

[2] DENNING B. Total global strategy: Managing for worldwide competitive advantage: George S. Yip, Prentice Hall (1992), 266pp. £21.70[J]. Long Range Planning, 1993, 26 (6): 144-145.

[3] JACQUEMIN A P, Berry C H.Entropy Measure of diversification and corporate growth[J].Journal of Industrial Economics, 1979, 27 (4): 359-369.

[4] KOR Y Y, Mahoney J T.Edith Penrose's (1959) Contributions to the resource-based view of strategic management[J] .Journal of Management Studies, 2004, 41 (1): 183-191.

[5] LEFTWICH R H.The price system and resource allocation[M] .Dryden Press, 1973.

[6] Wan W P, Hoskisson R E. Home country environments, corporate diversification strategies and firm performance[J]. Academy of Management Journal, 2003, 46 (1): 27-45.

[7] WERNERFELT B. Resource-based strategy in a stochastic model[M] // Resource-based and evolutionary theories of the firm: Towards a synthesis springer US, 1995: 133-145.

[8] AMIT R, Schoemaker P J H.Strategic assets and organization rent[J] . Strategic Management Journal, 1993, 14 (1): 33-46.

[9] BARNEY J B. Gaining and sustaining competitive advantage [M] .New York: Perason Education, 2002.

[10] WERNER S.Recent Developments in International Management Research: A Review of 20 Top Management Journals[J]. Journal of Management, 2002, 28（3）: 277-305.

[11] HUBERT G, Erin A. The Multinational Corporation's Degree of Control over Foreign Subsidiaries: An Empirical Test of a Transaction Cost Explanation[J]. Journal of Law, Economics and Organization, 1988, 4（2）: 305-336.

[12] WU Z Y. Three Essays on Distance: Examining the Role of Institutional Distance on Foreign Firm Entry, Local Isomorphism Strategy and Subsidiary Performance[D]. California: University of Southern California, 2009.

[13] KOSTOVA T, ROTH K. Adoption of an orangizational practice by subsidiaries of multinational corporations: Institutional and relational effects[J]. Academy of Management Journal, 2002, 45（1）: 215-233.

[14] WEBER A. Theroy of the location of industries[M]. Chicago: University of Chicago press, 1909.

[15] PENG M W. Towards an institution-Based view of businesss trategy[J]. Asia Pacific Journal of Management, 2002（19）: 251-267.

[16] MEYER K E, Estrin S, Bhaumik S, et al. Institutions, Resources and Entry Strategies in Emerging Economies[J]. Strategic Management Journal, 2009, 30（1）:61-80.

[17] ZHANG X J, FU P P, XI Y M, et al. Understanding indigenous leadership research: Explication and Chinese examples[J]. The Leadership Quarterly, 2012, 23（6）: 1063-1079.

[18] MOWERY D C, OXLEY J E, SILVERMAN B S. Technological overlap and interfirm cooperation: Implications for the resource-based view of the firm [J]. Research Policy, 1998, 27（5）: 507-523.

[19] HYMER S. International Operations of National Firms: A Study of Direct Foreign Investment [M]. Cambridge: MIT Press, 1976.

[20] VERNON R. International investment and international trade in the product cycle [J]. The Quarterly Journal of Economics, 1966, 80（2）: 190-207.

[21] DUNNING J H. United Kingdom Transnational Manufacturing and Resource based Industries and Trade Flows in Developing Countries [R].Geneva: UNCTAD, 1977.

[22] Lewis W A. Economic development with unlimited supplies of labour [J]. The Manchester School , 1954, 22（2）: 139-191.

[23] KOJIMA K. Direct Foreign Investment: A Japanese Model Business Operations [M]. New York: Praeger, 1978.

[24] KRUGMAN P. Increasing returns and economic geography [J]. Journal of Political EconomyVolume, 1991, 99（3）: 483-499.

[25] BOYENGE J. P S. ILO Database on Export Processing Zones（Revised）[R]. Genera: International Labor Organization, 2007: 3-24.

[26] ZENG Z H. Global Experiences with Special Economic Zones: Focus on China and Africa" [R]. World Bank Policy Research Working Paper 7240, 2015.

[27] BECK T, Levine R, Levkok A Big Bad Banks? The Winners and Losers from Bank Deregulation in the United State [J]. The Journal of Finance, 2010, 65（5）: 1637-1667.

[28] KUHN P, SHEN K. Gender Discrimination in Job Ads: Evidence from China [J]. The Quarterly Journal of Economics, 2013, 128（1）: 287-336.

[29] ZHANG J, HAN J, LIU PW, et al. Trends in the Gender Earnings Differential in Urban China, 1988—2004 [J]. Industrial & Labor Relations Review, 2008, 61（2）: 224-243.

[30] CICCONE A, HAU R E. Productivity and the Density of Economic Activity [J]. The American Economic Review, 1996, 86（1）: 54-70.

[31] VARBLANE U, MICKIEWICZ T, RADOSEVICV S. The Value Of Diversity: FDI and Employment in Central Europe During Economic Recovery [J].

Transnational Corporations, 2003, 12（1）: 53-90.

[32] JENKINS R. Globalization, FDI and employment in Vietnam [J]. Transnational Corporations, 2006, 15（1）: 115-142.

[34] ERNST C. The FDI - employment link in a globalizing world: The case of Argentina, Brazil and Mexico [R]. International Labour organization, 2005.